LEBEN entdecken

3

Sekundarstufe I

Herausgegeben von Anna Eifert und Klaus Mulzer

Bearbeitet von Anna Eifert, Yannic Felka, Katharina Graupe, Emily Grimm, Klaus Mulzer, Monika Rhein und Laura Waldmann

C.C.Buchner

Leben entdecken – Sekundarstufe I
Unterrichtswerk für Realschulen und Gesamtschulen
Herausgegeben von Anna Eifert und Klaus Mulzer

Leben entdecken 3
Bearbeitet von Anna Eifert, Yannic Felka, Katharina Graupe, Emily Grimm, Klaus Mulzer, Monika Rhein und Laura Waldmann
Für die Jahrgangsstufen 9/10

Zu diesem Lehrwerk ist erhältlich:
· Digitales Lehrermaterial click & teach Einzellizenz, WEB-Bestell-Nr. 200971

Weitere Lizenzformen (Einzellizenz flex, Kollegiumslizenz) und Materialien unter www.ccbuchner.de.

Dieser Titel ist auch als digitale Ausgabe click & study unter www.ccbuchner.de erhältlich.

1. Auflage, 1. Druck 2025
Alle Drucke dieser Auflage sind, weil untereinander unverändert, nebeneinander benutzbar.

Dieses Werk folgt der reformierten Rechtschreibung und Zeichensetzung. Ausnahmen bilden Texte, bei denen künstlerische, philologische oder lizenzrechtliche Gründe einer Änderung entgegenstehen.

Redaktion: Henrike Lerch, Laura Waldmann
Layout und Satz: mgo360 GmbH & Co. KG, Bamberg
Umschlag: mgo360 GmbH & Co. KG, Bamberg
Druck und Bindung: mgo360 GmbH & Co. KG, Bamberg

produktsicherheit@ccbuchner.de

www.ccbuchner.de

ISBN 978-3-661-**20087**-3

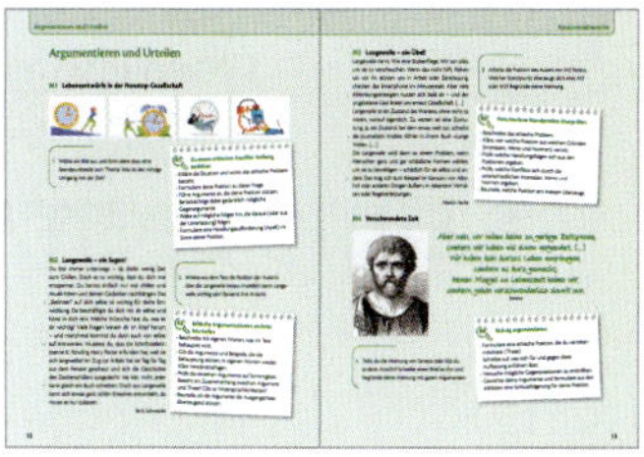

Das **erste Kapitel** beschäftigt sich mit **Kompetenzen**. Das sind besondere **Fähigkeiten**, die du einüben und verbessern kannst. Im Unterricht und mit Hilfe der Aufgaben in diesem Schulbuch kannst du deine Fähigkeit trainieren,

- genauer hinzuschauen und besser zu verstehen, was du siehst (Wahrnehmen und Deuten),
- Begriffe, Texte oder Bilder gründlich zu untersuchen und Zusammenhänge zu erkennen (Analysieren und Reflektieren),
- bei kniffligen Fragen einen eigenen Standpunkt zu finden und diesen zu begründen (Argumentieren und Urteilen),
- die Gedanken anderer nachzuvollziehen und deine eigenen Gedanken nachvollziehbar darzustellen (Interagieren und Sich-Mitteilen),
- in schwierigen Situationen Lösungen dafür zu finden, wie man handeln soll (Sich-Orientieren und Handeln).

In den folgenden Kapiteln setzt du dich mit Themen auseinander, die für das Leben und das Zusammenleben der Menschen wichtig sind.

Die **Auftaktseite** bereitet dich mit **Fragen** auf das Thema des Kapitels vor. Dort findest du auch eine „**Werkstattaufgabe**" als zusätzliches Angebot. Das ist ein kleines Projekt, das du gemeinsam mit anderen durchführen kannst. Dabei wendest du an, was du bei den Aufgaben des Kapitels gelernt hast.

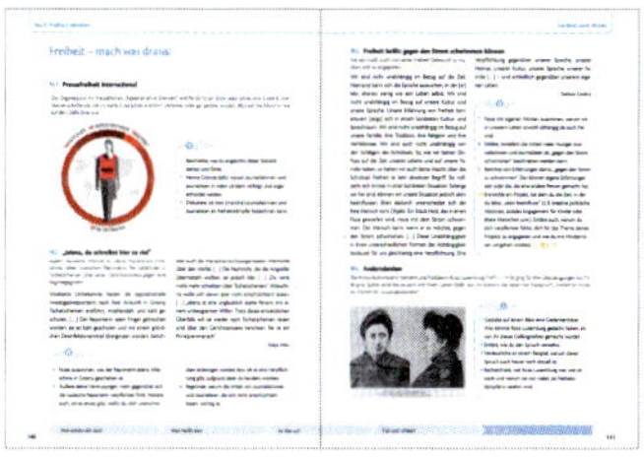

Jedes Kapitelthema erkundest du mit Hilfe von fünf **Fragestellungen**, die du am unteren Seitenrand findest: Wie erlebe ich das? – Was heißt das? – Ist das so? – Für und Wider! – Was noch?

Jede dieser Fragen untersuchst du auf einer **Doppelseite**. Dabei gehst du **in vier Schritten** vor: Zuerst arbeitest du das Problem heraus, um das es auf der Doppelseite geht (**M1**). Im nächsten Schritt findest du heraus, was deine eigene Sicht zu diesem Problem ist (**M2**). Danach erforschst du, was andere Leute dazu sagen (**M3**). Schließlich kannst du das, was du vorher erarbeitet hast, in Frage stellen, mit anderen Ideen vergleichen oder auf neue Situationen anwenden (**M4**). M4 ist dabei ein Material, das nicht alle bearbeiten müssen. Auch bei den Aufgaben zu M4 kann ausgewählt werden. Die Zahnrädchen bei den Aufgabenstellungen zeigen jeweils an, welchen der vier Schritte du gerade bearbeitest.

Auf jeder Doppelseite gibt es eine besondere **Kompetenz-Aufgabe**, die du am Hinweis » erkennst. Mit ihrer Hilfe trainierst du eine der fünf Kompetenzen, die oben beschrieben wurden. Die in der Lupe stehenden und nachfolgenden Buchstaben und Zahlen, z. B. K1 und S.12, verweisen auf die Nummer der Kompetenz und auf welcher Seite sie zum Nachlesen zu finden ist. Die grau gedruckten Aufgaben sind Aufgaben, die du nach Interesse auswählen und bearbeiten kannst.

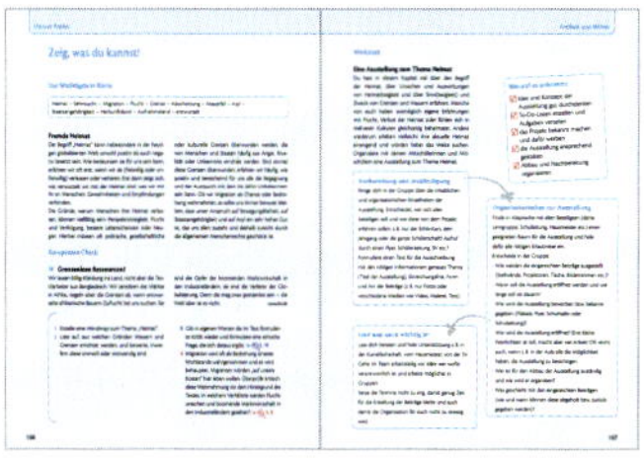

Auf der **Abschlussseite** des Kapitels (**Zeig, was du kannst!**) gibt es Aufgaben für einen **Kompetenz-Check**, mit dem du überprüfen kannst, was du gelernt hast. Außerdem findest du hier eine **Anleitung** zur Durchführung der Werkstattaufgabe.

Kompetenzbereiche

Selbst und Welt

Gewissen und Verantwortung

Gewissensfragen klären

Füreinander da sein

Recht und Gerechtigkeit

Recht schaffen

Für Gerechtigkeit sorgen

Mensch, Natur und Technik

Freiheit und Würde

Religionen, Weltbilder und Kulturen

Nach Gott fragen

Den Tod begreifen

Wahrheit und Wirklichkeit

Die Wahrheit sagen

Wissenschaftlich denken

Wahrnehmen und Deuten

M1 Wie die Zeit vergeht!

Mindestens fünf Faktoren beeinflussen die Wahrnehmung von Dauer. Für die Menschen vergeht die Zeit meist schneller, wenn sie angenehme Erfahrungen machen, sich nicht unter Zeitdruck fühlen, beschäftigt sind, Abwechslung haben und die Denkstrukturen der rechten Hirnhälfte [das heißt, besonders die Bereiche Gefühl und Kreativität] aktiviert sind. Allerdings gibt es gewaltige kulturelle und individuelle Unterschiede bei der Interpretation dieser Faktoren. Ein und dieselbe Tätigkeit mag für den einen wie im Flug vorbeigehen und für den anderen eine Ewigkeit dauern.

Robert Levine

1 Hast du auch schon mal die Erfahrung gemacht, dass dir fünf Minuten mal wie eine halbe Ewigkeit erscheinen und ein andermal wie im Flug vorbeiziehen? Finde Beispiele für solche unterschiedlichen Zeit-Wahrnehmungen und untersuche sie mit Hilfe der im Text genannten „fünf Faktoren".

K1 Deine Wahrnehmung kritisch hinterfragen und bewerten

- Beschreibe, wie du die Situation wahrnimmst.
- Informiere dich, welche kulturellen und persönlichen Besonderheiten deine Wahrnehmung beeinflussen können. Welche Gefühle, Erfahrungen oder Erwartungen spielen eine Rolle?
- Überprüfe deinen ersten Eindruck gezielt auf mögliche Einflüsse. Wie kam dein Eindruck zustande?
- Beurteile, inwiefern deine Wahrnehmung sowie deren Deutung einer Überprüfung standhalten könnten.

M2 Zeit haben

Johann Mayr

2 Beschreibe die Situation und stelle Vermutungen über die Reaktion des Kindes und des Vaters an. Welche Gründe haben die unterschiedlichen Zeitvorstellungen?

K2 Die Erfahrungen und Entscheidungen anderer nachvollziehen

- Beschreibe die Situation.
- Versetze dich in die verschiedenen Personen hinein und betrachte die Situation aus ihrer Perspektive.
- Finde Gründe (Gedanken, Gefühle, Erfahrungen), warum sie so handeln.
- Beurteile ihre Reaktion. Inwieweit kannst du diese nachvollziehen?

M3 Trennlinien zwischen Arbeitszeit und sozialer Zeit

Es ist ratsam, über Vorstellungen von Arbeitszeit und sozialer Zeit innerhalb verschiedener Kulturen Bescheid zu wissen, um andere Lebensweisen zu verstehen.

[R]und 80 Prozent der Arbeitszeit widmet man sich [in den amerikanischen Großstädten] seinen Aufgaben, und etwa 20 Prozent der Zeit unterhält man sich mit Kollegen, erzählt von seinem Privatleben und ähnliches. […]
In Japan wiederum kann die Unterscheidung zwischen Arbeitszeit und Freizeit ihren Sinn verlieren. Dort gehört ein beträchtlicher sozialer Anteil zum Arbeitstag, und mit sozialen Aktivitäten verbrachte Zeit ist in hohem Maße Teil der Arbeit. Das entscheidende Ziel, das Vorrang vor beiden Arten von Zeit hat, ist *wa*, die Harmonie der Arbeitsgruppe. Deshalb sind treuergebene japanische Arbeitskräfte der Überzeugung, dass es ein wesentlicher und produktiver Teil ihrer Arbeit ist, wenn sie mit den Kollegen mitten im Arbeitstag eine Tasse Tee trinken oder am Abend länger bleiben, um zusammen ein Glas Bier zu trinken und ein Spiel anzuschauen. Freie Zeit für sich, die viele Amerikaner als eines ihre Grundrechte ansehen, ist für die Japaner nicht so wichtig.

Robert Levine

3 Finde mit Hilfe des Textes Gründe dafür, dass in verschiedenen Kulturen Menschen ihren Arbeitstag unterschiedlich gestalten.

K3 Kulturelle Vielfalt begreifen

- Beschreibe, wie die betreffenden Personen handeln.
- Beschreibe, wie du handeln würdest.
- Vergleiche die Handlungsweisen. Beachte dabei individuelle, kulturelle und gesellschaftliche Aspekte.
- Deute die verschiedenen Handlungsweisen. Welche Rolle spielen die kulturellen Wurzeln?

M4 Die ewige Frage: Endlich? Unendlich?

Nach mir wird das, was vor mir war.

Seneca

Alles fürchtet ihr wie Sterbliche, alles wollt ihr aber haben wie Unsterbliche.

Seneca

4 Zu den Grunderfahrungen menschlichen Lebens gehört, dass unser Leben endlich ist. Deute das Bild und die Zitate und diskutiere in der Gruppe, welche Rolle diese Tatsache bei eurer Lebensplanung spielt.

K4 Antworten auf die Kernfragen menschlichen Lebens finden

- Erkläre, warum es sich hierbei um eine Grunderfahrung des Menschen handelt.
- Formuliere eine philosophische Frage zum Thema.
- Finde mögliche Antworten.
- Beschreibe, wie diese Antworten deine Lebensgestaltung beeinflussen.

Analysieren und Reflektieren

M1 Zeit – Was ist das?

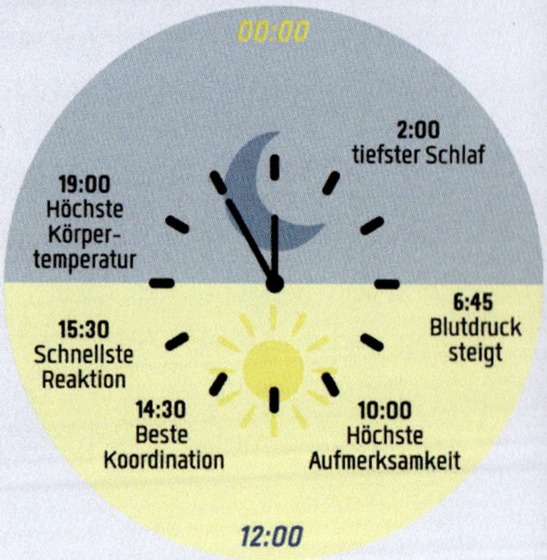

1 Untersuche mit Hilfe der Materialien aus den unterschiedlichen Fachbereichen, warum die Erforschung der Zeit für das Zusammenleben in der Gesellschaft eine große Bedeutung hat. Formuliere eine begründete eigene Antwort.

K1 Ein ethisches Problem fachübergreifend untersuchen

- Notiere ein Problem mit ethischer Bedeutung, das du untersuchen möchtest.
- Sammle Informationen aus verschiedenen Fachbereichen (z.B. Medizin, Biologie, Wirtschaft und Technik).
- Vergleiche die Positionen und Begründungen der jeweiligen Fachbereiche.
- Fasse deine Ergebnisse zusammen und formuliere dein Fazit mit Blick auf die Ausgangsfrage.

M2 Wie mit der Zeit umgehen?

Ob jemand altmodisch, up-to-date oder fortschrittlich ist, sagt nicht nur etwas über sein Zeitverständnis aus. Vielmehr werden solche Eigenschaften im positiven oder negativen Sinne, d.h. normativ verwendet.

ungeduldig · zuverlässig · nachtragend
unentschlossen · zielstrebig · hektisch
durchsetzungsfähig · abwartend · zerstreut
konzentriert · abgelenkt · besorgt · pünktlich

2 Gruppiere die Charaktereigenschaften danach, ob sie sich auf Vergangenheit, Gegenwart oder Zukunft beziehen. Untersuche auch, ob sie eher positive oder negative Eigenschaften bezeichnen. Formuliere aufgrund deiner Ergebnisse eine Frage, die für das Zusammenleben der Menschen von Bedeutung ist.

K2 Eine ethische Frage formulieren und ihre Bedeutung erläutern

- Beschreibe das Problem und warum es von allgemeiner Bedeutung ist.
- Begründe, inwiefern das Problem für das Zusammenleben wichtig ist.
- Formuliere eine Frage, die sich dadurch für das Fach Ethik ergibt.
- Erläutere, welche Teilaspekte du weiter untersuchen solltest.

M3 Was also ist die Zeit?

Es gibt eine große Zahl von Zeitkonzepten. Sie sind nicht an sich „richtig“ oder „falsch“, aber sie haben Konsequenzen für das tägliche Leben. Ich möchte zwei herausgreifen: das lineare und das zyklische Zeitmodell. […] Die Vergangenheit führt über die Gegenwart wie ein Zeitstrahl oder eine Linie gerade in die Zukunft. Aus dieser Vorstellung ergibt sich die Konsequenz, dass ich Zeit gut nutzen muss, um Ziele „rechtzeitig“ zu erreichen. Ich sollte in vielem auch schneller sein als andere. Wenn ich dagegen ein zyklisches Zeitmodell habe, gibt es kein Ziel mehr, das es in einer bestimmten Zeit zu erreichen gilt. Ob mich andere überholen und schneller ihre Runden drehen, kann mir ziemlich egal sein. Kulturen, die stark an Naturprozessen orientiert sind, denken eher zyklisch. Der Tag kommt und geht, die Jahreszeiten kommen und gehen. […] Morgen ist auch noch ein Tag. Es gibt nächstes Jahr eine neue Chance. Es ist sinnvoller, den Augenblick zu genießen, als ständig an die Zukunft zu denken.

Olaf Georg Klein

3 Gib die wichtigsten Aussagen des Textes wieder.

K3 Kernaussage eines Textes verständlich wiedergeben

- Verschaffe dir einen ersten Überblick über den Inhalt des Textes, kläre Unklarheiten.
- Notiere dir die wichtigsten Punkte z. B. Problemstellung, Kernaussage (These), Argumente, Beispiele, Schlussfolgerung.
- Gib den Inhalt des Texts klar strukturiert, gut nachvollziehbar und (fach)sprachlich verständlich wieder.

M4 Zeit ist Geld!

Den Spruch „Zeit ist Geld“ formulierte der amerikanische Unternehmer und Politiker Benjamin Franklin in einem Buch 1748. Zeit ist demzufolge ein ebenso wertvolles und knappes Gut wie Geld.

Man kann die Zeit stehlen, schenken, gewinnen, sparen, verschwenden, verplempern, vergeuden oder verlieren.

Zeit können wir nicht erben oder vererben, beleihen oder verleihen.

Geld kommt und geht im Laufe eines Lebens, die abgelaufene Zeit nicht.

Eine Verzögerung kann zwei Stunden kosten.

Arbeitszeit, Park- und Leihgebühren etc. werden in Zeiteinheiten abgerechnet.

4 „Zeit ist Geld“ – stimmt das? Erkläre, inwiefern dieser Satz für unser Handeln bei der Arbeit, im Privaten und in der Gesellschaft zutrifft.
Was verrät darüber unser Sprachgebrauch?

K4 Zusammenhänge sachgemäß darstellen

- Formuliere das Thema bzw. die Problemstellung und begründe ihre Bedeutung für das Fach Ethik.
- Stelle die wichtigsten Informationen gut strukturiert dar. Veranschauliche diese ggf. an Beispielen.
- Diskutiere Probleme, Unklarheiten und Kritikpunkte.
- Fasse deine Ergebnisse gut nachvollziehbar und fachsprachlich verständlich zusammen und stelle einen Bezug zur Ausgangsfrage her.

Argumentieren und Urteilen

M1 Lebensentwürfe in der Nonstop-Gesellschaft

1 Wähle ein Bild aus und formuliere dazu eine Standpunktrede zum Thema: Was ist der richtige Umgang mit der Zeit?

K1 Zu einem ethischen Konflikt Stellung beziehen

- Erkläre die Situation und worin das ethische Problem besteht.
- Formuliere deine Position zu dieser Frage.
- Führe Argumente an, die deine Position stützen. Berücksichtige dabei gedanklich mögliche Gegenargumente.
- Weise auf mögliche Folgen hin, die daraus (oder aus der Unterlassung) folgen.
- Formuliere eine Handlungsaufforderung (Apell) im Sinne deiner Position.

M2 Langeweile – ein Segen!

Du bist immer unterwegs – da bleibt wenig Zeit zum Chillen. Doch es ist wichtig, dass du dich mal entspannst. Du kannst einfach nur mal chillen und Musik hören und deinen Gedanken nachhängen. Das „Besinnen" auf dich selbst ist wichtig für deine Entwicklung. Da beschäftigst du dich mit dir selbst und hörst in dich rein. Welche Wünsche hast du, was ist dir wichtig? Viele Fragen kreisen dir im Kopf herum – und manchmal kommst du dann auch von selbst auf Antworten. Wusstest du, dass die Schriftstellerin Joanne K. Rowling Harry Potter erfunden hat, weil sie sich langweilte? Im Zug zur Arbeit hat sie Tag für Tag aus dem Fenster geschaut und sich die Geschichte des Zauberschülers ausgedacht. Na klar, nicht jeder kann gleich ein Buch schreiben. Doch aus Langeweile kann sich etwas ganz schön Kreatives entwickeln, du musst es nur zulassen.

Berit Schwetzke

2 Arbeite aus dem Text die Position der Autorin über die Langeweile heraus. Inwiefern kann Langeweile wichtig sein? Bewerte ihre Ansicht.

K2 Ethische Argumentationen anderer beurteilen

- Beschreibe mit eigenen Worten, was im Text behauptet wird.
- Gib die Argumente und Beispiele, die die Behauptung stützen, in eigenen Worten wieder. Kläre Verständnisfragen.
- Prüfe die einzelnen Argumente auf Stimmigkeit: Besteht ein Zusammenhang zwischen Argument und These? Gibt es Widersprüchlichkeiten?
- Beurteile, ob die Argumente die Ausgangsthese überzeugend stützen.

M3 Langeweile – ein Übel!

Langeweile nervt. Wie eine Stubenfliege. Wir tun alles, um sie zu verscheuchen. Wenn das nicht hilft, fliehen wir vor ihr, stürzen uns in Arbeit oder Zerstreuung, checken das Smartphone im Minutentakt. Aber viele Ablenkungsstrategien nutzen sich bald ab – und der ungebetene Gast leistet uns erneut Gesellschaft. […]
Langeweile ist ein Zustand des Wartens, ohne recht zu wissen, worauf eigentlich. Zu warten sei eine Zumutung, ja, ein Zustand, bei dem etwas weh tut, schreibt die Journalistin Andrea Köhler in ihrem Buch »Lange Weile«. […]
Die Langeweile wird dann zu einem Problem, wenn Menschen ganz und gar schädliche Formen wählen, um sie zu bewältigen – schädlich für sie selbst und andere. Das mag sich zum Beispiel im Konsum von Alkohol oder anderen Drogen äußern, in riskantem Verhalten oder Regelverletzungen.

Martin Hecht

3 Arbeite die Position des Autors von M3 heraus. Welcher Standpunkt überzeugt dich eher, M2 oder M3? Begründe deine Meinung.

K3 Verschiedene Standpunkte überprüfen

- Beschreibe das ethische Problem.
- Kläre, wer welche Position aus welchen Gründen (Interessen, Werte und Normen) vertritt.
- Prüfe welche Handlungsfolgen sich aus den Positionen ergeben.
- Prüfe, welche Konflikte sich durch die unterschiedlichen Interessen, Werte und Normen ergeben.
- Beurteile, welche Position am meisten überzeugt.

M4 Verschwendete Zeit

*Aber nein, wir haben keine zu geringe Zeitspanne, sondern wir haben viel davon vergeudet. […]
Wir haben kein kurzes Leben empfangen, sondern es kurz gemacht;
keinen Mangel an Lebenszeit haben wir, sondern gehen verschwenderisch damit um.*

Seneca

4 Teilst du die Meinung von Seneca oder bist du anderer Ansicht? Schreibe einen Brief an ihn und begründe deine Meinung mit guten Argumenten.

K4 Richtig argumentieren

- Formuliere eine ethische Position, die du vertreten möchtest (These).
- Schreibe auf, was sich für und gegen diese Auffassung anführen lässt.
- Versuche mögliche Gegenpositionen zu entkräften.
- Gewichte deine Argumente und formuliere aus den stärksten eine Schlussfolgerung für deine Position.

Interagieren und Sich-Mitteilen

M1 Ereigniszeit und Uhrzeit

Seit ihrer Erfindung haben mechanische Zeitmessgeräte nicht nur dazu gedient, den Anfang und das Ende von Tätigkeiten festzulegen, sondern auch dazu einen Zeitplan zu diktieren. Sie regulieren das Tempo einer Tätigkeit und [...] den ganzen Lebenstakt einer Gesellschaft. Die Uhrzeit hat den Rhythmus des täglichen Lebens revolutioniert. Sie fordert eine kompromisslose Regelmäßigkeit im Ablauf der Ereignisse. [...] Vor der Industrialisierung war die Zeitrechnung meist an den Anforderungen der Umwelt ausgerichtet. Die Natur bestimmte, wann man pflanzte, wann man säte und wann man einfach dasaß und nichts tat. [...] Zur Bestimmung der Tageszeit reicht den meisten Gesellschaften die Sonne völlig aus. Die Mondphasen sind oft benutzt worden, um Monate abzugrenzen.

Robert Levine

1 Höre einer anderen Person aktiv dabei zu, wie sie den Inhalt des Textes wiedergibt.

K1 Gehörtes strukturiert wiedergeben

- Höre deiner Partnerin oder deinem Partner aufmerksam zu und zeige Interesse (z.B. durch Nicken).
- Frage nach, wenn du etwas nicht verstanden hast.
- Notiere dir wichtige Stichwörter.
- Lies deine Notizen noch einmal durch und fasse das Gehörte zusammen.

M2 Die soziale Herrschaft der Uhr

Uhren üben eine große Macht im Zusammenleben der Menschen aus.

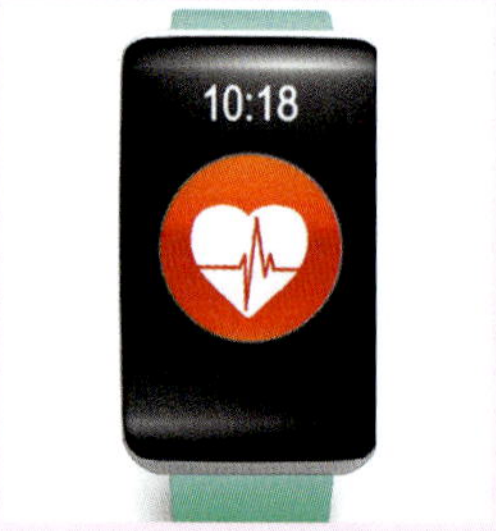

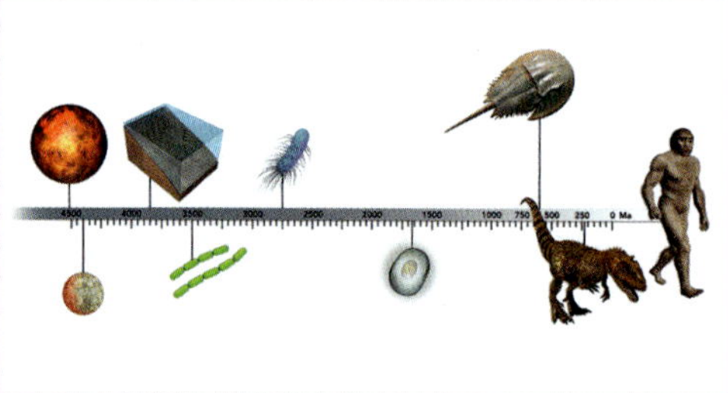

2 Erstelle mit Hilfe der Bilder eine kurze Präsentation zum Thema Zeitmessung. Welche Vorstellungen vom Menschen und dessen Stellung in der Welt sind mit welcher Uhr verbunden?

K2 Gedankengänge anschaulich und verständlich präsentieren

- Formuliere die Fragestellung deiner Präsentation und grenze dein Thema ab.
- Kläre, wer deine Zuhörer sind, welche Interessen und Kenntnisse sie haben.
- Wähle eine passende Form der Präsentation.
- Entwickle den inhaltlichen Aufbau durch eine sinnvolle Gliederung.
- Achte auf eine einprägsame und anschauliche Bildauswahl.

M3 Umstrittene Zeitfragen

Soll aktive Sterbehilfe in Deutschland legalisiert werden?

Soll die Umstellung von Winter- auf Sommerzeit abgeschafft werden?

Brauchen wir den 6-Stunden-Arbeitstag?

Soll man rund um die Uhr erreichbar sein?

Soll man rund um die Uhr einkaufen können?

3 Wähle eine der Fragen aus und diskutiere sie in der Gruppe. Erörtere auch, warum diese Frage für das Zusammenleben in der Gesellschaft besonders wichtig ist.

K3 Kontroverse Debatten sachlich führen

- Mache dir den Zweck einer Debatte bewusst (offener, gleichberechtigter Austausch von Standpunkten).
- Kläre mit allen Beteiligten die Regeln einer fairen Debatte (ausreden lassen, keine Anfeindungen, sachlich und offen bleiben).
- Lege in der Gruppe das Thema der Debatte fest und lasse die einzelnen Positionen der teilnehmenden Personen skizzieren.
- Begründe deinen Standpunkt durch Argumente und widerlege die Standpunkte anderer durch Gegenargumente.
- Gewichte Pro- und Contra-Argumente und lasse das stärkste Argument gelten.

M4 Work-Life-Balance

Die Vorstellungen darüber, wie man die Zeit verbringen soll, führen häufig zu Konflikten.

4 Beschreibe den Konflikt, auf den das Bild anspielt, und stelle dir vor, du hast einen Ferienjob. Du wirst zum wiederholten Mal darum gebeten, am Wochenende kurzfristig auszuhelfen. Es kommt zum Konflikt. Bereite dich mithilfe eines Rollenspiels in der Gruppe auf das klärende Gespräch vor.

K4 Mit Konflikten konstruktiv umgehen

- Beschreibe die umstrittene Situation oder Handlung möglichst sachlich, ohne diese zu bewerten.
- Stelle deine Position begründet dar. Formuliere dabei deine Bedürfnisse und Gefühle mit „Ich-Botschaften".
- Höre dir die Position deines Gegenübers aufmerksam an und versuche diese nachzuvollziehen.
- Formuliere gemeinsam mit deinem Gegenüber Lösungsvorschläge und zeige Kompromissbereitschaft.

Sich-Orientieren und Handeln

M1 Die Zeit heilt alle Wunden

Thomas Plaßmann

1 Vater und Sohn haben unterschiedliche Vorstellungen darüber, wie man mit dem schlechten Zeugnis umgehen soll. Deute die Szene und entwickle für den Sohn einen Plan für seine Zukunft. Wie soll es mit ihm weitergehen?

K1 Deine Handlungsspielräume überprüfen

- Beschreibe die Situation und bestimme das Ziel, das erreicht werden soll.
- Formuliere Erfolgskriterien, wann das Ziel erreicht ist.
- Beschreibe deine Handlungsmöglichkeiten und wäge Vor- und Nachteile ab.
- Treffe eine begründete Entscheidung.

M2 Beschleunigung um jeden Preis

Beschleunigung sei das beherrschende Kennzeichen unserer Zeit, meint Rüdiger Safranski (geb. 1945). Sie betreffe nicht nur Verkehr, Kommunikation und Konsum, sondern auch die Natur.

Zum Beispiel die Energievorräte. Sie sind materialisierte Zeit, da sie sich in Gestalt von fossilen Stoffen über Jahrmillionen gebildet haben. Sie werden von der beschleunigten Industriegesellschaft in kürzester Zeit aufgebraucht, ebenso wie die Artenvielfalt, für deren Hervorbringung die Evolution ebenfalls riesige Zeiträume benötigte und die in kurzer Zeit wieder abgebaut wird. Die Schätze, welche die Vergangenheit angehäuft hat, werden verbraucht und die Zukunft wird mit den Abfallprodukten belastet.

Rüdiger Safranski

2 Untersuche mit Hilfe des Textes, wer für welche Folgen in unserer schnelllebigen Gesellschaft Verantwortung trägt, und prüfe deine Möglichkeiten zu einem verantwortungsvollen Umgang mit der Natur.

K2 Deine Verantwortung erkennen

- Beschreibe die Situation, in der du eine Entscheidung treffen sollst.
- Untersuche deine Handlungsmöglichkeiten.
- Prüfe, welche positiven und negativen Folgen die einzelnen Handlungsmöglichkeiten für dich und für alle Betroffenen haben.
- Wähle begründet eine Handlungsmöglichkeit aus. Welche Normen, Werte oder Überzeugungen haben dich bei der Entscheidung geleitet?

M3 Eile mit Weile

Thomas Plaßmann

3 Kennst du das Problem? An welcher Schlange soll ich mich anstellen? Deute das Bild. Wie würdest du dich entscheiden? Beurteile die Folgen deiner Entscheidung.

K3 Mögliche Folgen von Handlungen einschätzen und bewerten

- Beschreibe das angestrebte Ziel.
- Vergleiche die Handlungsmöglichkeiten bezüglich ihrer Folgen. Wer ist in welchem Maß von den Handlungsschritten betroffen?
- Entscheide dich für eine der Handlungsmöglichkeiten. Welche Verhaltensweise hat die besten Folgen für alle? Begründe deine Wahl.

M4 Lebenszeit

Wie sieht ein geglücktes Leben aus? [...] Man muss die Vergangenheit akzeptieren, wie sie ist. Vergangenes ist nicht mehr veränderbar, ich kann aber aus meinen Erfahrungen für Gegenwart und Zukunft lernen. Nicht von ungefähr basiert individuelles Unglück häufig darauf, dass wir uns mit der Vergangenheit nicht abfinden können. Wir können nicht loslassen. Oder aber wir machen uns zu viele Sorgen um die Zukunft, entwickeln unverhältnismäßige Vorstellungen davon, was passieren könnte. Wir leben und erleben aber immer gegenwärtig. [...] Vergangenes und Zukünftiges bezieht sich stets auf meine gelebte Gegenwart, die ich bin. Es lohnt sich, die Dimension der Zeit genauer unter die Lupe zu nehmen, da sie untrennbar mit unserer gesamten Erfahrung, mit unserem Leben, verbunden ist. Wir sind die Zeit.

Marc Wittman

4 Erarbeite aus dem Text, welcher Umgang mit der Vergangenheit und mit der Zukunft für ein geglücktes Leben dienlich ist und welcher nicht. Überprüfe die Aussage des Autors an Beispielen aus deinem Umfeld und formuliere für dich Merksätze für deine eigene Lebensplanung.

K4 Einen festen Platz im Leben finden

- Formuliere Bedürfnisse und Ziele, die für dich wichtig sind. Wie möchtest du leben? Wann bist du zufrieden?
- Finde heraus, welche (kulturellen, religiösen oder individuellen) Werte und Normen deine Entscheidungen wesentlich beeinflussen.
- Vergleiche, wie andere in ähnlichen Lebenssituationen gehandelt haben und wie sie ihr Handeln begründeten (Kultur, Religion, Weltbild).
- Begründe, welche Lebensweise du gut findest.

Muss der Beruf immer Berufung sein?

Wie sieht die Arbeitswelt von morgen aus?

Was ist alles Arbeit?

Gehen mich die Arbeitsbedingungen anderer Menschen etwas an?

Wann ist Arbeit sinnlos?

Selbst und Welt

> Zukunft gestalten

WERKSTATT

Ein Manifest für menschenwürdige Arbeit verfassen

In einem Manifest werden Forderungen formuliert, meist an die Politik. Sie werden in der Öffentlichkeit – oft auf einer Demonstration – vorgetragen.

Dein Manifest soll Forderungen für faire, menschenwürdige Arbeitsbedingungen aufstellen. Für die meisten Menschen gehört das Recht auf menschenwürdige Arbeit zum Kern ihrer Auffassung von Gerechtigkeit: Es geht darum, Ausbeutung, Zwangsarbeit und Diskriminierung zu bekämpfen. Arbeit, die unter würdigen Bedingungen verrichtet wird, hilft, Armut zu verringern. Außerdem kann so die Motivation und Effizienz der Arbeitskräfte gesteigert werden.

Untersuche zusammen mit anderen, was menschenwürdige Arbeit ausmacht. Halte die Ergebnisse fest und verfasse ein Manifest, in dem konkrete Forderungen für menschenwürdige Arbeitsbedingungen im 21. Jahrhundert formuliert sind.

Arbeit – mehr als Geldverdienen?

M1 Arbeit – Lust oder Frust?

Arbeit ist das beste Mittel gegen Verzweiflung.

Sir Arthur Conan Doyle (1859 – 1930, britischer Schriftsteller)

Auf die Arbeit schimpft man nur solange, bis man keine mehr hat.

Sinclair Lewis (1885 – 1951, US-amerikanischer Schriftsteller)

Arbeit ist eine Sucht, die wie eine Notwendigkeit aussieht.

Peter Altenberg (1859 – 1919, österreichischer Schriftsteller)

Arbeit ist das, was man tut, um es [...] einmal nicht mehr tun zu müssen.

Alfred Polgar (1873 – 1955, österreichischer Schriftsteller)

1 Vergleiche die Zitate. Welche Gemeinsamkeiten und Unterschiede erkennst du?
2 Wähle das Zitat, das deine Sicht auf Arbeit am besten wiedergibt. Begründe deine Wahl.

M2 Arbeitsalltag

Im Rahmen der Arbeit tun Sie regelmäßig bestimmte Dinge. Vielleicht schreiben Sie E-Mails, betreuen Kunden, führen Telefonate oder nehmen an Besprechungen teil. Vermutlich arbeiten Sie mit anderen zusammen, Sie müssen Verpflichtungen erfüllen und Termine einhalten. Warum tun Sie das alles? Ganz einfach, werden Sie sagen: weil es eben zu Ihrem Job gehört. Ohne Ihre Arbeit hätten Sie keinen Grund, all diese Dinge zu tun. Ihr Job fordert von Ihnen, bestimmte Aufgaben zu erledigen und Probleme zu lösen. Vermutlich versuchen Sie, einigermaßen gute Arbeit zu leisten, die bestimmten Kriterien und Standards entspricht. Dazu brauchen Sie Fähigkeiten und Kompetenzen, die Sie ständig weiter entwickeln müssen. Im Laufe der Zeit werden Ihre Fähigkeiten wachsen. Was Ihnen anfangs Mühe bereitet hat, fällt Ihnen immer leichter. [...]. Natürlich machen wir auch Fehler, Sie scheitern an Aufgaben oder verkrachen sich mit Kollegen. Es gibt gute und weniger gute Tage. Mal freuen Sie sich auf die Arbeit, mal sehnen Sie das Wochenende herbei. Mal feiern Sie einen tollen Erfolg, mal müssen sie eine schwere Niederlage wegstecken. All diese Erfahrungen gehören zu Ihrem Job. Und noch viel mehr: [...] Menschen begegnen sich, deren Gemeinsamkeit darin besteht, dass sie im gleichen Unternehmen oder in der gleichen Abteilung arbeiten. Das ist zunächst, was sie verbindet, sonst nichts. Aus der flüchtigen Begegnung entsteht vielleicht eine nähere Beziehung, vielleicht auch nicht. In jedem Fall teilen sie etwas miteinander – und das ist die Arbeit. Zu arbeiten – das ist offenbar viel mehr als bloß eine Tätigkeit, mit der wir Geld verdienen. Arbeit ist nicht nur Mittel zum Zweck. Arbeit ist eine komplexe Lebensform.

Thomas Vašek

3 Benenne die verschiedenen Tätigkeiten, die im Text als Bestandteile der Arbeit genannt werden. Welche Rolle spielen diese Tätigkeiten im beruflichen Alltag?
4 Nenne „Fähigkeiten und Kompetenzen", die du in der Schule erwirbst und die du später im Berufsalltag brauchst.
5 Der Text spricht von guten und schlechten Tagen im Berufsleben. Berichte über eigene Erfahrungen als Schülerin oder Schüler bzw. im Praktikum. Vergleiche sie anschließend mit den im Text genannten Erfahrungen. » K2 S. 8

M3 Blue Poles

Der Autor steht mit seinem Vater im Museum vor dem Bild „Blue Poles" von Jackson Pollock (1912 – 1976) und denkt über seine berufliche Zukunft nach ...

Ich hatte das Gefühl, ich sei in einer Zelle gefangen und würde frustriert von Innen in die Welt der Freiheit hinausschauen. „Aber wie kann das denn sein?", meinte [mein Vater]. „Du hast doch alle Freiheiten, und dir stehen so viele Möglichkeiten offen." Er hatte natürlich recht. [...] „Ich habe das Gefühl, zu viele Wahlmöglichkeiten zu haben. Die vielen Schnörkel auf der Leinwand, das sind meine wirren Überlegungen, was ich als nächstes machen soll. Und die Stäbe sind vielleicht meine Befürchtungen, eine falsche Entscheidung zu treffen. Ich glaube der Journalismus ist nicht meine wahre Berufung im Leben. Aber wie soll ich herausfinden, was es sonst ist?" „Du bist doch noch jung. Du kannst verschiedene Berufe ausprobieren. Es hat keinen Sinn etwas zu machen, was dir eigentlich nicht gefällt." „Du weißt doch gar nicht, wie schwer es ist, frei zu sein", erwiderte ich schroff[.]

Roman Krznaric

6 Stelle die unterschiedlichen Perspektiven auf Freiheit im Text gegenüber. Wie wird die Freiheit, verschiedene Berufe auszuwählen, von der Person und ihrem Gegenüber gesehen?

7 Erläutere die Metapher der „Zelle", die im Text verwendet wird. Was symbolisiert sie in Bezug auf die Gefühle und Gedanken der Person?

8 Der Ich-Erzähler berichtet über seine Befürchtungen und wirren Überlegungen bezüglich seiner Berufswahl. Erstelle für ihn eine Kriterienliste mit Hilfe von M2. Was soll er bei der Berufsorientierung beachten, wenn es stimmt, dass Arbeiten mehr ist als Geldverdienen?

9 Schreibe eine Antwort aus der Perspektive der Vaterfigur im Text. Gib dem Erzähler konkrete Ratschläge, wie er seine Unsicherheiten über die Berufswahl überwinden und seinen Weg finden kann.

M4 Brennen für die Arbeit?

Tom Koerner

10 Erkläre, welche Sichtweisen der Arbeit dargestellt werden.

11 Schreibe einen inneren Monolog aus der Perspektive des „Neuen". Was denkt er über seine neuen Kollegen und seine Arbeit? Welche Erwartungen hat er, und wie geht er mit der Haltung der Kollegen um?

12 Vermutlich haben auch die anderen Personen mit einer ähnlichen Einstellung angefangen wie „der Neue". Finde Gründe, warum sie sich inzwischen verändert haben.

Ist das alles Arbeit?

M1 Arbeit?

1 Beschreibe alle vier Bilder und vergleiche, wie sich die dargestellten Tätigkeiten unterscheiden.

2 Nenne weitere Tätigkeiten aus dem Alltag und begründe, ob du diese als Arbeit definierst.

M2 Arbeit – eine Definition

Der Duden schreibt dem Wort „Arbeit" folgende Bedeutungen zu:

a) Tätigkeit mit einzelnen Verrichtungen, Ausführung eines Auftrags o. Ä.
b) das Arbeiten, Schaffen, Tätigsein; das Beschäftigtsein mit etwas, mit jemandem
c) Mühe, Anstrengung; Beschwerlichkeit, Plage
d) Berufsausübung, Erwerbstätigkeit; Arbeitsplatz
e) körperliche Vorbereitung auf bestimmte Leistungen; Training

www.duden.de

3 Nenne Formen von Arbeit, die die Duden-Definition ausschließt, die du aber als wichtig erachtest.

4 Wähle eine der Definitionen (a – e) und schreibe eine kurze fiktive Geschichte über eine Person, deren Arbeit sich durch technologische oder gesellschaftliche Veränderungen stark gewandelt hat.

5 Diskutiere, inwiefern die unterschiedlichen Bedeutungen von Arbeit (z. B. Mühe und Anstrengung im Gegensatz zu Berufsausübung und Erwerbstätigkeit) gesellschaftlich unterschiedlich bewertet werden. Wie könnten diese Bewertungen Einfluss auf die Wahl von Berufen haben?

M3 Arten von Arbeit

Arbeit ist all das, was ich in Bezug auf mich und mein Leben leiste, um ein schönes und bejahenswertes Leben führen zu können. Jede Aufmerksamkeit und jeder Aufwand an Kraft hierfür kann Arbeit sein, körperlich, seelisch, geistig, sozial, ökologisch. Damit kommen nun ganz andere Arbeiten in den Blick. Vorweg 1.: die Arbeit an sich selbst, die Pflege der Selbstbeziehung als Voraussetzung für die Beziehung zu anderen, beginnend mit einer Selbstaufmerksamkeit, um die eigenen Vorlieben und Abneigungen, Stärken und Schwächen besser kennenzulernen. [...] 2.: die Arbeit an Freundschaft, die moderne Menschen bewusst zu leisten haben, um enge Bindungen zu anderen zu gründen und zu pflegen [...]. In modernen Kulturen ist eine Arbeit daraus geworden, die ganz unverzichtbar ist: Mit dem wahren Freund können die Gespräche geführt werden, auf die so viel im Leben ankommt. [...] Ferner 3.: die Familienarbeit [...]. Familienarbeit heißt, die engsten Beziehungen zu pflegen, [...] den gemeinsamen Rhythmus fürs Leben zu finden, Kinder zu erziehen [und] den familiären Alltag zu bewältigen [.][...] Über die Familie hinaus ist jedoch die gesamte Gesellschaft von der modernen Auflösung von Beziehungen bedroht. Umso größere Bedeutung gewinnt daher 4.: die Bürgerarbeit. Sich selbst als Bürger wahrzunehmen, der an der Integrität der Gesellschaft arbeiten kann, ist ein Wesenszug der Demokratie. [...] Ins Blickfeld rückt 5.: auch die Muße als Arbeit, [...] um neue Perspektiven zu gewinnen. Gerade in dieser Zeit geht es 6.: um die Arbeit am Sinn, zunächst bezogen auf die Arbeit selbst. Es kommt darauf an, Zusammenhänge der eigenen Arbeit, jeder Arbeit, in größerem Rahmen zu sehen[,] [...] um Ziel und Zweck der Arbeit nicht von anderen sich vorgeben zu lassen, sondern selbst darüber zu entscheiden, wofür zu arbeiten ist. Eingebettet in die verschiedenen Aspekte von Arbeit erscheint nun 7.: die Erwerbsarbeit neu. Nicht, dass sie unbedeutend geworden wäre, aber es ist von entscheidender Bedeutung, dass sie ihren Platz im Gesamtrahmen aller Arbeiten findet [...].

Wilhelm Schmidt

6 Untersuche, wie Wilhelm Schmidt den Begriff Arbeit definiert. Vergleiche deine Ergebnisse dann mit der Definition aus dem Lexikon in M2. » K4 S. 11

7 Diskutiere die Bedeutung von „Muße als Arbeit“ im Kontext der modernen Gesellschaft. Inwiefern kann Muße als eine Form der Arbeit betrachtet werden?

8 Wähle eine Form von Arbeit, die dir besonders wichtig ist. Gestalte ein Plakat mit wichtigen Ideen zum Thema.

9 Entwirf einen Plan, wie du „Arbeit an dir selbst“ leisten könntest.

M4 Who cares? Was Care-Arbeit wert ist

Was wäre, wenn Sie einen Stundenlohn dafür bekämen, bei sich zu Hause zu putzen, zu kochen, einzukaufen? Was wäre, wenn Sie dafür bezahlt würden, sich um Ihr Kind, die Tochter Ihres besten Freundes oder um Ihren alten Vater zu kümmern? Sagen wir: Mindestlohn. Wie viel mehr hätten Sie am Ende des Monats auf dem Konto? [...] Die App WhoCares kann genau das ausrechnen. Sie misst die Zeit, die Nutzer*innen für unbezahlte Sorgearbeit aufbringen – und rechnet gleich aus, wie viel sie verdienen würden, wenn diese bezahlt wäre. [...] Die App soll Aufmerksamkeit dafür schaffen, dass auch Sorgearbeit Arbeit ist – und zwar eine essenzielle.

Lou Zucker

10 Arbeite heraus, wie der Text die unbezahlte Sorgearbeit bewertet. Welche Aussage wird hier über die gesellschaftliche und ökonomische Wertschätzung von Sorgearbeit gemacht?

11 Verfasse einen kurzen Essay oder eine Rede zum Thema „Die Unsichtbarkeit von Sorgearbeit und warum wir sie sichtbar machen müssen“. Verwende Argumente und Perspektiven aus dem Text und deine eigenen Überlegungen.

Schöne neue Arbeitswelt?

M1 Arbeit früher und heute

1 Stelle die beiden Arbeitsumgebungen, die in den Bildern dargestellt sind, detailliert gegenüber. Beschreibe die sichtbaren Arbeitsbedingungen und die Atmosphäre, die jedes Bild vermittelt.

2 Erörtere, welche Auswirkungen die Arbeitsumgebung auf die Produktivität und das Wohlbefinden der Arbeitenden haben könnte.

M2 Lebensverhältnisse Arbeitender im 19. und 20. Jahrhundert

Die Lebensverhältnisse der neu entstandenen, bereits Mitte des 19. Jahrhunderts viele Hunderttausende umfassenden und wenig später in die Millionen gehenden Arbeiterschaft waren miserabel. In der Stadt lebten vielköpfige Familien in Ein-Zimmer-Wohnungen mit Etagenklo, die Löhne deckten kaum das Existenzminimum. Frauen arbeiteten, verdienten aber nur die Hälfte dessen, was Männer ausbezahlt bekamen. In ganz Deutschland verbreitet war zudem die Kinderarbeit. […] Tägliche Arbeitszeiten zwischen zwölf und 16 Stunden sowie Wochenarbeitszeiten von bis zu über 80 Stunden waren bis ins späte 19. Jahrhundert hinein die Norm. […] Konjunkturkrisen […] führten jeweils zu vermehrter Arbeitslosigkeit und verschärften die Not. […] Erst ab etwa 1870 begann sich die Situation der einfachen Erwerbstätigen – vor allem unter dem Druck der Arbeiterbewegung – etwas zu bessern. Die täglichen bzw. wöchentlichen Arbeitszeiten wurden zurückgeführt, Anfang des 20. Jahrhunderts betrug die wöchentliche Arbeitszeit etwa 55 Stunden.

Joachim Bauer

3 Erläutere die Lebens- und Arbeitsbedingungen der Arbeiterschaft im 19. Jahrhundert. Berücksichtige dabei Wohnverhältnisse, Lohnsituation und Arbeitszeiten.

4 Diskutiere die Bedeutung der historischen Arbeitsbedingungen für die heutige Gesellschaft. Inwiefern können wir aus der Vergangenheit lernen, um gegenwärtige und zukünftige Herausforderungen am Arbeitsplatz anzugehen?

5 Stell dir ein Gespräch zwischen einer Arbeiterin oder einem Arbeiter des 19. Jahrhunderts und einer heutigen Arbeitnehmerin oder einem Arbeitnehmer vor. Welche Unterschiede und Gemeinsamkeiten könnten sie in ihren Arbeitsbedingungen, Rechten und Erwartungen feststellen? Schreibe dieses Gespräch als Dialog.

M3 Arbeitswelt im Wandel

Die Arbeitswelt hat sich im Laufe der Jahrhunderte grundlegend verändert. Jede industrielle Revolution brachte neue Technologien und veränderte damit nicht nur die Produktion, sondern auch die Gesellschaftsstrukturen. So ist es auch mit der Industrie 4.0 ...

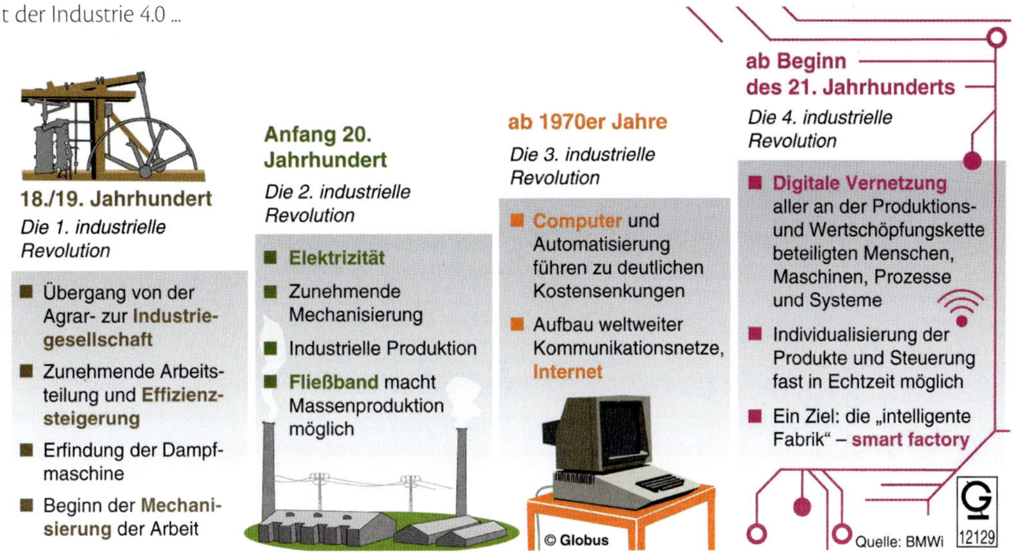

6 Nenne für jede der vier Phasen der industriellen Entwicklung ein Beispiel einer wichtigen technischen Erfindung aus dieser Zeit.

7 Beschreibe am Beispiel einer wichtigen technischen Erfindung, wie unser Leben heute aussehen würde, wenn diese Erfindung nie gemacht worden wäre.

8 Beurteile, ob die Fortschritte in den Arbeitsbedingungen seit dem 19. Jahrhundert als echte Verbesserungen betrachtet werden können, wenn man die aktuellen Herausforderungen der Industrie 4.0 in Betracht zieht. » K3 S. 17

M4 Herausforderungen der modernen Arbeitswelt

Arbeitspsychologen gehen davon aus, dass die „Arbeitswelt 4.0“ vor allem durch Globalisierung und Digitalisierung geprägt ist. Beides unterstützt ein hohes Veränderungstempo. Die beruflichen Anforderungen und Arbeitsabläufe verändern sich immer schneller […]. Als Folge davon bleibt die Unsicherheit dauerhaft hoch. […] Neben „Arbeit 4.0“ spricht man von der „VUCA Welt“. Dieses Akronym steht für volatile, uncertain, complex, ambiguous; es beschreibt eine Welt, die im Vergleich zu früher in höherem Ausmaß unberechenbar, unsicher, kompliziert und mehrdeutig ist. Diese neue Welt stellt hohe Anforderungen an den Menschen. Kann er sich so schnell verändern, wie es die Arbeitswelt verlangt?

Sandra Quantz

9 Zeige die Hauptmerkmale der „Arbeitswelt 4.0“ auf und erläutere das Konzept der VUCA-Welt.

10 Recherchiere nach konkreten Beispielen für die Veränderungen in der „Arbeitswelt 4.0“.

11 Stell dir vor, du bist Personalverantwortlicher in einem großen Unternehmen in der VUCA-Welt. Welche Fähigkeiten würdest du bei neuen Mitarbeitern suchen? Schreibe ein fiktives Stellenangebot, in dem du diese Anforderungen und die Herausforderungen des Jobs beschreibst.

Arbeit und Lebenssinn

M1 Was Deutsche von der Arbeit wollen

1 Erörtere, inwiefern die in der Statistik aufgeführten Aspekte zur „Zufriedenheit" im Beruf beitragen können.

2 Vergleiche Dinge, die für dich bei der Jobsuche wichtig sind, mit denen, die in der Statistik genannt werden. Gibt es Übereinstimmungen oder Unterschiede?

3 Prüfe die Rangfolge der Statistik kritisch. Wie könnten sich diese Prioritäten in den nächsten 20 Jahren verändern?

M2 Große Erwartungen

Wer Samuel Johnsons berühmtes *Dictionary of the English Language* von 1755 aufschlägt, wird das Wort „Erfüllung" darin nicht finden. Jahrhundertelang waren die meisten Bewohner der westlichen Welt so in Anspruch genommen von der Sicherung ihrer Existenz, dass in ihrer Gedankenwelt die Frage, ob sie eine aufregende Karriere hatten, in der sie ihre Talente entfalten konnten und sich wohl fühlten, gar nicht vorkam. Erst heute hat der verbreitete materielle Wohlstand unseren Geist so befreit, dass wir mehr vom Abenteuer des Lebens erwarten.

Roman Krznaric

4 Stelle die heutige Erwartung an eine „erfüllende Arbeit" den Arbeitsauffassungen vergangener Zeiten gegenüber. Was sind die wesentlichen Unterschiede?

5 Manche Leute sind zufrieden damit, einfach nur ihren Job zu machen, ohne in ihrer Arbeit nach Selbstverwirklichung oder einem tieferen Sinn zu suchen. Bewerte diese Einstellung.

6 Diskutiere die These, dass die Suche nach erfüllender Arbeit ein Luxusproblem moderner Gesellschaften ist. Inwiefern stimmt das, und wo liegen die Grenzen dieser Aussage? » K1 S. 12

M3 Arbeit – Entfremdung oder Selbstverwirklichung?

Worin besteht nun die Entäußerung der Arbeit? Erstens, dass die Arbeit dem Arbeiter äußerlich ist, d.h. nicht zu seinem Wesen gehört, dass er sich in seiner Arbeit verneint, nicht wohl, sondern unglücklich fühlt, keine freie physische und geistige Energie entwickelt, sondern seine Physis [Natur] unterdrückt und seinen Geist ruiniert. [...] Der Arbeiter fühlt sich daher erst außer der Arbeit bei sich und in der Arbeit außer sich. Zu Hause ist er, wenn er nicht arbeitet, und wenn er arbeitet, ist er nicht zu Hause. Seine Arbeit ist daher nicht freiwillig, sondern gezwungen, Zwangsarbeit. Sie ist daher nicht die Befriedigung eines Bedürfnisses, sondern sie ist nur ein Mittel, um Bedürfnisse außer ihr zu befriedigen. Ihre Fremdheit tritt darin rein hervor, dass, sobald kein physischer oder sonstiger Zwang existiert, die Arbeit als eine Pest geflohen wird. Endlich erscheint die Äußerlichkeit der Arbeit für den Arbeiter darin, dass sie nicht sein eigen, sondern eines anderen ist, dass sie ihm nicht gehört, dass er in ihr nicht sich selbst, sondern einem anderen angehört. [...] Sie gehört einem anderen, sie ist der Verlust seiner selbst. [...] Der Mensch (der Arbeiter) fühlt sich nur noch in seinen tierischen Funktionen wie Essen, Trinken, als freitätig und in seinen menschlichen Funktionen nur mehr als Tier. Das Tierische wird das Menschliche und das Menschliche das Tierische.

Karl Marx

7 Erkläre, was Marx unter „Entäußerung der Arbeit" versteht. Nutze dabei seine Beschreibung der Gefühle und Zustände des Arbeiters.

8 Arbeite heraus, inwiefern Arbeit zur Entfremdung des Menschen von sich selbst führen kann. Beziehe dich dabei auf Marx' Aussage, dass der Arbeiter sich nur außerhalb der Arbeit bei sich fühlt und in der Arbeit außer sich ist.

9 Beschreibe genauer, welche Art von Arbeit, wenn sie nicht unter Zwang steht, „als eine Pest geflohen wird". Stelle ihr Formen von Arbeit gegenüber, die als erfüllend erlebt werden können.

M4 Sinnlose Arbeit – eine Qual?

Mir kam einmal dieser Gedanke: wenn man einen Menschen vollkommen erdrücken und vernichten, einer so entsetzlichen Strafe unterziehen will, dass vor ihr selbst der grausamste Mörder erbebte und sie schon im voraus fürchtete, so braucht man nur seiner Arbeit den Charakter vollkommener Zwecklosigkeit und Sinnlosigkeit zu verleihen. Wenn die jetzige Zwangsarbeit für den Zuchthäusler auch uninteressant und langweilig ist, so ist sie doch an sich, als Arbeit vernünftig: der Arrestant [Mensch im Arrest bzw. Gefängnis] stellt Ziegelsteine her, gräbt Erde um, baut und mauert; in dieser Arbeit liegt ein Sinn und ein Zweck. Aber wenn man ihn z.B. zwingen wollte, Wasser aus einem Kübel in einen anderen zu gießen und dann wieder in den ersten zurückzugießen, oder Sand zu stoßen, oder einen Haufen Erde von einem Ort an den anderen zu schleppen und dann wieder zurückzuschleppen, so würde sich der Arrestant, glaube ich, schon nach einigen Tagen erhängen oder tausend Verbrechen begehen, um sich wenigstens durch den Tod von dieser Erniedrigung, Schmach und Qual zu befreien.

Fjodr Michailowitsch Dostojewski

10 Erkläre den Grundgedanken des Textes bezüglich der Wirkung von sinnentleerter Arbeit auf den Menschen.

11 „Jeder Mensch muss irgendwann einmal eine Tätigkeit ausführen, die er oder sie für sinnlos erachtet." Diskutiere, wie Menschen mit als sinnlos empfundener Arbeit umgehen und wie sie diese Wahrnehmung verändern könnten.

12 Stell dir vor, du könntest Dostojewski in einem Gespräch über sinnlose Arbeit befragen. Was würdest du ihn fragen? Schreibe einen Dialog, in dem du mit ihm über den Zusammenhang zwischen Sinn und Arbeit diskutierst.

Mein Konsum – deine Arbeit?

M1 Wir sind Versandsoldaten

Ich klage nie, dass Arbeit Mist ist
Bin doch sachgrundlos befristet
Wenn Sushi an der Türe läutet
Werden Menschen ausgebeutet
[...]
Meine Baracke kalt und sehr verdreckt
Mein Standort wird per App getrackt
Vom Schutz des Arbeitsrechts befreit
Gefangen in Selbständigkeit
[...]
Ich bin kein Mensch, ich bin kein Tier
Nein, ich bin Paketkurier

Jan Böhmermann

1 Beschreibe, welche Assoziationen dir in den Sinn kommen, wenn du an die Arbeitsbedingungen von Paketkurieren denkst.
2 Untersuche, warum der Autor die Arbeitsbedingungen im Liedtext so kritisch beschreibt. Was könnte er damit ausdrücken oder kritisieren wollen?
3 Prüfe, ob die im Text beschriebenen Arbeitsbedingungen auch in anderen Berufen oder Lebensbereichen vorkommen könnten.

M2 Ausbeutung „auf der letzten Meile"

Die Anzahl der versendeten Pakete in Deutschland hat sich innerhalb von elf Jahren mehr als verdoppelt [...]. Besonders stark ist der Anstieg während der Covid-Pandemie ausgefallen. Kostenfreie Retouren und großzügige Rückgabefristen im Online-Handel befördern die Zunahme der Paketsendungen zusätzlich.
Aber was bedeutet dieser Boom der Paketbranche für die Zusteller*innen? Trotz der Rekordumsätze haben sich die prekären Arbeitsbedingungen „auf der letzten Meile" – der Paketzustellung vom Depot zum Empfänger – weiter verfestigt. [...] Denn um die Kosten zu drücken, lagert ein Teil der Paketdienstleister bislang die Zustellung über Werkverträge auf eine Vielzahl von Subunternehmern aus. Der Einsatz von Subunternehmer-Strukturen ist nicht nur undurchsichtig, vielmehr ist die Beschäftigung im Rahmen dieser Werkvertragskonstellationen regelmäßig durch Verstöße gegen die Pflicht zur Zahlung des gesetzlichen Mindestlohns, durch Umgehung des Kündigungsschutzes und durch die Nichteinhaltung des Arbeitszeitgesetzes gekennzeichnet. Zudem fehlen in aller Regel jedwede betriebliche Mitbestimmung und Tarifstruktur. Begünstigt werden die Rechtsverstöße dadurch, dass Drittstaatsangehörige mit unsicherem Aufenthaltsstatus und mit geringen Deutschkenntnissen als Zusteller*innen eingesetzt werden.

Amélie Sutterer-Kipping

4 Gib wieder, welche Verstöße gegen das Arbeitsrecht Paketzustellerinnen oder -zustellern widerfahren können und wodurch sie begünstigt werden.
5 Stell dir vor, alle Paketbotinnen und -boten würden für einen Tag streiken. Schreibe einen Text für eine fiktive Nachrichtensendung, die über die Auswirkungen berichtet.
6 Beziehe Stellung zu der Frage, ob das Wissen über schlechte Arbeitsbedingungen dein Konsumverhalten beeinflusst.

M3 Die Würde der Arbeit – Kant und die Putzfrauen

In diesem fiktiven Gespräch zwischen einem Schüler und dem Philosophen Immanuel Kant geht es darum, wie man andere Menschen behandelt.

Kopfschüttelnd schaute [Immanuel Kant] zu, wie die anrückenden Putzfrauen begannen, Papier, Coladosen und anderen Müll zusammenzufegen.

Kant: „Wo bleibt denn hier die Achtung vor dem Selbstzweckcharakter des Menschen?!"

Jens: „Was soll das denn heißen? [...]" [...]

Kant: „Jens, schau dir diese Frauen an. Sie müssen Müll mühsam vom Boden auflesen, obwohl doch genügend Abfalleimer da sind."

Jens: „Ja und? Die werden doch dafür bezahlt, dass es hier wieder sauber wird." [...]

Kant: „[...] Ihr verstreut den Müll, ohne darauf zu achten, dass ihr anderen damit unnötig Arbeit macht. [...]"

Jens: „Wenn die die Arbeit nicht hätten, würden sie kein Geld verdienen."

Kant: „Ich sprach nicht von der Arbeit an sich, sondern von unnötiger Arbeit, einer Arbeit, bei der die Frauen deshalb das Gefühl haben müssen, von euch erniedrigt zu werden. Ihr behandelt diese Menschen wie Maschinen. Man muss nur auf einen Knopf drücken, und dann funktionieren sie. Der Selbstzweckcharakter dieser Frauen wird damit verletzt."

Jens: „Das haben Sie schon mal gesagt. Und das verstehe ich nicht."

Kant: „Dann wollen wir das mal gemeinsam aufdröseln: Würdest du sagen, du funktionierst wie eine Maschine?"

Jens: „Manche Lehrer und meine Eltern wollen das wohl manchmal so, ich aber nicht. Ich will nicht einfach auf Knopfdruck funktionieren. Ich habe meinen eigenen Willen. [...]

Kant: „[...] [Aha.] [Doch] [w]enn man zum Mittel wird wie eine Maschine, wird der eigene Wille zerstört, man kann sich keine eigenen Zwecke mehr setzen. Es ist daher unmenschlich, von einem Menschen zu verlangen, ausschließlich Mittel zu sein, nur noch blind für andere zu funktionieren. [...] Darum habe ich gesagt, man soll die Menschheit in der Person nie nur als Mittel, immer zugleich als Zweck brauchen. [...] Es geht also darum, das Menschliche in dir und jedem anderen zu achten."

Jens Weise/Klaus Blesenkemper

7 Sammle Schlüsselwörter aus dem Text, die verständlich machen, was Kant mit dem „Selbstzweckcharakter des Menschen" meint.

8 Vergleiche die Arbeitsbedingungen der Putzfrauen und der Paketbotinnen und -boten (M2).

9 Erörtere in einer Pro- und Contra-Debatte, ob Menschen in Berufen mit körperlicher Arbeit (wie Putzkräfte) in unserer Gesellschaft mehr Respekt und Wertschätzung erfahren sollten. » K3 S. 15

M4 Kriterien für menschenwürdige Arbeit

Die International Labour Organization (ILO) und viele Menschenrechtsorganisationen setzen sich weltweit für menschenwürdige Arbeitsbedingungen ein. Doch was bedeutet das konkret?

Um menschenwürdige Arbeitsbedingungen zu schaffen, müssen Beschäftigte mindestens einen gesetzlichen Mindestlohn erhalten – oder einen Tariflohn [...]. Zur Qualität der Arbeit gehört auch die Frage, ob ein Arbeitsplatz Würde, Stolz und Respekt vermittelt. Physische und psychische Gewalt, sexuelle Belästigung, rassistische Schikane und andere Formen von Missbrauch und Gewalt dürfen nicht zugelassen oder toleriert werden.

Hannah König

10 Erkläre, warum Würde und Respekt am Arbeitsplatz genauso wichtig sind wie faire Löhne.

11 Die Liste ist nicht vollständig. Nenne weitere Kriterien, die für menschenwürdige Arbeit nötig sind.

Zeig, was du kannst!

Das Wichtigste in Kürze

Arbeit und Geldverdienen – Arten von Arbeit – Arbeitswelt im Wandel – Selbstverwirklichung – menschenwürdige Arbeit

Über Sinn, Würde und Zukunft der Arbeit

Arbeit ist mehr als nur Erwerbstätigkeit. Sie umfasst auch Anstrengung, Mühe und Selbstverwirklichung. Es gibt viele Formen der Arbeit, darunter Erwerbsarbeit, Care-Arbeit, Selbstarbeit und Freundschaftsarbeit. Auch Muße spielt eine wichtige Rolle für die persönliche Entwicklung. Im Laufe der Geschichte hat sich die Arbeitswelt stark verändert. Während der Industrialisierung waren die Arbeitsbedingungen besonders hart: lange Arbeitszeiten, niedrige Löhne und oft menschenunwürdige Verhältnisse. Heute sind die Bedingungen zwar besser, aber noch nicht perfekt. Ausbeutung und die Missachtung der Menschenwürde gibt es immer noch. Wenn Menschen ihre Arbeit nicht als Teil ihrer Identität sehen, kann dies zu Unzufriedenheit und Entfremdung führen. Gleichzeitig bringt die Modernisierung der Arbeitswelt, wie Digitalisierung, Globalisierung und Flexibilisierung, neue Herausforderungen mit sich.

Kompetenz-Check

M Work-Life-Balance: Trennung von Leben und Arbeit – eine Illusion

Die Vorstellung, Arbeit und Leben klar zu trennen, um eine ausgewogene „Work-Life-Balance“ zu erreichen, ist populär, aber auch fragwürdig. Viele Menschen gehen davon aus, dass sie Zufriedenheit finden, wenn sie genügend Zeit für ihr Privatleben haben und die Arbeit nicht in ihr persönliches Leben eingreift. Doch diese strikte Trennung ist in der Praxis oft nicht realistisch. Der Anspruch, dass Arbeit und Leben zwei klar voneinander getrennte Bereiche sein können, ignoriert, dass viele Menschen sich durch ihre Arbeit definieren und Erfüllung in ihr suchen.

Tatsächlich kann die Arbeit, richtig gestaltet, zu einem Teil der persönlichen Identität werden. [...] Oft sind die Grenzen [zwischen Arbeit und Freizeit] fließend, und der Erfolg im Beruf kann zur persönlichen Erfüllung beitragen. Die Herausforderung besteht darin, die Arbeit so zu gestalten, dass sie nicht als Belastung, sondern als bereichernd empfunden wird.

Birgit Schmid

1 Erläutere, welche unterschiedlichen Arten von Arbeit es gibt.

2 Stelle Formen von Arbeit gegenüber, die als erfüllend erlebt werden, und solche, die als sinnentleert gelten. Begründe kurz deine Auswahl.

3 Versetze dich in die Lage von Menschen, die, wie im Text beschrieben, eine strikte Work-Life-Balance anstreben. Beurteile, ob du ihre Entscheidung nachvollziehen kannst. » K2 S. 8

4 Nimm Stellung dazu, ob es richtig ist, Erfüllung in der Arbeit anzustreben. Formuliere abschließend einen Vorschlag für den Umgang mit dem Work-Life-Konflikt. » K1 S. 10

Werkstatt

Ein Manifest für menschenwürdige Arbeit verfassen

Nur faire Entlohnung und soziale Sicherheit ermöglichen ein menschenwürdiges Leben!
Formuliere solche und ähnliche Forderungen in deinem Manifest für menschenwürdige Arbeitsbedingungen im 21. Jahrhundert. So kannst du dabei vorgehen:

Aufgabenschritte:

1. Themenrecherche
Erstelle eine Liste mit wichtigen Begriffen, die du in deinem Manifest behandeln möchtest. Informiere dich über das Thema. Auch auf den Kapitelseiten findest du Hinweise (z. B. Würde, Globalisierung, Care-Arbeit). Formuliere dann Kriterien für menschenwürdige Arbeit.

2. Einleitender Textentwurf
Schreibe eine kurze Einleitung (ca. 3 – 5 Sätze), in der du den Sinn und Zweck deines Manifests erklärst. Beantworte dabei: Warum ist menschenwürdige Arbeit heute wichtig? Welche Probleme müssen gelöst werden?

3. Forderungen und Kriterien entwickeln
Formuliere mindestens fünf klare Forderungen, die zu menschenwürdiger Arbeit beitragen (z. B. zu Arbeitszeiten, Mitbestimmung, Arbeitnehmerrechte usw.). Jeder Punkt soll eine kurze Erklärung (1 – 2 Sätze) beinhalten.

4. Kreative Gestaltung
Gestalte dein Manifest visuell ansprechend (z. B. als Poster, digitale Präsentation oder als handschriftliches Dokument). Achte auf einen klaren Aufbau: Einleitung, Forderungen, Erklärungen und Fazit.

5. Präsentation (im Unterricht)
Präsentiere dein Manifest in der Gruppe, z. B. als Galeriegang.

Worauf es ankommt

- ☑ Probleme klar formulieren
- ☑ verständliche Forderungen aufstellen
- ☑ auf einen klaren Aufbau achten
- ☑ Manifest visuell ansprechend gestalten

Darf sich der Staat in die Familienplanung einmischen?

Wie kann gutes Zusammenleben in kultureller Vielfalt gelingen?

Was kann alles Familie sein?

Warum heiraten Menschen?

Wie stehen die Religionen zu neuen Familienformen?

Selbst und Welt

> Familie (er)leben

WERKSTATT

Ein philosophisches Tagebuch schreiben

Thema: Vielfalt (in) der Familie

Das Leben in und mit der Familie prägt unser ganzes Leben. Häufig fragen wir uns deshalb nach unserem Platz und nach unserer Rolle in der Familie. Wann bietet sie eine Stütze und Zufluchtsort und wann erleben wir sie als Einengung und Belastung? Diese Fragen beschäftigen uns ebenso wie die Ursachen aufkommender Konflikte oder die Chance auf ein harmonisches Zusammenleben.

Führe ein philosophisches Tagebuch und halte darin deine Beobachtungen und Gedanken zum Thema Familie fest. Denke daran, es nicht zu persönlich zu schreiben, damit andere es lesen können und ein Austausch stattfinden kann.

Deine Einträge können ganz unterschiedlich lang sein, und auch die Art der Einträge kann variieren: Fotos, Texte aus dem Internet oder literarische Beiträge. Denke dann aber an die Quellenangaben! Du kannst auch andere Menschen zum Thema befragen und dazu deine eigene Auffassung schreiben. Überlege dir im Vorfeld, wie lange du das Tagebuch führen und wie du es gestalten möchtest.

In Vielfalt vereint

M1 Wir sind Familie!

1 Beschreibe die Bilder und erkläre Gemeinsamkeiten und Unterschiede.

2 Versetze dich in eines der Kinder und stelle dich und deine Familie vor. Entwirf eine passende Familiengeschichte.

M2 Wo die Liebe hinfällt

Ihrem Vater hat Sawis erst nach einiger Zeit von ihrer Beziehung zu Djoe erzählt. „Ich habe ihm zuerst gesagt, was er studiert, dass er fünf Sprachen spricht, nicht raucht, nicht trinkt, viel Sport macht und erst ganz am Schluss habe ich gesagt, dass er dunkelhäutig ist." Ihr war wichtig, dass ihr Vater ihren Freund dafür schätzt, wer er ist, und ihn nicht nach seiner Hautfarbe beurteilt – dementsprechend erleichtert war sie über seine Reaktion: „So lange er dich nicht in deinem Studium beeinträchtigt, ist es mir egal, welche Hautfarbe er hat."

Sawis und Djoe ergeben zusammen einen Mix aus aller Welt: Sie ist ursprünglich Iranerin, aber in Wien geboren und aufgewachsen. Djoe ist ursprünglich aus Guinea Bissau (Afrika), aber in Schweden geboren, in Lissabon aufgewachsen und im Alter von elf Jahren nach Wien übersiedelt.

Laila Docekal

3 Erkläre, welches Problem Sawis im Gespräch mit ihrem Vater hat.

4 Stelle Vermutungen an, ob auch Djoe dieselben Probleme hat, seinen Eltern von seiner Beziehung zu erzählen.

5 Sammle weitere Konfliktpunkte, die auftreten können, und diskutiere in der Gruppe, von welchen Faktoren es abhängt, ob eine Beziehung als problematisch gilt.

6 Bewerte für dich selbst: Welche Rolle spielt es für dich, wenn Eltern von einer Beziehung erfahren, die nicht ihren Erwartungen entspricht? Welche Auswirkungen hätte das auf den Kontakt zu deinen Eltern, welche auf deine Partnerschaft?
» K3 S. 17

M3 Bikulturelles Familienleben – ein starkes Stück

„Bikulturell", „transkulturell" oder hybrid und heterogen? Familienleben in modernen Gesellschaften

In Deutschland ist knapp jede sechste Ehe eine sogenannte binationale Partnerschaft. [...] Mehr als jedes dritte Kind wird in eine „internationale" Familie geboren. Für viele, nicht für alle, kann das bedeuten: verschiedene Sozialisationen, unterschiedliche Muttersprachen, familiäre Traditionen, Familienmitglieder in anderen Ländern und vieles mehr. Das kann für manche Beziehung herausfordernd sein.

Aus ihrer Zusammensetzung können sich für diese Familien einige spezifische Stärken und Fähigkeiten ergeben: Sie können sich in der Regel in zwei oder mehr Sprachen verständigen; sie kennen aus Erzählungen und Lektüre oder auch aus direkter Erfahrung Lebensarten, Normen, Werte und Traditionen eines anderen Landes, einer anderen Gesellschaft; sie üben im täglichen Miteinander Offenheit, Verständnis, Flexibilität und Wertschätzung für Unterschiede, die von der* Partner*in verkörpert werden. Sie finden kreative Lösungen auf der Suche nach guten Kompromissen, um durch verschiedene Sozialisationen geprägte unterschiedliche Vorstellungen von Erziehung, von Pflege der familiären und sonstigen sozialen Beziehungen, von Geschlechterrollen als Mann und Frau, vereinbar zu machen. [...]

Die unterschiedlichen Sprachen und Hintergründe können das Risiko von Missverständnissen und Konflikten erhöhen – Sprache transportiert ja nicht nur Wörter, sondern auch Deutungsmuster, Sinn- und Bedeutungssysteme, die man nur in Zusammenhang mit direkter Lebenserfahrung in dieser Sprache verstehen kann. Konflikte können aber auch aus einer Kulturalisierung derselbigen entstehen. Probleme, die in allen Ehen und Paarbeziehungen auftauchen werden an vermeintlich unterschiedlichen „kulturellen" Vorstellungen festgemacht. Der Bedarf an Informationsaustausch und Aushandlung gemeinsamer Positionen kann sich stärker zeigen, als in nicht binationalen Beziehungen. Zum Beispiel, ob jede*r Partner*in die eigene Sprache pflegen kann, an die Kinder weitergeben will, ob es eine gemeinsame dritte Familiensprache geben oder die Umgebungssprache dominieren soll.

Valentina Veneto Scheib

7 Liste aus dem Text Stärken und Stolpersteine bikultureller Familien auf.

8 Versetze die in die Lage der jeweiligen Eltern. Entwerfe einen Dialog zwischen den Eltern und dem Sohn oder der Tochter, die jemanden aus einer anderen Kultur heiraten wollen.

9 Was wäre für dich ein „no go", was ein „must have" in einer Partnerschaft? Welche Rolle würde dabei die kulturelle Herkunft spielen? Erstelle eine Checkliste und tausche dich mit deiner Gruppe aus.

M4 Ein Leben „Dazwischen" – Kinder in der bikulturellen Familie

[...] [Natürlich] können sich [ ] auch eine Vielzahl von anderen Haltungen ändern, wenn man Kinder erzieht. Eigene Haltungen werden Eltern möglicherweise auch erst im Umgang mit den eigenen Kindern bewusst. Paare, die sich als harmonisch erlebten, können plötzlich erheblichen interkulturellen Konflikten gegenüber stehen. Gelingt es aber, konstruktiv mit den kulturellen Unterschieden umzugehen, haben binationale Kinder die besondere Chance in zwei Kulturen zu leben. Die interkulturelle Kompetenz, die sie dadurch erwerben, kann ihnen als Erwachsenen viele Türen öffnen.

Verband binationaler Familien und Partnerschaften iaf e.V.

10 Finde Beispiele für Chancen, die sich für binational aufwachsenden Kindern bieten. Welche interkulturellen Kompetenzen können dazu beitragen?

11 Finde Nachteile, wenn Kinder in einer Familie mit verschiedenen Kulturen aufwachsen.

Familie – was kann das sein?

M1 Familie – ein Begriff, viele Bedeutungen

1 Sammle Stichpunkte: Was ist für dich eine „ordentliche", was eine „unordentliche" Familie?
2 Versuche zu erklären, warum in diesem Fall „unordentlich" als „wunderbar" bezeichnet wird.

M2 Die Familie – ein Ort der Zuflucht oder der Zumutung?

3 Beschreibe, wie die Familien auf den Fotos dargestellt werden, und beantworte die Frage im Titel: Inwiefern ist Familie ein Ort der Zuflucht und wann der Zumutung?
4 Die Bilder stellen eine traditionelle Kernfamilie – Mutter, Vater, Kind(er) – dar. Nenne weitere Formen von Familien.
5 Diskutiere, ob die Familienform die Antwort auf die Frage im Titel beeinflusst. Spielt die Familienform eine Rolle oder hängt es von den einzelnen Mitgliedern ab, wie wir Familien erleben? Formuliere jeweils Gründe dafür und dagegen.
» K4 S. 13
6 Eine Redewendung sagt: „Blut ist dicker als Wasser." Gemeint ist damit die „Bluts"-Verwandtschaft mit der Familie, die sich stärker miteinander verbunden fühlt als mit angeheirateten Familienmitgliedern oder mit bloßen Freunden. Nimm Stellung zu diesem Sprichwort. Beachte dabei die vielfältigen Familienformen von heute. Z. B. Patchwork-Familien, Adoptivkinder, Kinder aus Samenbanken und künstlicher Befruchtung, etc.

M3 Kernelemente einer Definition von Familie

Hörtext zu M3

Mediencode: 20087-01

Zwar gibt es keine einheitliche Definition von Familie, aber im Wesentlichen sind es drei Kernelemente, die bestimmen, was Familien von nichtfamilialen Lebensformen unterscheidet:

Erstens, die *biologisch-soziale Doppelnatur*: In allen Gesellschaften und zu allen Zeiten erfüllten und erfüllen Familien die biologische und soziale Reproduktions- und Sozialisationsfunktion. Dazu gehören Kindererziehung, gegenseitiger Schutz und Fürsorge sowie die Befriedigung emotional-expressiver Bedürfnisse der Familienmitglieder.

Zweitens, die *Generationendifferenzierung*: Zu einer Familie gehören mindestens zwei Generationen […]. Die Bezeichnung „Kernfamilie" wird für Eltern-Kind-Einheiten verwendet, während die Bezeichnung „Mehrgenerationen-Familie" auch weitere Generationen wie Großeltern und Urgroßeltern einschließt.

Drittens, das besondere *Kooperations- und Solidaritätsverhältnis* zwischen ihren Mitgliedern: Familien sind charakterisiert durch eine spezifische Rollenstruktur. Die Rollen (Vater, Tochter, Enkel und so weiter) sind mit bestimmten normativen Erwartungen verbunden, die zwar zeit- und kulturabhängig variieren können, aber immer eigene Kooperations- und Solidaritätsbeziehungen zwischen den Familienmitgliedern definieren. […] Die Ehe, das Zusammenleben und inzwischen auch die biologische Verbundenheit sind also keine ausschlaggebenden Kriterien mehr, um private Lebensformen als Familien zu bezeichnen, wenn sie auch sehr oft damit verbunden sind. […] Alleinstehende und auch Paare ohne Kinder – egal ob verheiratet oder nicht – gelten entsprechend nicht als Familien, obwohl sie als Kinder ihrer Eltern, als Geschwister, als Tanten oder Onkel natürlich auch in familiale Kontexte eingebunden sind.

Anja Steinbach

7 Erkläre schwierige Begriffe aus dem Text heraus und gib die wichtigsten Merkmale von Familie wieder.

8 Überprüfe die Definition von Familie an den verschiedenen Familienformen aus M2 und ergänze, wenn nötig.

9 Nenne Familienformen (gemäß der Definition), für die die Merkmale Ehe, Zusammenleben und/oder biologische Verbundenheit nicht zutreffen.

M4 Familienvielfalt leben

Alternative Familienformen […] stellen große Herausforderungen an alle Mitglieder der Familie: Sie brauchen Mut, Geduld und viel Toleranz.

Gleichzeitig bieten sie jedoch auch eine große Chance: Familienforscher haben festgestellt, dass Kinder, die in alternativen Familienformen aufwachsen, oft eher in der Lage sind, Verantwortung zu übernehmen, sensibler auf gesellschaftliche Diskriminierungen reagieren und über flexiblere Rollenauffassungen von Mann und Frau verfügen, als Kinder aus traditionellen Familien.

Christine Buth

10 Sammle Vor- und Nachteile von neuen Familienformen. Beginne mit den Argumenten im Text.

11 Durch die moderne Reproduktionsmedizin (z. B. Samenspende, Leihmutterschaft) sind neue Formen der Elternschaft entstanden. Diskutiere, welche Herausforderungen und Chancen für solche Familien entstehen. Informiere dich, wenn nötig.

Love me tender?

M1 Liebe, besiegelt!

1 Beschreibe die Bilder und finde Überschriften. Welches Verständnis von der Ehe kommt in den einzelnen Bildern zu Ausdruck?
2 Stelle Vermutungen darüber an, warum die Paare auf Abb. B mit Kopfhörern verbunden sind. Notiere dir auch Ideen, was die Paare vermutlich hören, und reflektiere, was du in dieser Situation gerne hören würdest.
3 Tausche dich in der Gruppe über Hochzeitssitten in verschiedenen Kulturen aus.

M2 Sinn und Zweck der Ehe

Früher war die Ehe und die Familie vor allem eine Wirtschaftsgemeinschaft. Die Verbindung wurde oft von den Eltern arrangiert und nicht nach heutigen Maßstäben ausgewählt. Ob die Partner zusammen passten, spielte zum Beispiel eine untergeordnete Rolle. Viel wichtiger war die Mitgift. Das Vermögen, das die Frau mit in die Ehe brachte, sollte in der Regel so hoch sein, dass die Frau durch ihre eigene Familie finanziert war und, ohne die Familie des Mannes zu belasten, standesgemäß dort lebte. Bei reichen Herrschaften konnten das mehrere Jahresverdienste der Familie sein. Je höher die Mitgift, desto besser konnten die Eltern ihre Tochter also verheiraten.

Christiane Gorse

4 Erläutere aus dem Text, warum Ehen früher arrangiert wurden.
5 Finde Gründe dafür, warum arrangierte Ehen auch heute noch weit verbreitet sind.
6 Diskutiere, welche Rolle heute die finanzielle Absicherung bei der Ehe spielt.

M3 Ehe aus Leidenschaft

Durch die sexuelle Revolution und die Emanzipation konnten traditionelle Rollenverteilungen hinterfragt und gebrochen werden. Aufgrund dessen veränderten sich auch die Beziehungen der Menschen untereinander, sodass der Fokus heute viel mehr auf die Partnerinnen und Partner selbst in ihrer Individualität und ihren Bedürfnissen gelegt wird als früher. Das erfordert allerdings auch mehr Beziehungsarbeit und die Fähigkeit zur Kommunikation.

Dass Gefühle über so eine wichtige Sache wie die Ehe bestimmen sollten, war früher undenkbar schließlich ging es ums Überleben. Erst als sich materieller Reichtum auch jenseits des Adels breitmachte und sich im 18. Jahrhundert das Bürgertum entwickelte, änderte sich die Einstellung zur Liebe in der Ehe. Die Töchter konnten nun stärker mitreden, wen sie heiraten wollten.

Durch diesen Akt der Selbstbestimmung löste die Liebesheirat nach und nach die Vernunftehe ab. Doch damit kamen auch die Probleme, denn kann man leidenschaftliche Gefühle in einer Ehe institutionalisieren? Enttäuschungen sind an der Tagesordnung und schlagen sich heute in hohen Scheidungsraten und Singlezahlen nieder.

Christiane Gorse

7 Schreibe in Stichpunkten auf, was sich durch die Bedeutung der Gefühle in der Ehe änderte.

8 Die Liebesheirat löste nach und nach die Vernunftehe ab. Erkläre mithilfe von M2 und M3, wie sich Sinn und Zweck der Ehe in der Geschichte verändert hat. Welche Rolle spielen persönliche Gefühle, wirtschaftliche Notwendigkeiten und gesellschaftliche Normen bei der Entscheidung zu heiraten?
» K4 S. 11

9 Angenommen du hörst die Sendung mit der Aussage: „Enttäuschungen sind an der Tagesordnung und schlagen sich heute in hohen Scheidungsraten und Singlezahlen nieder". Schreibe dazu einen Blogbeitrag und begründe deine Meinung mit guten Argumenten. Stimmt diese Behauptung?

M4 Das Internet revolutioniert die Partnersuche

Inzwischen sind die seitenlangen Kontaktanzeigen in den Zeitungen auf wenige Spalten geschrumpft. Grund dafür ist das Internet, das seit der Mitte der 1990er Jahre auch die Partnersuche revolutioniert hat. Heute gibt es Partnerbörsen im Internet für jeden Geschmack: regional orientierte, auf Akademiker oder Katholiken spezialisierte, für Landwirte, Homosexuelle – Börsen, die viel kosten, Börsen die wenig oder gar nichts kosten, Börsen für Leute, die eine lange Beziehung suchen oder nur einen Seitensprung.

Bei den größten Internetportalen wird zunächst ein Persönlichkeitstest gemacht, der gut 30 Minuten dauern kann. Auf dieser Grundlage wird ein Persönlichkeitsprofil erstellt und mit anderen Bewerbern auf Übereinstimmung geprüft. Je besser zwei zusammenpassen könnten, desto mehr „Matching"-Punkte hat der andere.

Christiane Gorse

10 Erläutere, wie in Partnerbörsen geprüft wird, ob Partner zusammenpassen.

11 Diskutiere, wie sich die Partnerwahl im Internet von der Partnerwahl durch die Familie oder eine Heiratsvermittlung unterscheidet.

12 Entwickle einen Dialog zwischen zwei Personen, die überlegen, ob sie sich auf Partnersuche im Internet begeben sollen.

Familienplanung – eine Privatangelegenheit?

M1 Mittel und Zweck der Bevölkerungspolitik

Bevölkerungspolitik beschreibt Maßnahmen, die die Veränderung der Größe und Zusammensetzung der Bevölkerung eines Staates zum Ziel haben.

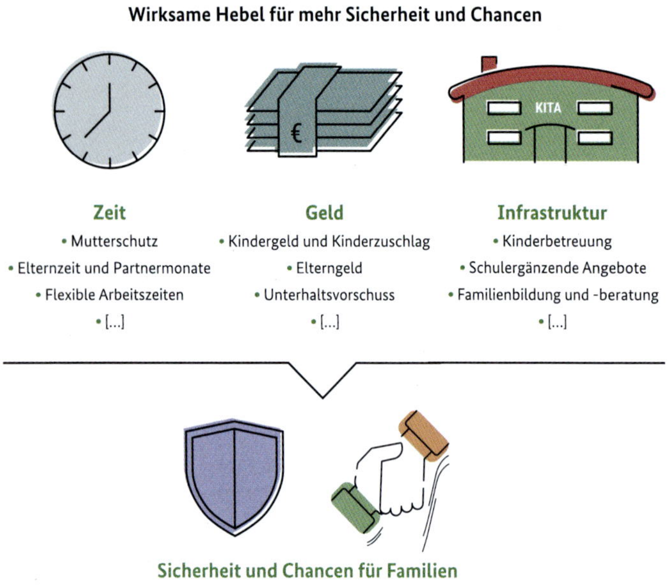

1. Fasse die Aussage des Schaubildes in deinen eigenen Worten zusammen. Welche Bedürfnisse haben Familien? Mit welchen Maßnahmen kommt hierbei der Staat Familien entgegen?
2. Beurteile mit Hilfe von Beispielen aus deinem Alltag die Wirksamkeit dieser Fördermaßnahmen. Welche Rolle würden sie bei deiner Entscheidung für oder gegen eine Familiengründung spielen?
3. Ergänze die Liste der Fördermaßnahmen. Welche weiteren kennst du noch? Welche würdest du dir wünschen?

M2 Familienplanung ist eine Privatangelegenheit

Einen wichtigen Meilenstein markierte das Aktionsprogramm der Weltbevölkerungskonferenz der Vereinten Nationen 1994 in Kairo. Verabredet wurde unter anderem die Umsetzung folgender Ziele:

„Alle Paare und Einzelpersonen haben das Grundrecht, frei und eigenverantwortlich über die Anzahl und den Geburtenabstand ihrer Kinder zu entscheiden und die dafür nötigen Informationen, Aufklärung und Mittel zu haben."

Ein weiteres Ziel, das „Recht auf Reproduktive Gesundheit", [...] wird so definiert: „Reproduktive Rechte umfassen bestimmte Menschenrechte, [...]. Diese Rechte beruhen auf der Anerkennung des Grundrechts aller Paare und Individuen, frei und eigenverantwortlich über die Anzahl, den Abstand und den Zeitpunkt von Geburten zu entscheiden und die dafür erforderlichen Informationen und Mittel zu erhalten, sowie auf der Anerkennung des Rechts, den höchsten Standard sexueller und reproduktiver Gesundheit zu erlangen. Sie beinhalten auch das Recht aller Menschen, ihre Entscheidung hinsichtlich der Fortpflanzung frei von Diskriminierung, Zwang und Gewalt zu treffen."

Herwig Birg/UNFPA Weltbevölkerungsbericht 2000

4. Erarbeite, welche Grundrechte Paaren und Einzelpersonen bei der Familienplanung zustehen, und beziehe Stellung.
5. Diskutiere, welche persönlichen Gründe bzw. gesellschaftlichen Maßnahmen für dich eine Rolle spielen könnten, dich für ein oder mehrere Kinder zu entscheiden.
6. Diskutiere, wie die Rechte der Privatheit gewahrt werden können. Welche Aufgabe kommt hier der Bevölkerungspolitik zu?

M3 Selbstbestimmte Familienplanung oder staatliche Geburtenkontrolle?

In China galt von 1979 bis 2016 die „Ein-Kind-Politik", bei der der Staat drastisch in die Familien eingriff. Die zu hohen Strafen und Zwangsabtreibungen führten zur Schrumpfung und Überalterung der Gesellschaft und außerdem dazu, dass es viel mehr Männer als Frauen gibt. Durch eine weitere „Optimierung der Geburtenpolitik" will China diesem Trend nun entgegenwirken. Doch Experten sind skeptisch und die steigenden Geburtenzahlen bleiben weiterhin aus.

Denn bei der Entscheidung, ob man als junges Paar Nachwuchs in die Welt setzen soll oder nicht, spielen in China längst die gleichen Faktoren eine Rolle wie in Europa: Die Karriere ist für junge Chinesen so wichtig wie noch nie, sodass kaum Zeit bleibt, ein Kind groß zu ziehen. Auch finanzieller Druck sorgt dafür, dass sich Familien gegen ein zweites Kind entscheiden. Hinzu kommt: Die bisher strikte Geburtenkontrolle und hohe Strafgelder für das verbotene zweite Kind haben vielen Chinesen ganz einfach die Lust auf eine Großfamilie genommen. […] Insbesondere bei immer mehr in Großstädten lebenden und gut ausgebildeten Frauen würden Ehe und Elternschaft nicht mehr als „notwendige Passagen im Leben oder als wesentliche Bestandteile eines glücklichen Lebens" betrachtet […]. Weitere Anreize müssten her, um noch mehr Familien vom Kinderkriegen zu überzeugen. […] So soll die Gesundheitsversorgung vor und nach Geburten verbessert und ein universelles System zur Kinderbetreuung entwickelt werden. Die Kosten der Familien für Ausbildung sollen reduziert werden. Auch sollen Erziehungsurlaub, Mutterschutz und Vorteile bei Steuer und Wohnraum ausgebaut sowie die Rechte und Interessen berufstätiger Frauen besser geschützt werden.

Jörn Petring

7 Erarbeite, welche Aspekte bei der Familienplanung für die Eltern eine wichtige Rolle spielen und welche Aspekte dabei für den Staat wichtig sind.

8 Sammle mit Hilfe von M1–M3 Gründe für eine Pro und Contra-Diskussion: These: Die Kinderzahl ist eine Privatangelegenheit der Familie. Gegenthese: Der Staat muss die Bevölkerungsentwicklung aktiv steuern. » K3 S. 15

9 Beurteile das grundlegende ethische Problem: Wie weit darf ein Staat in die privaten Entscheidungen eingreifen?

M4 Bevölkerungspyramiden

A

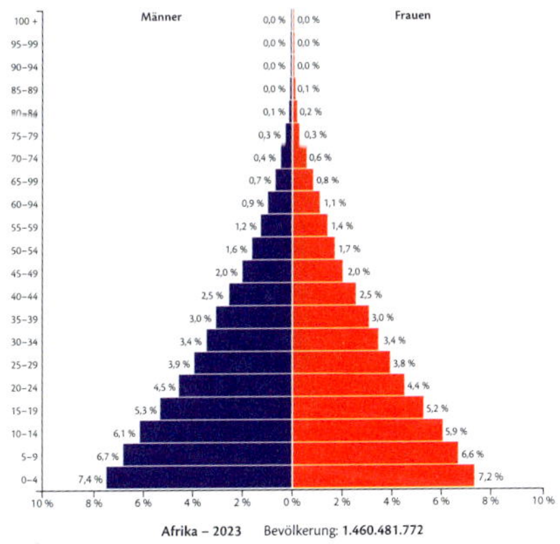

B

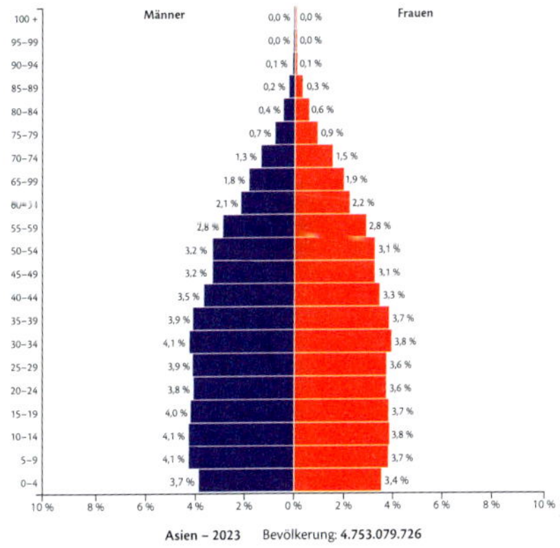

10 Vergleiche die Diagramme (A: Afrika, B: Asien) und erkläre die jeweilige Bevölkerungsstruktur der einzelnen Kontinente.

11 Recherchiere die Bevölkerungspyramide von Europa und ziehe einen Vergleich zu den beiden Grafiken.

Segen zum Wandel der Familie?

M1 Gott ist für alle da. Auch die Kirche?

1 Deute die Aussage des Bildes und nehme dazu Stellung.
2 Erkläre, welche Folgen diese Aussage für die Kirche hat. Nenne Beispiele, für wen die Tür alles offen ist.
3 Überprüfe diese Aussage in der Praxis. Halten sich die Kirchen daran?

M2 Ehe – nur ein Vertrag oder Geschenk Gottes?

Ehe [althochdt. Ewe, „Gesetz"] [ist eine] auf Dauer angelegte Lebensgemeinschaft zweier (Monogamie) oder mehrerer (Polygamie) Menschen verschiedenen Geschlechts, die im Allgemeinen durch Zeugung von Kindern eine Familie gründen. In der Bibel wird die Ehe als Symbol für die Beziehung Gottes zu seinem Volk gebraucht. In diesem Sinn wurde die Ehe immer stärker als eine auf Versprechen und Treue gegründete, personale Beziehung zweier Partner verstanden. Die römisch-katholische Kirche versteht die Ehe heute [...] als ganzheitliche Verbindung eines Mannes und einer Frau, die wesensgemäß auf Zeugung und Erziehung der Kinder hin geordnet ist. Die Ehe hat, wie in den orthodoxen Kirchen, sakramentalen Charakter. Dies gilt nicht für die evangelischen Kirchen. Die Ehe wird hier als ein Vorgang im Rahmen der staatlichen Rechtsordnung gesehen (Zivilehe). Das islamische Eherecht, verankert im Koran, schränkt die altarabische Sitte der Polygamie auf höchstens vier Frauen mit je einem Hausstand sowie Konkubinat mit eigenen Sklavinnen ein. Dies wird wiederum eingeschränkt durch die Verpflichtung zur gerechten Behandlung der Frauen. Die Ehe gilt als Geschenk Gottes (Sure 30,21) und als wichtiger Bestandteil eines gottgefälligen Lebens. Ehelosigkeit wird traditionell verurteilt.

Helmut Stapel

4 Gib in eigenen Worten wieder, wie Ehe im traditionell-religiösen Sinne verstanden wird, und vergleiche diese Position mit heutigen Vorstellungen und Erwartungen heiratswilliger Menschen. Wer soll/darf heiraten und mit welcher Absicht?

5 Vergleiche das Verständnis von Ehe in den verschiedenen Religionen und beurteile, ob die Türen der Religionen allen offen sind (vgl. M1).
6 Die Eheschließung hat juristische, wirtschaftliche und soziale Folgen. Stütze diese Aussage durch Beispiele aus dem Text.

M3 Aufgehoben in der Regenbogenkirche

Positionen des Islam:

Wer in einer homosexuellen Beziehung lebt, begeht nach dem Glauben vieler Musliminnen und Muslime eine Sünde. Es gibt allerdings keine Stelle im Koran, die Homosexualität ausdrücklich verbietet. Schwule und lesbische Musliminnen und Muslime haben es schwer, denn in ihrer Religion ist Sexualität traditionell nur zwischen einer Frau und einem Mann erlaubt, die miteinander verheiratet sind. [...] Dennoch sind Musliminnen und Muslime dazu aufgerufen, Homosexuelle nicht auszugrenzen, sondern ihnen mit Respekt und Würde zu begegnen, wie allen anderen Menschen auch. Es darf auch niemand einem schwulen Muslim oder einer lesbischen Muslimin absprechen, muslimisch zu sein.

Jane Baer-Krause

Evangelische Kirche:

Heiratswillige Homosexuelle haben in Deutschland grundsätzlich fast überall die Möglichkeit, sich von einem Pfarrer einen Segen zusprechen zu lassen. In welcher Form das geschieht, wird von den 20 Landeskirchen aber höchst unterschiedlich geregelt. So verbieten zum Beispiel nur wenige Landeskirchen, dass eine Segnung öffentlich geschehen darf. Einige Landeskirchen bestehen darauf, dass eine Segnung einem herkömmlichen Traugottesdienst nicht zu sehr ähneln dürfe.

Markus Bechtold/Anne Kampf/Johannes Süßmann

Katholische Kirche:

Die vatikanische Glaubensbehörde veröffentlichte am Montag [10. März 2023] eine Grundsatzerklärung, wonach katholische Geistliche unverheiratete und homosexuelle Paare segnen dürfen. [...] Es wird allerdings betont, dass dabei eine Verwechslung mit einer Eheschließung ausgeschlossen werden muss. Auch darf ein Geistlicher den Segen nicht im Rahmen eines Gottesdienstes erteilen.

Martin Jarde/Antje Dechert/Christian Wölfel

7 Vergleiche die Positionen der verschiedenen Religionen in Bezug auf homosexuelle Paare.

8 Finde Argumente für und gegen die Positionen der Kirchen.

9 Viele fühlen sich zerrissen zwischen ihrer sexuellen Orientierung und ihrer Religion. Versetze dich in eine solche Situation und führe ein Selbstgespräch. Wie fühlt es sich an, wenn du einen Teil deiner Identität aufgeben müsstest, nur um in der Gemeinschaft akzeptiert zu werden? » K4 S. 9

M4 Vorbestimmt und passend ausgesucht

Nach dem Talmud, einem der wichtigsten Werke des Judentums, werden Ehen schon vor der Geburt geschlossen: Ja, 40 Tage vor der Zeugung verkündet eine Stimme im Himmel, wer der Partner oder die Partnerin sein wird. Auf Jiddisch nennt man diese Person „Beschert" – denn wie der Name sagt, wird sie einem von Gott beschert.

Tobias Kühn

10 Für manche Menschen hat die Vorstellung, dass es den einen Menschen gibt, den Gott für einen auserwählt hat, etwas Romantisches und Mystisches zugleich. Beurteile diesen Gedanken und erkläre, welche Folgen diese Idee für gleichgeschlechtliche Beziehungen haben kann.

11 Recherchiere, welche Vorstellung die jüdische Religion über die Ehe hat.

Zeig, was du kannst!

Das Wichtigste in Kürze

multikulturelle Beziehungen – Ehe in der Geschichte – Liebesheirat – Familienformen – Familienplanung – Staat und Familie – homosexuelle Liebe und religiöse Einstellung

Familie verstehen

Durch die Globalisierung gibt es inzwischen viele Eheleute aus unterschiedlichen Kulturen. Dadurch entstehen neue Herausforderungen und Chancen. Was überhaupt Familie ist, wird unterschiedlich aufgefasst und unterliegt einem gesellschaftlichen Wandel. Die Ehe war früher mehr eine Zweckgemeinschaft, inzwischen sind Gefühle und die Beziehung immer wichtiger geworden. Familienpolitik hat einen hohen Stellenwert, besonders die Kinderzahl versuchen viele Staaten durch unterschiedliche Maßnahmen zu steuern. Religionen reagieren unterschiedlich auf das neue Verständnis von Ehe und Familie. Einerseits wird Homosexualität akzeptiert und gesegnet, in vielen Teilen der Welt aber auch verfolgt.

Kompetenz-Check

M TÜV-Plakette für Beziehungen?

Ein Auto schickt man regelmäßig zum TÜV. Beziehungen täte das auch sehr gut – und es würde so manche Partnerschaft daran hindern, vor die Wand zu fahren. Denn der Beziehungs-TÜV beinhaltet eines der wichtigsten Kriterien für eine gute Zweisamkeit: im Gespräch bleiben. Je offener die Partner miteinander kommunizieren können, je kompetenter sie Probleme lösen und je besser sie mit Stresssituationen umgehen, desto zufriedener sind sie als Paar. Eine große Hilfe ist es, einmal im Jahr eine Art „Kassensturz" zu machen, sich einem Beziehungs-TÜV zu unterziehen, rät die Sexualtherapeutin Dr. Ulrike Brandenburg. Die Partner sollten sich immer wieder fragen: Führen wir die Beziehung, die wir wollen? Läuft etwas schief? Haben wir andere Vorstellungen, haben wir uns entfremdet? Was sind die Strategien in unserer Zweisamkeit, die die Beziehung runterwirtschaften – oder die unserer Beziehung gut täten?
Generell sollten sich beide Partner genügend Raum geben, um über sich, die eigenen Wünsche und auch Schwierigkeiten sprechen zu können. Das setzt eine gute Kommunikationskultur voraus und vor allem die Haltung, Beziehungsarbeit leisten zu wollen. Es setzt die Bereitschaft voraus, zu lernen, und wenn es notwendig ist, auch Hilfe in Anspruch zu nehmen.

Andrea Wengel

1 Sammle Gründe, die für und die gegen eine gezielte Familienpolitik in Deutschland sprechen.

2 Menschen leben in unterschiedlichen sozialen Lebensformen zusammen. Erkläre, welche wichtigen Merkmale Familien von nichtfamilialen Lebensformen unterscheiden.

3 Erläutere mit Hilfe des Textes, welche Gründe aus Sicht von Psychologen für einen „Beziehungs-TÜV" sprechen. Diskutiere dabei auch mögliche Kritikpunkte. » K4 S. 11

4 Kläre, welche Auswirkungen auf Partnerschaften es haben könnte, wenn ein Beziehungs-TÜV Pflicht wäre. » K3 S. 17

Werkstatt

Ein philosophisches Tagebuch zum Thema Familie schreiben

Sich für eine Form entscheiden

Für ein Tagebuch eignet sich eine handschriftliche Gestaltung in einem schönen Heft oder einem kleinen Buch besonders gut. Du kannst auch Bilder und Fotos einbeziehen.
Nach Absprache mit deiner Lehrkraft besteht auch die Möglichkeit mit einer Tagebuch-App auf dem Handy zu arbeiten. Dabei muss natürlich vorher geklärt werden, wie dann deine Arbeit kontrolliert werden kann.

Wodurch wird ein Tagebuch ein „philosophisches Tagebuch"?

In dieser Form des Tagebuches geht es um deine Gedanken zu grundlegenden Fragen des Lebens und wie du deine Sicht auf die Welt abbildest. Wenn diese Gedanken in einem philosophischen Tagebuch festgehalten werden, bedeutet das nicht, dass sie für immer so bleiben müssen. Das Gegenteil ist der Fall. Durch das Aufschreiben kann bei einem späteren Rückblick die Veränderung der eigenen Sichtweise und das Dazukommen neuer Erfahrungen und Erkenntnisse betrachtet werden.

Interessante Anknüpfungspunkte zum Thema finden

Finde Anlässe, die dich ins Nachdenken bringen und philosophische Fragen zum Thema Familie aufwerfen. Das kann z. B. ein persönliches Erlebnis, ein Text im Deutschunterricht, ein Streit, eine Diskussion im Unterricht, ein Foto oder eine Internetrecherche sein.

Eigene Gedanken formulieren

Bei einem Tagebuch geht es um deine eigenen Überlegungen. Was du selbst denkst und empfindest, ist wichtig. Folgende Fragen können dir Anregung geben, du kannst aber auch eigene Schwerpunkte setzen.

- Was bedeutet Familie für mich?
- Wie wichtig sind kleine Gemeinschaften für unsere Gesellschaft (Familie, Vereine, Klassen, ...)?
- Wann ist Vielfalt ein Gewinn, wann wird sie zur Belastung?
- Wie steht es mit der Toleranz gegenüber unterschiedlichen Lebensformen?
- Dürfen sich Staaten in das Familienleben einmischen?

Worauf es ankommt

- ☑ eine ansprechende Form der Darstellung wählen
- ☑ Themen und Fragestellungen finden
- ☑ deine eigenen Gedanken deutlich machen
- ☑ Quellen notieren, wenn du Material benutzt

Kann man sich ein gutes Gewissen erkaufen?

Was kann ich nicht mit meinem Gewissen vereinbaren?

Was ist Gewissensfreiheit?

Wer oder was ist mein Gewissen?

Was mache ich, wenn ich den Zugang zu meinem Gewissen verliere?

Gewissen und Verantwortung

> Gewissensfragen klären

WERKSTATT

Wie wichtig ist das Gewissen?

Suche dir eine Frage zum Thema Gewissen heraus und gestalte eine Collage, die verschiedene Antworten dazu präsentiert.

Mögliche Fragen könnten sein:

- Kann man ein Gewissen erlernen?
- Ist das Gewissen lediglich ein Gefühl?
- Ist der Gewissensbegriff veraltet?
- Sollte man mit dem Gewissen diskutieren?
- Wie wichtig ist das Gewissen im Alltag?
- Hilft das Gewissen authentisch zu sein?
- Woher weiß mein Gewissen, was richtig und falsch ist?
- …

Auf Kosten anderer?

M1 Was hat das mit mir zu tun?

1 Sammle Antworten in der Klasse: Was weißt du über Kinderarbeit?
2 Stelle einen Zusammenhang her zwischen den Bildern.
3 Erkläre, was das mit dir zu tun hat.

M2 Ein Experiment

Das Team der Wissenschaftssendung „Quarks" hat für einen Tag ein Modegeschäft eröffnet, um ein ungewöhnliches Experiment zum Thema Kinderarbeit durchzuführen.

Die angebotene Kleidung war extrem billig: T-Shirts für 2,50 Euro, Pullover für 4,50 Euro. Direkt hinter der Kasse: Mehrere Näharbeitsplätze, an denen Kinder mit asiatischem Migrationshintergrund zwischen sieben und vierzehn Jahren saßen und Kleidung nähten. Dass es sich in Wahrheit nur um Schauspieler:innen handelt, war für die Kunden nicht erkennbar. Drei Stunden lang war das Geschäft geöffnet. Das Ergebnis: Die Mehrheit der Kund:innen kaufte die Billigmode, obwohl sie mit eigenen Augen gesehen hatten, dass sie in Kinderarbeit entstanden war.

Inka Reichert

4 Erläutere, ob du in diesem Modegeschäft eingekauft hättest. Tausche dich darüber mit einer Partnerin oder einem Partner aus und begründe deine Entscheidung.
5 Erläutere, was mit diesem Experiment aufgezeigt wurde.
6 Beschreibe, welche Gründe und Gefühle Menschen beim Einkauf in diesem Geschäft haben könnten.

M3 Schlechtes Gewissen? Ohne mich.

Es gibt einige psychologische Tricks, wie Menschen ihr schlechtes Gewissen verstummen lassen. Der Sozialpsychologe und Verhaltensforscher Arnd Florack stellt drei davon vor:

Die deskriptive Norm

Man sieht bei [großen Modelabeln], wie Menschen massenweise Schnäppchen einkaufen, und denkt: „Wenn alle es tun, wird es in Ordnung sein." Deskriptive Normen beziehen sich demnach auf das, was die Mehrheit tut. Sie unterscheiden sich oft von Verhalten, das man eigentlich für ethisch oder moralisch richtig hält.

Rationalisierung

Sie ist vermutlich die häufigste Form der Selbsttäuschung. Die Rationalisierung erklärt, warum man wieder ein T-Shirt für vier Euro kauft, wenn man es schon einmal gemacht hat, obwohl man es besser wissen müsste. […] Da man jetzt sein Handeln nicht mehr rückgängig machen kann und diesen Konflikt durchaus als unangenehm erlebt, sucht man nach Rechtfertigungen. […] „Man denkt, dass es den Menschen in den Produktionsländern sogar noch schlechter gehen würde, wenn man das T-Shirt nicht gekauft hätte", sagt Florack.

Die moralische Lizenzierung

Sie beschreibt das Phänomen, dass Menschen ohne Schuldgefühle eine schlechte Tat vollbringen können, wenn sie zuvor eine gute Tat getan haben. „Zum Beispiel spendet man einer Kinderhilfsorganisation und kauft sich somit ein gutes Gewissen", erklärt Florack.

Inka Reichert

7 Lass dir von einer Partnerin oder einem Partner den Text aus M3 vorlesen und mache dabei Notizen. Fasse anschließend die wichtigsten Punkte zusammen und stelle einen Zusammenhang mit M2 her. » K1 S. 14

8 Finde weitere Beispiele für Situationen, in denen sich Menschen gerne vor einem schlechten Gewissen drücken.

9 Formuliere Erwiderungen auf die Ausreden aus dem M3 Text.

M4 Mit gutem Gewissen einkaufen

10 Sammle Informationen zu den Siegeln IVN Best und Fairtrade. Diskutiere dann, ob diese genug für faire Bedingungen tun.

11 Finde weitere Siegel für fairen Handel bzw. faire Produktion und erstelle ein Plakat.

12 Recherchiere Informationen zum Begriff „Greenwashing". Erkläre, wie Greenwashing zur „Beruhigung des Gewissens" und zur Kundengewinnung eingesetzt wird.

Gewissensfreiheit als Menschenrecht?

M1 Organspende? Ja!

Die gemeinnützige Organisation „Junge Helden e.V." hat die Aktion #OPTINK ins Leben gerufen. Mit einem Tattoodesign kann man seinen Willen zur Organspende ausdrücken. Trotzdem braucht man offiziell zusätzlich noch einen Organspendeausweis.

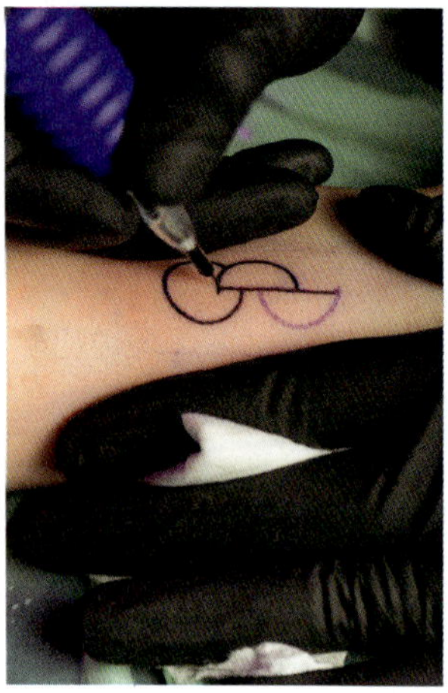

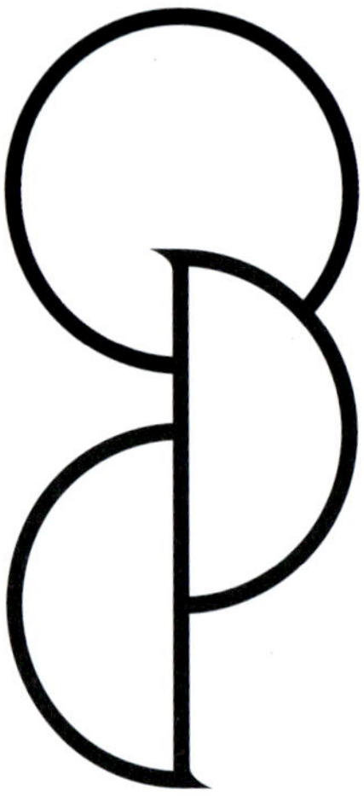

1 Diskutiere, was die Organisation „Junge Helden e.V." mit dieser Tattoo-Aktion erreichen möchte.
2 Begründe, ob du dir (zusätzlich zum Organspendeausweis) auch dieses Tattoo stechen lassen würdest.
3 Mit Tattoos wollen Menschen oft dauerhaft ein Bekenntnis ablegen bzw. eine Überzeugung nach außen hin zeigen. Diskutiere diese Position. Bleiben Überzeugungen z. B. von der Bereitschaft zur Organspende lebenslang oder können sie sich ändern?

M2 Recht auf Gewissensfreiheit

Als Gewissensentscheidung ist jede ernsthafte sittliche, das heißt an den Kategorien von „Gut und Böse" orientierte Entscheidung anzusehen, die der Einzelne in einer bestimmten Lage als für sich bindend und unbedingt verpflichtend empfindet, sodass er gegen sie nicht ohne ernste innere Not handeln könnte. Das Grundrecht schützt ebenso wie bei der Glaubensfreiheit den rein inneren Vorgang des Denkens, das Entäußern [das heißt: äußern, zum Ausdruck bringen] von Gewissensentscheidungen wie auch das dadurch bedingte Handeln.

Bundeszentrale für politische Bildung

Das Recht auf Gedankens- und Gewissensfreiheit ist das Recht eines jeden, sich seine Gedanken und sein Gewissen ohne unzulässige Einflüsse von außen autonom zu bilden. Jeder Eingriff, wie etwa Hirnwäsche oder Beeinflussung durch Medikamente zwecks Manipulation des Bewusstseins oder des Unterbewussten, ist verboten.

Erläuterungen zu Artikel 18 der Menschenrechte zur Gewissensfreiheit, www.humanrights.ch

4 Kläre die Fachbegriffe in den Texten und gib den Inhalt in eigenen Worten wieder.
5 Veranschauliche an einem Beispiel die drei Stufen der Gewissensfreiheit: Denken, Äußern, Handeln.
6 Nenne Gemeinsamkeiten von Gewissens- und Glaubensfreiheit. Erkläre auch, warum beide als Grund- und Menschenrechte angesehen werden.
7 Prüfe, ob eine Bereitschaft zur Organspende eine Gewissensentscheidung ist.

M3 Grenzen der Gewissensfreiheit?

[Es ist] richtig und wichtig, die Gewissensfreiheit wegen ihrer Bedeutung für die personale Identität eines Menschen und als Ausdruck seiner Menschenwürde in besonderer Weise zu schützen. Daraus folgt jedoch nicht, dass das Gewissen eine unfehlbare moralische Instanz ist und dass die Berufung auf die Freiheit der persönlichen Gewissensentscheidung unüberprüfbar und letztgültig ist. Geschichte und Erfahrung lehren vielmehr, dass sich das Gewissen auch irren bzw. verstummen kann und dass die Auskunft, man habe kein schlechtes bzw. ein gutes Gewissen, auch darauf hinweisen kann, dass das Gewissen keine angeborene Fähigkeit zur treffsicheren Unterscheidung zwischen Gut und Böse ist. Vielmehr ist das Gewissen jedes Menschen durch die Erziehung und Kultur geprägt, in der es sich gebildet hat. [...] Dass erwachsenen Menschen die Stimme ihres Gewissens als Kompass in ethischen Entscheidungssituationen sowie in der Beurteilung ihrer Handlungen zur Verfügung steht, hängt davon ab, ob sie eine entsprechende Gewissensbildung erfahren haben. Denn ethische Urteilsfähigkeit muss wie jede andere Kompetenz erlernt werden.

Markus Buntfuß

8 Arbeite aus dem Text heraus, warum Gewissensfreiheit nicht unbegrenzt sein kann.

9 Stelle dir vor, Gewissensfreiheit wäre kein Menschenrecht. Ergreife das Wort für dieses Menschenrecht in Form einer Standpunktrede. Beziehe dabei auch M1 und M2 ein. » K1 S. 12

10 Konstruiere einen Fall, an dem du deutlich machst, dass das Gewissen sich „irren bzw. verstummen kann".

11 Schreibe einen szenischen Dialog, durch den deutlich wird, dass das Gewissen durch Erziehung und Kultur geprägt wird.

M4 Was ist zu tun?

für die Schule lernen

ehrenamtlich tätig sein

demonstrieren gehen

Fleisch essen

aus einer Partei austreten

Graffiti malen

in einer Glaubensgemeinschaft tätig sein

„Nach bestem Wissen und Gewissen."

12 Erläutere diese Redewendung. Was hat Wissen mit Gewissen zu tun?

13 Diskutiere, was die Gewissensfreiheit mit den genannten Tätigkeiten zu tun hat.

14 Berichte über eigene Erfahrungen: Inwieweit kann eine Gewissensentscheidung durch die Erweiterung deines Wissens verändert werden?

Was ich nicht mit meinem Gewissen vereinbaren kann

M1 Verteidigung, Schutz oder Angriff?

Diese Bildcollage stammt aus einer Werbekampagne der Deutschen Bundeswehr.

1 Beschreibe das Foto und stelle eine Interpretation dazu an, welche Elemente die deutsche Bundeswehr benutzt, um für sich zu werben.
2 Kläre, welche Aufgaben das Militär hat und was diese mit dem Gewissen zu tun haben.

M2 Bundeswehr ja oder nein?

Rocksänger Campino hat angesichts des Ukraine-Kriegs derzeit ein Gefühl, „als ob die Welt über uns zusammenstürzt" – und stellt daher alte Grundsätze auf den Prüfstand. Etwa die Frage nach dem Dienst an der Waffe: „Ich persönlich habe den Kriegsdienst 1983 verweigert. Das würde ich heute, unter diesen Umständen, wenn ich jetzt meine Einberufung bekäme, wahrscheinlich nicht mehr tun", sagte der Frontmann der Band Die Toten Hosen im Interview mit der dpa in Berlin. „Gerade lernen wir doch eindrücklich, warum eine Identität als Europäer so wichtig ist und warum wir eine Wertegemeinschaft sein müssen", sagte der in Düsseldorf geborene Musiker, der mit bürgerlichem Namen Andreas Frege heißt und sich politisch links und als Wähler bei den Grünen verortet. „Das hat dann leider auch etwas mit Aufrüstung zu tun. Wir können es uns nicht leisten, völlig wehrlos gegenüber Despoten zu sein, wie Putin einer ist, der alte Machtfantasien auslebt. So einen Mann kann man nur stoppen, wenn er auch Respekt vor der Gegenseite hat."

Werner Herpell

3 Erläutere Campinos Meinung. Warum würde er heute zur Bundeswehr gehen?
4 Auch der Grünen-Politiker Robert Habeck hat in einem Interview mit der Zeitschrift Spiegel ausgesagt, dass er nicht mehr ausschließen würde, zur Bundeswehr zu gehen. Es gibt für ihn sinnvolle und sinnlose Kriege, für die man kämpfen oder nicht kämpfen müsse. Nimm Stellung zu dieser Aussage.
5 Betrachte kritisch die Meinungen Campinos oder Habecks und stelle sie Argumenten gegenüber, die sich gegen den Eintritt in die Bundeswehr aussprechen.
6 Diskutiere, unter welchen Voraussetzungen du dem Militär beitreten würdest.
7 Es wird darüber diskutiert, dass die Wehrpflicht wieder eingeführt werden soll. Andere befürworten weiterhin die Freiwilligkeit. Stelle Vermutungen über die Gründe für die verschiedenen Positionen an. » K2 S. 8

M3 Kriegsdienstverweigerung = Gewissensfreiheit?

Das Grundrecht der Kriegsdienstverweigerung wiederum knüpft an den Begriff der Gewissensentscheidung an. Es besteht nur, wenn der Betroffene aufgrund einer Gewissensentscheidung den mit dem Kriegsdienst verbundenen Zwang zum Töten ablehnt. Dabei genügt es nicht, nur bestimmte Kriege (etwa aus einer bestimmten politischen Überzeugung heraus) abzulehnen, die Entscheidung muss schlechthin jeden Kriegsdienst mit der Waffe betreffen. Darunter fällt auch der Dienst mit der Waffe in Friedenszeiten, also insbesondere die Ausbildung an Waffen. Folge einer berechtigten Kriegsdienstverweigerung ist, dass der anerkannte Kriegsdienstverweigerer von der Pflicht zur Landesverteidigung freigestellt ist. Das Recht der Kriegsdienstverweigerung hat gegenwärtig – nach der Aussetzung der Wehrpflicht – nur noch Bedeutung für Zeitsoldaten und Berufssoldaten, die sich nach ihrem freiwilligen Eintritt in die Bundeswehr auf Gewissensgründe berufen.

Mathias Metzner

8 Schreibe alle Bedingungen aus dem Text heraus, die nötig sind, um einen Kriegsdienst zu verweigern.

9 Reflektiere die Bedingungen der Kriegsdienstverweigerung. Stimmst du allen Punkten zu? Welche Punkte werfen bei dir Fragen auf? Notiere deine Gedanken.

10 Argumentiere warum Kriegsdienstverweigerung mit dem Begriff der Gewissensentscheidung zusammenhängt.

11 Die Bundeswehr möchte an Schulen für eine Laufbahn bei der Bundeswehr werben. Diskutiere, ob du diese Kampagne unterstützen würdest.

M4 Heldenhafte Deserteure

Die irische Armee war damals [während des Zweiten Weltkriegs] neutral. Fast 5000 Iren desertierten [das heißt: sie verließen ihre Truppe], um freiwillig gegen den Faschismus zu kämpfen. Doch nach ihrer Rückkehr erwarteten sie in der Heimat keine Medaillen. Sie wurden unehrenhaft aus der Armee entlassen, ihre Pensionsansprüche gestrichen und einige mussten sich wegen Fahnenflucht sogar vor einem Militärgericht verantworten. Eine Initiative hat es sich zum Ziel gesetzt, die heldenhaften Deserteure zu rehabilitieren [also ihre Ehre wiederherzustellen].

www.dw.com

12 Versetze dich in die Lage der Personen, die sich dafür entschieden haben, aus der irischen Arme zu desertieren, um mit England gegen das faschistische Regime in Deutschland zu kämpfen. Notiere die Gefühle, die diese Menschen möglicherweise gehabt haben, und stelle einen Bezug zum Thema Gewissen her.

13 Stell dir vor, du bist Richterin oder Richter an einem irischen Gericht: Würdest du die Deserteure begnadigen oder nicht? Begründe deine Entscheidung.

Wer oder was ist mein Gewissen?

M1 Wer oder was prägt mein Gewissen?

Bei Gewissensfragen helfen oft externe „Stimmen“: Was sagt Gott dazu? Was sagen die Eltern? Die Gesellschaft? Die Philosophie?

1 Stelle einen Zusammenhang her zwischen der Grafik und der Frage des M1-Titels.
2 Erstelle selbst eine ähnliche Grafik: Wer oder was prägt dein Gewissen?
3 Diskutiere in der Gruppe, ob es auch ohne andere Menschen möglich ist, ein Gewissen zu entwickeln.

M2 Freuds Seelenmodell

Freuds Modell zufolge besteht die Psyche, also unser Geist, aus drei Teilen, nämlich erstens aus unserem **Ich**, also unserem Bewusstsein, zweitens aus dem **Es**, in dem sich unsere Triebe befinden, und drittens dem **Über-Ich**, in dem Normen gespeichert sind, in Form von Geboten und Verboten zunächst der Eltern und später der Gesellschaft. Das Bewusstsein hat also, Freud zufolge, drei Zugänge. Erstens erhält es Informationen durch die Wahrnehmung, zweitens Wünsche aus dem **Es** und drittens Warnungen vom **Über-Ich,** und zwar vermittelt über das Gewissen, wenn die eigenen Normen und Ideale nicht erreicht sind.
Das **Es** ist der älteste Teil des Geistes, in dem Triebe und Instinkte wohnen, ein Reich des Unlogischen ohne Begriffe für Raum und Zeit, oder in Freuds Worten: „Von den Trieben her erfüllt es sich mit Energie, aber es hat keine Organisation, bringt keinen Gesamtwillen auf, nur das Bestreben, den Triebbedürfnissen unter Einhaltung des Lustprinzips Befriedigung zu schaffen.“ Das **Es** ist von Geburt an da, während sich das **Ich** erst davon lösen und abgrenzen muss. Wir hätten zwar den Eindruck, das **Ich** sei selbständig und autonom, doch die Übergänge blieben immer fließend und das **Es** wirke dauerhaft in das Bewusstsein hinein.

Philipp Hübl

Triebe – Wünsche und Bedürfnisse – Vermittlung – Gedanken – Handlungsmöglichkeiten – Realitätsbewusstsein – Normen Werte – Moral – Überleben – Nahrung – Lust Gesellschaft – Verbote – Schuldgefühle

4 Ordne die Begriffe aus dem Wortspeicher dem Ich, Es und Über-Ich zu.
5 Veranschauliche an einer konkreten Situation, wie das Ich zwischen Es und Über-Ich vermitteln könnte.
6 Stelle anhand eines Kuchen-Diagramms dar, wie viel jede der Instanzen an deinen Gewissensentscheidungen beteiligt sein könnte.
7 Beurteile, welche Punkte dich an Freuds Seelenmodell überzeugen und welche nicht.

M3 Das Gewissen: die Stimme Gottes, innerer Richter oder das Echo der Eltern?

Augustinus:

Das Gewissen ist ein Mitwissen, eine innere Stimme, die unsere Entscheidungen begleitet und uns sagt, was gut oder schlecht ist. Diese innere Stimme ist letztlich die Stimme Gottes; durch sie spricht Gott zum Menschen. Indem wir nach dem Gewissen handeln, verwirklichen wir die göttlichen Gebote.

Immanuel Kant:

Das Bewusstsein eines inneren Gerichtshofes im Menschen („vor welchem sich seine Gedanken einander verklagen oder entschuldigen") ist das Gewissen. Jeder Mensch hat Gewissen und findet sich durch einen inneren Richter beobachtet, bedroht und überhaupt in Respekt (mit Furcht verbundener Achtung) gehalten, und diese über die Gesetze in ihm wachsende Gewalt ist nicht etwas, was er sich selbst (willkürlich) macht, sondern es ist seinem Wesen einverleibt. Es folgt ihm wie sein Schatten, wenn er zu entfliehen gedenkt.

8 Stell dir vor, Augustinus, Kant und Freud (M2) sitzen an einem Tisch. Stelle dar, worüber sie diskutieren würden und worin sie sich (un)einig wären.

9 Formuliere ein eigenes Fazit: Was genau ist nun das Gewissen?

10 Untersuche mit Hilfe der Materialien aus den unterschiedlichen Fachbereichen (M2, M3), welche Vorstellung wir von der Herausbildung des Gewissens haben. Erläutere deren Bedeutung für das Zusammenleben in der Gesellschaft. » K1 S. 10

M4 Was würde Kant jetzt tun?

Vielleicht sollten wir uns das öfter fragen. Beim Radfahren in der Stadt zum Beispiel. Zugegeben, ich war lange einer dieser Radler, für die rote Ampeln ein Signal sind, sich kurz umzuschauen, ob eine Polizeistreife in der Nähe ist, und dann weiterzufahren. Nun halte ich an roten Ampeln, Kant sei Dank. „Kann ich vernünftigerweise wollen, dass alle so Rad fahren wie ich?", das war der Schlüsselgedanke. Ich habe nicht an Kant gedacht, als ich ihn hatte. Aber inzwischen weiß ich, dass es ein zutiefst kantischer Gedanke ist.

Jeder Mensch, der ein Gewissen hat, fragt sich in manchen Momenten: Was soll ich jetzt tun? Nicht um möglichst schnell irgendwohin zu radeln, nicht um eine Geldbuße wegen Rotlichtverstoß zu vermeiden – nicht um irgendein Ziel zu erreichen, sondern schlicht um das Richtige zu tun.

Was das heißt, hat Immanuel Kant vor 250 Jahren mit bis heute unerreichter Klarheit gesehen. Er hat damals etwas verstanden, was heute in mir wirkt und in jedem anderen Menschen. Warum Menschen manche Dinge tun sollen, dürfen oder müssen und andere nicht. Wer verstehen will, was Moral bedeutet, kommt um Kant nicht herum. Nicht nur beim Radeln. Wie sollen wir mit Flüchtlingen umgehen? Brauchen wir diese Europäische Union wirklich? Darf ich das Handy meines Partners kontrollieren?

Tobias Hurter

Hörtext zu M4

Mediencode: 20087-02

11 Notiere weitere Situationen, in denen es Menschen oft leicht fällt, nicht das Richtige zu tun. Beziehe zu den genannten Situationen Stellung.

12 Diskutiere, warum das Gewissen für die Moral wichtig ist.

13 Finde weitere Fragen, von denen man Moral und Gewissen nicht abtrennen kann.

Wenn das Gewissen krank macht

M1 Wenn sich nichts mehr richtig anfühlt ...

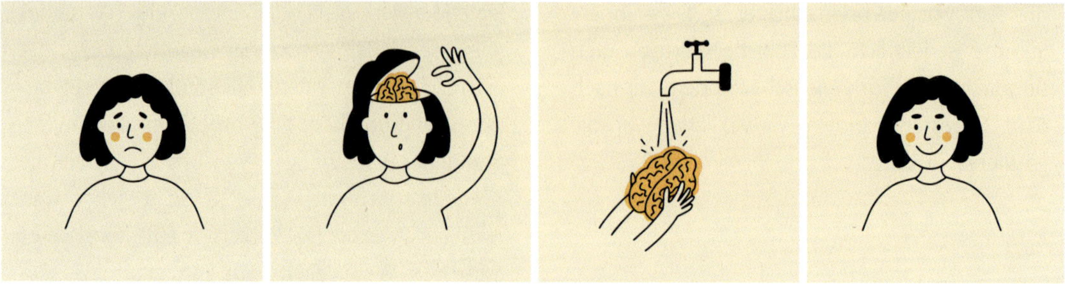

1 Betrachte das Comic und bringe es in Zusammenhang mit der Überschrift.

2 Notiere dir Ideen: Was kann man tatsächlich tun, wenn sich Entscheidungen, Handlungen oder Verantwortungen nicht mehr gut anfühlen?

3 Formuliere konkrete Vorschläge, was getan werden kann, wenn unsere „innere Stimme", die uns bei Entscheidungen hilft, selbst nicht weiß, was richtig ist. Stelle deine Ideen der Klasse vor, indem du ein Plakat gestaltest, einen eigenen Text dazu vorliest oder eine Szene vorspielst.

M2 Wenn das schlechte Gewissen zu dominant wird

[D]ie Gründe für ein schlechtes Gewissen können vielfältig sein. Doch woher kommt dieses Gefühl, das sich unangenehm im Magen breit macht, zu Kopfschmerzen und sogar zu Depressionen führen kann? Die gute Nachricht vorweg: Ein schlechtes Gewissen ist steuerbar und nicht immer von Nachteil. Auch, wenn es sich zugegebenermaßen alles andere als gut anfühlt.

Das Gewissen ist kein Teil des Körpers oder speziell des Gehirns. Es ist ein Teil der Gesellschaft, der Erziehung, des eigenen Selbstverständnisses und damit auch des Selbstbewusstseins. Während es Menschen gibt, die ihr eigenes Verhalten niemals in Frage stellen, gibt es andere Menschen, die sich täglich und dauerhaft mit ihrem Tun und ihrem Gewissen beschäftigen – dem Widerspruch zwischen dem eigenen Verhalten und der persönlichen Wertvorstellung. [...]

[ ] [D]as schlechte Gewissen [ist] – und auch die Frage, ob es bei manchen Menschen überhaupt vorhanden ist – von vielen Faktoren abhängig. Das kann anerzogener Perfektionismus ebenso sein wie ein hoher moralischer Anspruch oder ein geringes Selbstwertgefühl. Andere Menschen machen uns zum Beispiel ein schlechtes Gewissen und Schuldgefühle, wenn sie uns etwas vorwerfen und wir damit nicht umgehen können.

Helmut Stapel

4 Der Text nennt einige Faktoren, die unser Gewissen formen und beeinflussen. Erstelle eine Liste.

5 Arbeite aus dem Text Probleme heraus, die zu einem schlechten Gewissen führen könnten. Veranschauliche die Probleme an eigenen Beispielen.

6 Versetze dich in eine Person hinein, die kein oder kaum Gewissen hat. Lässt es sich ohne Gewissen leichter durch das Leben gehen? Welche Probleme könnten entstehen, wenn man kein Gewissen hat, das einen lenkt? Notiere deine Überlegungen.

M3 Wenn ich handle, bin ich mein Zeuge

Der griechische Philosoph Sokrates behauptet, es sei besser Unrecht zu erleiden als Unrecht zu tun. Hannah Arendt (1906 – 1975) versucht diesen Gedanken nachzuvollziehen.

[...] [W]arum es besser ist, Unrecht zu leiden, als Unrecht zu tun: Wenn ich Unrecht tue, bin ich dazu verdammt, in unerträglicher Intimität mit einem Unrechttuenden zusammenzuleben; ich kann ihn nie los werden: Das Verbrechen also, das den Augen der Götter und Menschen verborgen bleibt [...] existiert eigentlich nicht: So wie ich mein eigener Partner bin, wenn ich denke, bin ich mein einziger Zeuge, wenn ich handle. Ich kenne den Täter und bin dazu verdammt, mit ihm zusammenzuleben. Er ist nicht stumm. [...] Wenn Sie mit Ihrem Selbst uneins sind, ist das so, als wenn Sie gezwungen wären, täglich mit Ihrem eigenen Feind zu leben und zu kommunizieren. Das kann sich keiner wünschen. Wenn Sie Übles tun, leben Sie mit einem Übeltäter zusammen, und wenn auch viele es vorziehen, zu ihrem eigenen Vorteil eher Schlechtes zu tun, als Schlechtes zu erleiden, wird niemand gerne mit einem Dieb oder einem Mörder oder einem Lügner zusammenleben wollen. [...] [Sokrates muss geglaubt haben], dass die Menschen alle keine eingeborene Stimme des Gewissens besitzen, sondern das Bedürfnis haben, die Dinge durchzusprechen; dass alle Menschen mit sich selbst sprechen. Oder, um es fachmännisch auszudrücken, dass alle Menschen Zwei-in-Einem sind, nicht nur im Sinne der Bewusstheit und Selbstbewusstheit, sondern in dem sehr spezifischen und aktiven Sinne dieses stummen Dialogs, dieses ständigen Umgangs mit sich selbst, des Mit-sich-selbst-Sprechens.

Hannah Arendt

7 Gib Hannah Arendts Hauptgedanken zum Thema Gewissen in eigenen Worten wieder. Wie stellt sie das Gewissen dar?

8 Erläutere, was Hannah Arendt meint, wenn sie schreibt „ich bin mein einziger Zeuge, wenn ich handle".

9 Erläutere, welche Verantwortung du gegenüber dir selbst und deinem Gewissen hast. Untersuche deine Handlungsmöglichkeiten. » K2 S. 16

10 Mit sich uneins sein ist so, wie täglich mit dem eigenen Feind leben zu müssen. Beschreibe solche Erfahrungen und wie man damit umgehen könnte.

M4 Inneren Frieden finden. Ein Ratgeber.

Schritt 1:
Vergleiche und Bewertungen endlich loslassen

Schritt 2:
Ankommen im Hier und Jetzt

Schritt 3:
Jeder Mensch ist anders

Schritt 4:
Vergebung praktizieren – dir selbst und anderen gegenüber

Basierend auf Sarah Schömbs

11 Beurteile, ob du den vier Schritten zustimmst, teilweise zustimmst, oder gar nicht zustimmst.

12 Setze die vier Schritte in Beziehung zu Hannah Arendts Text (M3). Würde sie den vier Schritten zu innerem Frieden zustimmen?

Zeig, was du kannst!

Das Wichtigste in Kürze

Strategien gegen ein schlechtes Gewissen – Gewissensfreiheit als Menschenrecht – Gewissensentscheidung – Grenzen der Gewissensfreiheit – Gewissensbildung – Kriegsdienstverweigerung – Freuds Seelenmodell

Der innere Richter hat viele Gesichter

Wenn unser Gewissen sich meldet, ist es oft kein angenehmes Gefühl. Obwohl uns das Gewissen wie ein innerer Kompass hilft, die richtigen Wege zu sehen, wollen oder können wir sie manchmal nicht gehen. Wir versuchen dann, das Gewissen zum Schweigen zu bringen. Dabei ist die Freiheit, nach seinem Gewissen zu entscheiden, ein Menschenrecht, das es zu verteidigen gilt. Dazu gehört auch, sich gegen eine Entscheidung vieler oder gegen Gesetze des Staates zu stellen, wie z. B. bei der Kriegsdienstverweigerung. Unser Gewissen bildet sich durch viele Einflüsse: Religion, Familie, Gesellschaft, Philosophie und auch durch eigene Neigungen und Wünsche. Wenn wir gegen unser Gewissen handeln, bemerken wir schnell, dass wir, wie Hannah Arendt es formuliert, mit einem Feind zusammenleben. Sie empfiehlt das Mit-sich-selbst-Sprechen, um mit dem Gewissen aktiv zusammenzuarbeiten.

Kompetenz-Check

M Das Gewissen ausbilden

Gewissensfreiheit ist ein elementares Gut unserer Demokratie. Welche Entscheidungen von ihr geschützt werden, hängt von unserer Rechts- und Gesellschaftsordnung und den in ihr dominierenden Werten ab. Und immer wenn das Gewissen, wie schon bei Sokrates, seine Stimme erhebt und moralischen Druck auf uns ausübt, stehen wir vor der Aufgabe, sorgfältig abzuwägen. Gewissensfreiheit enthebt uns daher unserem eigenständigen Denken nicht, sondern zwingt uns zur Verantwortung in der Auswahl aus der Vielzahl der uns möglichen Handlungen.

Clemens Pokorny

1 Skizziere verschiedene Erklärungsmodelle des Gewissens.

2 Begründe, wer oder was dein Gewissen ausgebildet hat und wer oder was derzeit dein Gewissen weiterbildet.

3 Der Autor behauptet, dass uns die Gewissensfreiheit zu einer verantwortungsvollen Auswahl unserer Handlungen zwingt. Erkläre diesen Zusammenhang und veranschauliche ihn anhand des Beispiels vom Wehrdienst bzw. deren Verweigerung. » K2 S. 16

4 Diskutiere, warum es wichtig ist, dass das Gewissen immer wieder moralischen Druck ausübt und unsre Entscheidungen in Frage stellt. Höre aufmerksam zu und notiere dir die wichtigsten Punkte. » K1 S. 14

Werkstatt

Wie wichtig ist das Gewissen?

Gestalte eine Collage, die verschiedene Antworten zu einer Fragestellung präsentiert.

Schritt 1: Entscheide dich für eine Frage, die du in deiner Collage bearbeiten möchtest. (Vorschläge findest du auf der Auftaktseite des Kapitels.)

Schritt 2: Recherchiere zu der Frage. Mach dir Notizen zu Antwortmöglichkeiten. Du darfst auch Kritik und Gegenfragen mit aufnehmen.

Schritt 3: Überlege dir ein Konzept zu deiner Collage. Soll sie verschiedene Antworten durch unterschiedliche Farben, Schriftarten oder Formen präsentieren? Sollen Strukturen oder Verbindungen dargestellt werden?

Schritt 4: Suche im Internet, in Zeitungsartikeln oder Büchern nach passenden Texten, Bildern, Comics oder Überschriften.

Schritt 5: Lege die Materialien auf ein großes Plakat und probiere, zuerst ohne sie festzukleben, den richtigen Platz für sie aus. Wenn du dir sicher bist, klebe sie fest und beschreibe das Plakat mit gut sichtbaren Stiften.

Schritt 6: Präsentiere deine Collage deinem Kurs und spreche gegebenenfalls über die Antwortschwierigkeiten, die dir während der Zusammenstellung der Collage aufgefallen sind.

Worauf es ankommt

- ☑ alle Antwortmöglichkeiten zur Frage notieren
- ☑ ein kreatives Konzept erstellen
- ☑ passende Materialien finden
- ☑ die Fragen der Collage und ihre Schwierigkeiten mit anderen besprechen

Was bedeutet es, für jemanden zu sorgen?

Gibt es falsche Verantwortung?

Mitleid – ja oder nein?

Bin ich für die ganze Welt verantwortlich?

Kann man gleichzeitig egoistisch und altruistisch sein?

Gewissen und Verantwortung

> Füreinander da sein

WERKSTATT

Barrierefreiheit prüfen – Hilfe ist gleich Hilfe?

Stell dir vor, deine Eltern fahren dich jeden Tag in die Schule, weil sie dir nicht zutrauen, dass du es alleine schaffst. Sie nehmen dir die Verantwortung ab, dass du deine Sicherheit auf dem Schulweg eigenständig bewältigen kannst. Das würde sich merkwürdig anfühlen, oder? Deine Selbstbestimmtheit würde dir genommen werden.

Einige Menschen mit Behinderung erleben häufig genau diese Art der Fremdbestimmtheit: Andere Menschen bieten ihnen ungefragt Hilfe an, weil sie annehmen, sie müssten Verantwortung für sie übernehmen. Hier ist Hilfe zur Selbsthilfe wichtig und das kann unter anderem durch Barrierefreiheit geschaffen werden.

Informiere dich über Orientierungshilfen für Menschen mit Behinderung und erkläre die Bedeutung der Symbole. Untersuche anschließend deine Schule bzw. das Schulgelände in Bezug auf Barrierefreiheit und entwickle Vorschläge, wenn nötig. Was könnte für Menschen mit verschiedenen Behinderungen an deiner Schule noch getan werden? Erstelle in der Gruppe eine Orientierungskarte mit den entsprechenden Einträgen und Symbolen für deine Mitschülerinnen und Mitschüler und für Besucher.

Fürsorge (er)leben, was heißt das?

M1 Fürsorge für andere

1 Beschreibe die Fotos und erläutere, was sie mit Fürsorge zu tun haben.
2 Versetze dich in die Menschen auf den Fotos hinein. Formuliere in einem fiktiven Interview Antworten auf die Fragen nach ihrer Tätigkeit und warum sie diese ausführen.
3 Berichte darüber, ob du dich um jemanden oder etwas sorgst. Wie erlebst du diese Fürsorge?

M2 Die Verantwortung des Staates

Das Grundgesetz der Bundesrepublik Deutschland verpflichtet den Staat, das Wohlergehen seiner Bürger zu gewährleisten (d.h. dafür zu sorgen). In Artikel 20 Absatz 1 GG ist festgelegt, dass Deutschland ein sozialer Bundesstaat ist. Dieses Sozialstaatsprinzip beinhaltet eine implizite (mit inbegriffene) Fürsorgepflicht des Staates gegenüber seinen Bürgern. Der Staat muss daher Maßnahmen ergreifen, um soziale Sicherheit und Gerechtigkeit zu gewährleisten.
Das Bundesverfassungsgericht hat aus diesem Prinzip das Grundrecht auf Gewährleistung eines menschenwürdigen Existenzminimums abgeleitet (BVerfGE 125, 175, 222 ff.). Dieses Recht wird durch verschiedene soziale Sicherungssysteme umgesetzt, wie beispielsweise die Sozialhilfe und das Arbeitslosengeld. Zusätzlich zur finanziellen Fürsorge bietet der Staat auch Dienstleistungen wie Sozialarbeit und Jugendhilfe an.

www.juraforum.de

4 Erkläre in eigenen Worten, was im Artikel 20 Absatz 1 GG steht.
5 Gestalte eine Mindmap, in welcher du konkrete Beispiele notierst, die die Fürsorge eines sozialen Staates aufzeigen.
6 Erkläre anhand des Textes und der Bilder in M1 den Zusammenhang von Fürsorge und Verantwortung.
7 Diskutiere woran man merkt, wenn der Staat seiner Fürsorgepflicht nicht nachkommt und deshalb zivilgesellschaftliches Engagement notwendig wird (z.B. Tafel, Flüchtlingshilfe o.Ä.).

M3 Die Hilfe anderer

Der Mensch ist ein Lebewesen, das von Natur aus für andere offen ist. Dennoch ist die Vorstellung, der Mensch sei von Natur aus egoistisch, weit verbreitet. [...] Das Leben in einer Gemeinschaft läuft auf drei Ebenen gleichzeitig ab. Die erste ist das Leben in der Familie. [...] Eine zweite Ebene ist die der Freundschaft. [...] Die dritte Ebene ist die der Gesellschaft insgesamt. [...]

Jetzt wollen wir uns [...] vor Augen führen, warum der Mensch die Gemeinschaft nötig hat, um glücklich zu sein: An erster Stelle deswegen, weil wir auf eine ganze Reihe von Zuwendungen und Hilfeleistungen angewiesen sind, die wir uns nicht selbst zuteil werden lassen können. Wer schwer krank ist, braucht jemanden, der ihm das Essen zubereitet; ein Baby braucht jemanden, der ihm die Windeln wechselt; und auch ein älterer Mensch braucht häufig jemanden, der sich um ihn kümmert. Sogar ein junger, kräftiger und gesunder Mensch wäre auf sich allein gestellt nicht in der Lage, all die Dinge zu erwerben, die ihm die Gemeinschaft zur Verfügung stellt. [...] Während ein Bär isoliert in einem Wald leben kann, ist der Mensch auch biologisch nur lebensfähig, wenn er in einer Gemeinschaft lebt; nur mit Hilfe anderer Menschen kann der Mensch seine Natur voll zur Entfaltung bringen; nur mit Hilfe anderer Menschen kann er ein echter Mensch werden.

Héctor Zagal/José Galindo

8 Überprüfe die These, dass der Mensch alleine nicht lebensfähig ist.

9 Suche konkrete Beispiele, in denen der Mensch sich nur mit Hilfe anderer Menschen zur Entfaltung bringen kann.

10 Präsentiere Beispiele, in welchen vielfältigen Formen Menschen unterstützt werden können. Erstelle dafür einen Informationsflyer.

11 Erläutere, welche Fürsorge du von wem erwartest und warum. Formuliere dabei auch Erwartungen an dich. » K4 S. 17

M4 Selbstfürsorge

Nur wenn wir gut für uns selbst sorgen, können wir auch für andere da sein, ist eine Weisheit aus der antiken Philosophie. Hier wird der Gedanke der Selbstsorge betont. Damit ist nicht Egoismus gemeint [...]. Vielmehr geht es um die bewusste Erfahrung, ein Selbst zu sein. Denn wer „selbstlos" ist, kann nicht in der Welt wirken. [...] Wenn wir von „Sorgen" sprechen, dann haben wir meist Probleme, Zweifel oder schwierige Aufgaben vor Augen, die wir lösen also, „entsorgen" müssen. Aber es gibt auch eine andere Möglichkeit, nämlich das fürsorgliche Wohlwollen. Ein Wohlwollen, das nicht allein auf die anderen und die Welt da draußen gerichtet ist im Sinne einer selbstlosen Nächstenliebe, sondern uns selbst einbezieht. Denn wir können am besten auf die Welt einwirken, wenn wir eben nicht „selbstlos" sind, sondern sehr wohl und sehr gut um dieses Selbst wissen. [...]

Das, was mit dieser Form der Fürsorge gemeint ist, geht zurück auf das Prinzip der „Selbstsorge". Dies war schon in der griechischen Antike ein zentrales Thema [...].

Ina Schmidt

12 Stell dir vor, wie du in 20 Jahren leben willst. Verfasse einen fiktiven Wochenplan für deinen Alltag. Wie soll dieser aussehen, so dass Fürsorge und Selbstsorge darin im Einklang stehen.

13 Recherchiere den Begriff „Burnout-Syndrom" und erkläre, warum viele Menschen in sozialen Berufen unter diesem leiden.

Egoismus vs. Altruismus

M1 Allein, zu zweit oder zusammen?

Berk Olgun

1 Deute das Bild und diskutiere die Folgen für die Beteiligten.
2 Stell dir vor, du sitzt im Publikum. Erarbeite eine Szene nach der Vorstellung zwischen dir als Beobachter und den beiden Artisten.
3 Der Titel des Cartoons ist „I work alone". Auch in der Schule heißt es oft „Ich mag keine Gruppenarbeit, ich arbeite lieber allein." Finde Gründe für diese Einstellung und nimm Stellung dazu.

M2 Wenn jeder an sich denkt ...

Egoismus (lateinisch: „ego" – ich) bedeutet Eigenliebe und wird allgemein verstanden als Selbstinteresse eines Menschen, dem es in allen seinen Handlungen und Entscheidungen nur um sich selbst geht.

Egoist (Falco)

Die ganze Welt dreht sich um mich
Denn ich bin nur ein Egoist
Der Mensch, der mir am nächsten ist
Bin ich, ich bin ein Egoist [...]

Ganz oben auf der Liste, ja, da stehe ich
Du musst mir schon verzeih'n, aber ich liebe mich
Das obwohl ich überaus und durchaus kritisch bin
Hab ich den ganzen lieben langen Tag nur mich im Sinn

Ich habe über meinem Bett 'nen Spiegel angebracht
Damit mein eigenes Spiegelbild
mir meinen Schlaf bewacht
Ich will niemanden wollen, nein, ich will,
dass man mich will
Bis ich kriege, was ich brauche, halt ich niemals still

Die ganze Welt dreht sich um mich
Denn ich bin nur ein Egoist [...]

Patrick Ehrlich/Steve Velvet

4 Erarbeite aus dem Falco-Song die Merkmale eines Egoisten und verfasse einen kurzen Kommentar: *Ein Egoist ist ein Mensch, der ...*
5 Bewerte die Folgen für die Gesellschaft, wenn jeder nur an sich selbst denkt. Begründe deine Antwort mit Beispielen.
6 Ein weit verbreiteter Spruch sagt: „Wenn jeder an sich denkt, ist an alle gedacht". Diskutiere diese Aussage und zeige anhand von Beispielen, unter welchen Bedingungen Egoismus zwangsläufig zur Zusammenarbeit führen muss.

M3 Verantwortung für andere

In der antiken Philosophie hatte die Mitmenschlichkeit einen hohen Stellenwert. Diese uneigennützige Denk- und Handlungsweise, die der Gemeinschaft zugutekommt, steht im Gegensatz zum Egoismus und wird als Altruismus (lateinisch: „alter" – der andere) bezeichnet.

Was bist du? Ein Mensch. Wenn man sich selbst isoliert betrachtet, ist es natürlich, sich bis ins hohe Alter lebend zu sehen, reich und gesund. Betrachtet man sich jedoch als eine Person und als Teil eines Gemeinwesens, so kann es passieren, dass man um des Gemeinwesens willen Krankheit auf sich nimmt, dass man sich auf einer Seereise Gefahren aussetzt, dass man in Not gerät und vielleicht sogar getötet wird.

Epiktet (ca. 50 – 135 n. Chr.)

Da wir sehen, dass der Mensch von Natur aus dazu bestimmt ist, seine Mitmenschen zu schützen und zu behüten, folgt aus dieser natürlichen Veranlagung, dass ein kluger Mensch den Wunsch haben sollte, sich in Politik und Regierung zu engagieren und außerdem im Einklang mit der Natur zu leben […].

Cicero (106 – 43 v. Chr.)

Auch kann niemand glücklich leben, der nur sich selbst im Blick hat, der alles zum eigenen Vorteil wendet; man soll für den anderen leben, wenn man für sich selbst leben will.

Seneca (1 – 65 n. Chr.)

7 Nimm Stellung zu Senecas Aussage. Stimmst du ihm zu?

8 Beurteile, ob du, wie Epiktet meint, selbst Krankheit und Tod für andere in Kauf nehmen würdest. Stelle eine Situation dar, in der du das tun würdest.

9 Diskutiere, ob es in der Verantwortung eines jeden Menschen liegt, seine Mitmenschen zu schützen und zu behüten, wie Cicero behauptet.

10 Fasse die Hauptaussagen zusammen, erarbeite aus den Zitaten die Merkmale von Mitmenschlichkeit und verfasse einen kurzen Kommentar: „Ein Altruist ist ein Mensch, der …" » K3 S. 11

11 Erstelle ein Plakat mit Pro und Contra Positionen: „Handeln im Interesse anderer" – „Handeln im Eigeninteresse".

M4 Altruismus als Überlebensstrategie von Tieren?

12 Beschreibe das Bild und begründe, ob hier Altruismus zu sehen ist.

13 Recherchiere und sammle Ideen zu der Frage, was Altruismus mit Verantwortung zu tun hat.

14 Recherchiere zum Thema „Altruismus im Tierreich" und finde Beispiele für Kooperationsverhalten von Tieren. Warum kooperieren Tiere?

Falsche Verantwortung

M1 Wenn Hilfe ins Gegenteil umschlägt

1 Setze den Titel des Buches in Bezug zum Titelbild.
2 Erläutere den Begriff „Helikoptereltern" und notiere Beispiele dazu.
3 Begründe, weshalb es verantwortungslos sein kann, wenn (in diesem Fall Kindern) zu viel Hilfe und Schutz gegeben wird.

M2 Übertriebene Hilfsbereitschaft

Ninia LaGrande war 2022 ehrenamtlich Teil des Gleichstellungsbeirats der G7 (einen Zusammenschluss der mächtigsten sieben Industrieländer) und erzählt von übergriffiger Hilfe:

So wie beispielsweise meine Freundin Laura, die einen Rollstuhl nutzt und regelmäßig an Ampeln spontan losgeschoben wird, sobald die Ampel auf Grün springt. Oder Stefan, der blind ist, und bei dem sich gerne mal fremde Menschen unterhaken, um ihn irgendwohin zu bringen, wo er im Zweifel gar nicht hin wollte. Oder Nele, die mit dem Downsyndrom lebt und schon öfter mitleidig von Unbekannten gestreichelt wurde.
Sicher meinen diese Menschen, die Behinderten zu nahe kommen, das in jedem Fall nicht böse. Im Gegenteil: Oft glauben sie mit ihrem Verhalten helfen zu können oder ihr Mitgefühl zum Ausdruck bringen zu müssen. Aber die Frage ist an dieser Stelle nicht, wie solche Übergriffigkeiten gemeint sind, sondern wie sie empfunden werden – nämlich als genau das: als übergriffig.

Ninia „LaGrande" Binias

4 Lies den Text und erläutere, ob die Überschrift passend zum Artikel ist.
5 Diskutiere, warum ungefragte/ungebetene Hilfe als übergriffig empfunden werden kann. Beurteile auch die Aussage, dass bei geleisteter Hilfe nicht die Absicht zählt, sondern wie diese empfunden wird.
6 Diskutiere, auch in Bezug zu M1, warum manche Menschen dazu neigen, zu viel Hilfe anzubieten.
7 Stelle in szenischen Dialogen dar, wie du jemandem verantwortungsvoll zu Hilfe kommen könntest, ohne dass sie übergriffig wirkt.

M3 Toleranz oder Paternalismus?

In einem Sketch des Komikers Loriot gibt die Ehefrau ihrem Mann ständig gute Ratschläge und versucht ihn dazu zu bringen, etwas Besseres mit seiner Zeit anzufangen als im Sessel zu sitzen.

Loriots armer knollennasiger Herrmann hat es nicht leicht. Seine Frau im Übrigen sicher ebensowenig. Sie will doch nur sein Bestes. Und er will einfach nur hier sitzen. Die Szene erscheint mir paradigmatisch dafür, dass wir in solchen Fällen häufig zwei Haltungen zugleich an den Tag legen wollen, die sich jedoch in einem Spannungsverhältnis zueinander befinden: einerseits eine tolerante Haltung und andererseits eine paternalistische.

Zum einen sind wir üblicherweise der Überzeugung, dass andere ein Recht darauf haben, in ihren eigenen Angelegenheiten auch ihre eigenen Entscheidungen zu treffen. Und dies gilt selbst dann, wenn uns diese Entscheidungen fragwürdig vorkommen. Wir haben dies dann zu tolerieren. Zugespitzt könnte man sagen, andere haben ein Recht auf Dummheit.

Zum anderen aber neigen wir häufig gerade bei uns nahestehenden Personen zugleich zu einer paternalistischen Einstellung, wenn wir glauben, dass die Person nicht die für sie beste Entscheidung trifft. Wir wollen eben doch das Beste für diejenigen, die uns etwas bedeuten. Und wir halten es in manchen Fällen durchaus für angebracht oder gar geboten, auch gegen den aktuellen Willen der uns Nahestehenden zu ihrem eigenen Wohl einzugreifen oder sie von vornherein in die „richtige" Richtung zu beeinflussen.

Michael Kühler

8 Schreibe anhand des Textes eine eigene Definition, was „Paternalismus" bedeuten könnte. Vergleiche deine Ergebnisse in der Gruppe und ergänze, wenn nötig.

9 Diskutiere den inneren Konflikt den die Frau aus dem Text womöglich austrägt. » K2 S. 8

10 Stelle dar, warum es für unsere Gesellschaft wichtig ist, dass jeder Mensch in seiner Selbstständigkeit geübt ist.

M4 Was ist Nudging?

Durch das sogenannte Nudging (von engl. „to nudge" – anstupsen) sollen Menschen ohne Verbote zu Verhaltensänderungen bewegt werden.

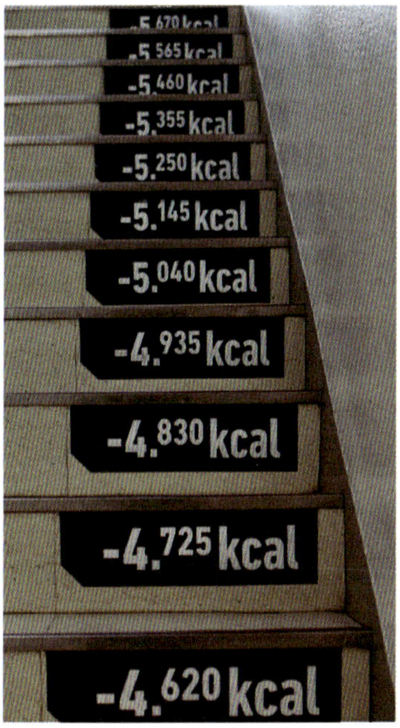

Das Prinzip ist ganz leicht: Durch kleine, subtile Hinweise werden Menschen zu einem bestimmten Verhalten angeregt. Sie sollen dazu bewegt werden, sich „richtig" zu verhalten, ohne Zwang oder Verbote. [Zum Beispiel können] Fußspuren auf de[n] Boden [geklebt werden], die zur Treppe führen. Das soll dazu anregen, die Treppe zu gehen, anstatt den Aufzug zu nehmen.

www.ikk-classic.de

11 Erkläre, welche Verhaltensänderung die Hinweise im Bild hervorbringen sollen.

12 Stelle mögliche Gründe zusammen, warum Nudging manchmal auch als Manipulation bezeichnet wird.

13 Rercherchiere nach weiteren Beispielen von Nudging. Entscheide dich anschließend für ein Beispiel, das dich besonders interessiert hat, und stelle es deiner Gruppe anschaulich vor.

Mitleid – ja oder nein?

M1 Was wir alles aus Mitleid tun

Kann ich dir irgendwie helfen?

Ich habe Mitleid mit dir!

Mein Beileid!

Danke für dein Mitgefühl.

Ich fühle mit dir!

Es tut mir leid.

Schau mich nicht so mitleidig an!

Mich schmerzt es dich so zu sehen.

1 Beschreibe zu drei Sätzen deiner Wahl Situationen, in denen diese Sätze gesagt werden könnten.

2 Wähle die Sätze, die für dich echtes Mitleid und Mitgefühl ausdrücken. Begründe deine Wahl.

3 Beschreibe jeweils eine Situation, in der Mitleid gut ist, und eine, in der es als schlecht oder unpassend empfunden wird. Diskutiere, ob Mitleid eine gute Eigenschaft ist.

M2 Mitleid vs. Mitgefühl

Fakt ist, Mitleid fühlt sich nicht gut an. Oft bemitleiden wir Personen, die uns unglücklich oder hilflos erscheinen. Dann leiden wir zwar mit, sind aber gleichzeitig froh, dass es uns besser geht. Mitleid ist also eher eine passive Haltung mit bitterem Beigeschmack. Wir stellen zwar eine emotionale Bindung zur betroffenen Person her, bedauern unser Gegenüber aber gleichzeitig. [...]

Anders ist es, wenn wir Mitgefühl für jemanden haben. Auch wenn beide Emotionen sehr nah beieinander liegen, gibt es einen entscheidenden Unterschied: Denn fühlen wir mit jemandem mit, haben wir genug emotionalen Abstand, um eine objektive Sichtweise einzunehmen. [...] Mit jemandem zu fühlen bedeutet, dass wir uns in die Lage der anderen Person versetzen, ohne uns damit zu identifizieren. Diesen Abstand brauchen wir unbedingt, denn nur so können wir für jemanden, der:die in einer kniffligen Lage steckt, zur echten Unterstützung werden. Wer mitfühlt, ohne sich das Leid selbst anzueignen, bleibt außerdem offen für Lösungen und hat genug Kraft, um aktiv zuzuhören und eine starke Schulter zu bieten.

Alexandra Gojowy

4 Erarbeite die Unterschiede und Gemeinsamkeiten der Begriffe Mitleid und Mitgefühl. Veranschauliche an Beispielen aus deinem Alltag die Unterschiede zwischen Mitleid und Mitgefühl.

5 Schreibe einen kurzen Text, in dem du erläuterst, was Mitgefühl mit Verantwortung zu tun hat. Tausche dich anschließend mit deinen Mitschülerinnen und Mitschülern aus.

6 Entwerfe zwei Situationen, die durch Mitgefühl einen besseren Ausgang nehmen als durch Mitleid. Veranschauliche diese durch selbsterstellte Zeichnungen oder in szenischen Darstellungen.

7 Erkläre aus deiner Sicht, warum Mitleid und Mitgefühl für das Zusammenleben wichtig sind.

M3 Mitleid als wahre Ethik versus Mitleid als Schwäche

[E]s ist das alltägliche Phänomen des Mitleids, d. h. der ganz unmittelbaren, von allen anderweitigen Rücksichten unabhängigen Teilnahme zunächst am Leiden eines Andern und dadurch an der Verhinderung oder Aufhebung dieses Leidens, als worin zuletzt alle Befriedigung und alles Wohlsein und Glück besteht.
Dieses Mitleid ganz allein ist die wirkliche Basis aller freien Gerechtigkeit und aller echten Menschenliebe. Nur sofern eine Handlung aus ihm entsprungen ist, hat sie moralischen Wert: und jede aus irgend welchen andern Motiven hervorgehende hat keinen. Sobald dieses Mitleid rege wird, liegt mir das Wohl und Wehe des Andern unmittelbar am Herzen, ganz in der selben Art, wenn auch nicht stets in dem selben Grade, wie sonst allein das meinige […].

Arthur Schopenhauer

Freilich solle man Mitleiden bezeugen, aber sich hüten, es zu haben: denn die Unglücklichen seien nun einmal so dumm, dass bei ihnen das Bezeugen von Mitleid das größte Gut von der Welt ausmache. – Vielleicht kann man noch stärker vor diesem Mitleid-haben warnen […]. [M]an […] frage sich, ob nicht das beredte Klagen und Wimmern, das Zur-Schau-tragen des Unglücks im Grunde das Ziel verfolgt, den Anwesenden weh zu tun: das Mitleiden […] ist insofern eine Tröstung für die Schwachen und Leidenden, als sie daran erkennen, doch wenigstens noch eine Macht zu haben, trotz aller ihrer Schwäche: die Macht, wehe zu tun. […] Somit ist der Durst nach Mitleid ein Durst nach Selbstgenuss, und zwar auf Unkosten der Mitmenschen; es zeigt den Menschen in der ganzen Rücksichtslosigkeit seines eigensten lieben Selbst […].

Friedrich Nietzsche

8 Beziehe Stellung zu dem Satz „Mitleid ganz allein ist die wirkliche Basis aller freien Gerechtigkeit und aller echten Menschenliebe". Diskutiere anschließend, ob es möglich ist, ohne Mitleid ethisch verantwortlich zu handeln.

9 Erläutere Nietzsches Behauptung, man solle Mitleid nach außen hin zeigen, doch man soll vermeiden, tatsächlich Mitleid zu haben.

10 Schopenhauer und Nietzsche vertreten unterschiedliche Standpunkte zum Thema Mitleid. Kläre die Positionen und formuliere die Standpunkte.
» K3 S. 13

M4 Empathie

Oft versteht man unter dem Begriff [Empathie] im Wesentlichen die Gabe, die Emotionen der Mitmenschen nachzufühlen und sich vorstellen zu können, was sie denken oder empfinden. Zur Empathie zählt aber auch, angemessen darauf zu reagieren – sein Gegenüber in den Arm zu nehmen, ihm seine Hilfe anzubieten oder sich nach einer positiven Erfahrung mit ihm zu freuen. […]
Empathie ist zwar verwandt mit Mitleid und Mitgefühl, aber keineswegs dasselbe. Bei Empathie empfinden wir (zumindest ein Stück weit) wie eine andere Person.

Frank Luerweg

11 Definiere Empathie in einem Satz.

12 Recherchiere, ob Empathie erlernt werden kann.

13 Nimm Stellung zu der Frage, ob Menschen mit höherer Empathiefähigkeit auch eine höhere Verantwortung bezüglich ihrer Handlungen im sozialen Miteinander haben oder nicht.

Bin ich für die Welt verantwortlich?

M1 Verantwortung als Strafe? Wo hört Verantwortung auf?

Der griechischen Mythologie nach wurde der Titan Atlas damit bestraft, die Welt auf seinen Schultern zu tragen.

1 Beschreibe das Bild und erläutere deine Gedanken dazu.
2 Atlas hat die Strafe erhalten, die Welt auf seinen Schultern zu tragen. Diskutiere, inwiefern diese Aufgabe eine Strafe ist. Könnte sie auch eine Ehre oder eine Belohnung sein? Veranschauliche dies an Beispielen.
3 Manchmal sagen wir, ich fühle mich als ob ich die Last der ganzen Welt tragen müsste. Beschreibe Situationen, die bei dir dieses Gefühl hervorrufen würden. Hast du dich schon einmal so gefühlt?

M2 Wer ist verantwortlich?

Der Philosoph Ludger Heidbrink erklärt aus seiner Sicht das Problem der Verantwortlichkeit in einem Gespräch mit dem Schriftsteller Bernhard Schlink:

Das größte Problem besteht meines Erachtens darin, dass die Verantwortung uferlos geworden ist. Diese Entgrenzung führt dazu, dass wir nicht mehr genau sagen können, für welche Bereiche wir sinnvollerweise Verantwortung übernehmen sollten. Und deshalb ist es nötig, dass man die Verantwortung viel stärker eingrenzt auf einen klar definierten Raum. Nur so kann man einen Menschen auch zur Verantwortung ziehen. Alles andere führt dazu, dass die Verantwortung eine diffuse, beliebige, rhetorische Kategorie wird.

Ludger Heidbrink/Svenja Flasspoehler

4 Nimm Stellung zur Aussage von Ludger Heidbrink. Stimmst du ihm zu?
5 Schlage konkrete Umsetzungsmöglichkeiten vor, wie Verantwortung sinnvoll eingeteilt werden kann.
6 Erstelle ein Plakat, auf welchem die Probleme bei einer Eingrenzung und einer Nicht-Eingrenzung von Verantwortung anschaulich aufgearbeitet sind.
7 Gehe der Frage nach, ob alle Menschen Verantwortung übernehmen müssen. Notiere dir deine Gedanken.

M3 Die Ausweitung der Verantwortung

Warum sich die Verantwortlichkeit jedes einzelnen aufgrund moderner Technologien und medialer Reichweiten erweitert, erklärt der Philosoph Hans Jonas:

Jonas: Die technischen Möglichkeiten sind heute so weit entwickelt, dass die Wirkungen unseres Handelns nicht nur unseren nächsten Umkreis, sondern die ganze Erde betreffen. Denken Sie etwa an die Treibhausgase, die die Erdatmosphäre als Ganzes zu zerstören drohen. Die Auswirkungen unseres Handelns haben infolge der neuen technischen Möglichkeiten aber nicht nur eine andere räumliche Ausdehnung als früher, sondern auch eine neue Zeitqualität: sie betreffen die Zukunft der Menschheit. Die Menschen der Industrienationen leben gegenwärtig in Bezug auf Rohstoffverbrauch und Erzeugung von Abfallstoffen so, als ob sie vier Erden zur Verfügung hätten. Wenn sie so weitermachen und andere Menschen auch diesen Lebensstandard erreichen wollen, wird die Erde eines Tages unbewohnbar, und künftigen Generationen wird kein menschenwürdiges Leben auf der Erde mehr möglich sein.

Moderator: Wie müsste eine Ethik aussehen, die diesen Herausforderungen gerecht wird?

Jonas: Oberstes Prinzip müsste sein, dass die Wirkungen unserer Handlungen verträglich sind mit der Permanenz, der Fortdauer, menschenwürdigen Lebens auf der Erde. Ich habe das den neuen Imperativ genannt. Man könnte ihn auch so formulieren: „Handle so, dass die Wirkungen deiner Handlung nicht zerstörerisch sind für die künftige Möglichkeit solchen Lebens."

Jörg Peters/Bernd Rolf

8 Gib wieder, warum nach Hans Jonas Verantwortung zeitlich ausgeweitet werden muss.

9 Nimm Stellung zum „neuen Imperativ" von Hans Jonas.

10 Führe in der Gruppe eine Debatte zu der Frage, ob wir mit unserer täglichen Lebensführung „für alles in der Welt mitverantwortlich sind". Erörtere auch die Bedeutung dieser Frage für das gesellschaftliche Zusammenleben. » K3 S. 15

11 Spiele das folgende Gedankenexperiment schriftlich durch: Welche Auswirkungen könnte es haben, wenn tatsächlich alle Menschen einen kleinen Teil der Verantwortung für die Welt und die Zukunft aller auf sich nehmen würden?

M4 Gemeinschaftliche Verantwortung

Horst Haitzinger

12 Beschreibe und diskutiere die Karikatur.

13 Finde Begründungen, warum die Erwachsenen dem Kind die Welt in diesem Zustand zurückgegeben haben.

14 Formuliere Fragen zum Thema „Verantwortung für die Welt".

Zeig, was du kannst!

Das Wichtigste in Kürze

Fürsorge – Verantwortung des Staates – Selbstfürsorge – Egoismus – Altruismus – ungewollte Hilfe – Paternalismus – Nudging – Mitgefühl, Mitleid, Empathie – gemeinschaftliche Verantwortung

Was Verantwortung alles bedeutet ...

Ob man selbst der Großmutter aus dem Auto hilft oder der Staat für das Wohlergehen seiner Bürgerinnen und Bürger sorgt, eine Übernahme von Verantwortung ist überall zu finden. Unsere Gesellschaft benötigt Menschen, die füreinander da sind und nicht nur für sich selbst sorgen (Egoismus), sondern (auch) im Sinne der Gemeinschaft handeln (Altruismus). Eine Verantwortungsübernahme kann aber auch fehlgeleitet sein, wenn sie ohne Einwilligung übernommen wird und damit die Entscheidungsfreiheit und Selbstständigkeit von anderen Menschen einschränkt. Wer Verantwortung übernimmt, sollte auch immer die Hintergründe und Folgen im Auge behalten: Hilft man aus Mitleid heraus? Oder aus Empathie? Weiß man, wo die Verantwortungsübernahme ein Ende findet? Kann man während man für andere da ist, auch für sich selbst da sein?

Verantwortung zu übernehmen ist nicht immer leicht, doch bedeutend für die Gesellschaft und für die eigene Selbstständigkeit.

Kompetenz-Check

M Wir brauchen Verantwortung

Verantwortung zu übernehmen bedeutet, sich zu kümmern, bedeutet, selbst aktiv zu werden, nicht auf die Hilfe von anderen zu warten, bedeutet, die Gemeinschaft zu stärken. Was wäre das für eine Gesellschaft, in der niemand Verantwortung übernähme für die Menschen in seiner Umgebung. Es wäre eine kalte und unmenschliche Gesellschaft. Und wenn der Staat alle Verantwortung für die Menschen übernähme, dann führte das letztlich zu unfreien Gesellschaften. [...] Die Verantwortung für unser Gemeinwesen und den Erhalt unserer Freiheit geht uns alle an. Wir können sie nicht delegieren an „die Politiker" oder „den Staat". Und im Übrigen ist der Gedanke, man könnte Freiheit gegen Sicherheit tauschen, ein Denkfehler.

Horst Köhler

1 Seneca sagt: „Auch kann niemand glücklich leben, der nur sich selbst im Blick hat, der alles zum eigenen Vorteil wendet". Finde Argumente für diese Position aus verschiedenen Fachrichtungen.

2 Vergleiche die Positionen von Schopenhauer und Nietzsche über das Mitgefühl und nimm Stellung dazu.

3 Der Text stammt aus einer Rede des ehemaligen Bundespräsidenten Horst Köhler. Diskutiere, warum es ihm in seiner Position wichtig ist, über das Thema Verantwortung und Freiheit zu sprechen. Welche Verantwortung trägt er? » K2 S. 8

4 Gib die wichtigsten Aussagen des Textes wieder. Warum benötigen wir in unserer Gesellschaft Verantwortung und was hat sie mit Freiheit und Sicherheit zu tun? » K3 S. 11

Werkstatt

Barrierefreiheit prüfen

Worauf es ankommt

- ☑ sich ausführlich über Orientierungshilfen informieren
- ☑ mit Betroffenen sprechen
- ☑ sich Barrieren bewusst machen
- ☑ konkrete Maßnahmen zur Beseitigung von Barrieren erstellen
- ☑ eigene Orientierungskarte auf vollständige Barrierefreiheit prüfen

Untersuche deine Schule bzw. dein Schulgelände auf Barrierefreiheit.

Schritt 1: Informiere dich über Orientierungshilfen für Menschen unterschiedlicher Behinderungen.

Schritt 2: Spreche mit betroffenen Menschen verschiedener Behinderungen, um ein Bewusstsein für ihren Alltag und mögliche Probleme in Fortbewegung, Orientierung, Teilnahme usw. zu erhalten. Mache dir dabei Notizen.

Schritt 3: Untersuche deine Schule auf schon vorhandene Barrierefreiheit und notiere dir zu diesen ggf. Verbesserungs-/Erweiterungsmöglichkeiten. Untersuche dann das Schulgelände und den Unterricht auf weitere Barrieren und erstelle dazu eine Stichpunktliste.

Schritt 4: Sammle Ideen zur Überwindung/Beseitigung jener Barrieren und einige dich in der Gruppe auf Lösungen. Formuliere diese dann zu konkreten Vorschlägen und Handlungsanweisungen. Stelle diese ggf. deiner Lehrkraft und der Führungskraft deiner Schule vor und bitte sie um Umsetzung.

Schritt 5: Erstelle in der Gruppe anschließend eine barrierefreie Orientierungskarte für Mitschülerinnen und Mitschüler sowie Besucherinnen und Besucher der Schule.

Wo und wie
können unsere Rechte
verletzt werden?

Warum verletzen
Menschen das Recht
anderer Menschen?

Darf man sich
über das Recht
hinwegsetzen?

Sind alle,
die sich nicht an
das Recht halten,
kriminell?

Wie wird
unser Recht in der
Zukunft aussehen?

Recht und Gerechtigkeit

> Recht schaffen

WERKSTATT

Einen Solidaritätsbrief schreiben

Rund um den Tag der Menschenrechte am 10. Dezember koordiniert *Amnesty International* seit 20 Jahren den Briefmarathon – die weltweit größte Briefaktion für Menschen in Not und Gefahr. Dabei schreiben innerhalb weniger Tage hunderttausende Menschen in allen Teilen der Welt Millionen von Briefen. Sie drücken darin ihre Solidarität mit Menschen aus, deren Rechte verletzt werden, und sie appellieren an Regierungen, die Menschenrechte zu achten.

Auch zahlreiche Schulen und Jugendeinrichtungen nehmen jedes Jahr an dieser Aktion teil. Für Jugendliche wird diese Aktion „Briefmarathon an Schulen" genannt.

www.amnesty.de

Nimm gemeinsam mit deiner Klasse am Amnesty Briefmarathon teil und schreib für die Freiheit und Einhaltung der Rechte.

Kein Tag ohne Krieg und Terror

M1 Alltägliche Nachrichten?!

1 Beschreibe, was auf den Bildern zu sehen ist. Vergleiche die Bilder dann. Welche Unterschiede und Gemeinsamkeiten erkennst du?

2 Wähle ein Bild aus. Beschreibe, welche Gefühle es bei dir auslöst.

3 Berichte über Situationen, in denen du mit Nachrichten über Krieg und Terror in Kontakt kommst.

M2 Raptext: An Tagen wie diesen – Fettes Brot

[...] Was hat er grade gesagt? An so ,nem normalen Samstag
Passiert auf bestialische Art ein ganz brutaler Anschlag?
Bei dem sechs Leute starben, die Verletzten schrei'n Namen
Diese entsetzlichen Taten lassen mich jetzt nicht mehr schlafen
Und ich seh's noch genau, das Bild im TV
Ein junger Mann steht dort im Staub, fleht um Kind und Frau
Jetzt frag' ich mich: Wie ist es wohl wenn man sein Kind verliert
Noch bevor es seinen ersten Geburtstag hat?
Doch das übersteigt meine Vorstellungskraft
Vielleicht war'n die Attentäter voller Hass für den Gegner
Vielleicht gab es Liebe für Familie und sie war'n sogar selber Väter
[...] Dann kommt es vor, dass ich Angst davor krieg', dass uns etwas geschieht
Dass man den verliert, den man liebt, dass es das wirklich gibt
Mitten in der Nacht werd' ich wach und bin schweißgebadet
Schleich' ans Bett meiner Tochter und hör', wie sie ganz leise atmet

Songtext von Bjoern Warms/Boris Lauterbach/Ferdinand Bolland/ Johann Hölzel/Martin Vandreier/Robert Bolland

4 Erkläre, worüber Fettes Brot hier rappt.

5 Vergleiche die Gefühle im Lied mit deinen Gefühlen, wenn du Nachrichten über Krieg und Terror siehst oder liest.

6 Lies die letzten vier Textzeilen nochmal. Versetze dich in die Lage der Hauptfigur und verschriftliche ihre Gedanken, nachdem sie in der Nacht schweißgebadet aufgewacht ist.

M3 Vom Wunsch nach einem klaren Himmel

Nach ihrer Flucht aus der Ukraine 2022 leben die Schwägerinnen Oksana (39) und Aleona (38) mit ihren Kindern Ksenia (15), Wladic (11) und Katja (3) in Berlin.

Die ersten Tage, als die Explosionen begannen, waren schrecklich. Wir konnten hören, dass der Krieg begonnen hatte. Wir verbrachten acht Nächte in einem Luftschutzkeller [...]. Ksenia, meine Tochter, hatte große Angst. [...] [E]s war sehr kalt. Die Kinder schliefen auf dem Boden, auf Zement, angelehnt an einige alte Türen. Wir lagen oft einfach nur da. [...] Es war zu schrecklich, um in Kiew zu bleiben. [...] Wir entschieden uns, zu gehen. Wir nahmen nur das Notwendigste mit: Dokumente und Medikamente. Wir waren sehr besorgt und weinten viel, weil wir unsere Ehemänner zurücklassen mussten. [...]

Oksana

Oksana kam zu uns und zusammen gingen wir sofort zum Bahnhof. Der Bahnhof war voll mit sehr vielen Menschen [...]. Wir stiegen in einen kostenlosen Zug, um nach Lemberg zu gelangen – ohne Licht und ohne Toilette. Wir haben sehr lange nicht geschlafen, weil es einfach sehr, sehr viele Menschen gab, die alle vor diesen Bomben geflohen sind. [...] In der Nähe der Grenze wurden wir von einem Gemüsetransporter mitgenommen, ohne Sitze oder irgendetwas. [...] Der Fahrer brachte uns nach Warschau. Dort gab es keinen Bus mehr nach Berlin. Es waren zu viele Menschen.

Aleona

www.bundesregierung.de

7 Beschreibe die Erlebnisse von Oksana und Aleona in eigenen Worten.

8 Kennst du Menschen, die Kriegs- oder Fluchterfahrung haben? Berichte.

9 Manche Menschen beobachten eine Abstumpfung und Müdigkeit, wenn es um Nachrichten über Krieg und Terror geht. Hinterfrage deine Wahrnehmung kritisch zu diesem Thema und bewerte sie. » K1 S. 8

10 Formuliere Ideen, wie man der allgemeinen Abstumpfung gegenüber Katastrophen-Meldungen entgegenwirken kann.

M4 Wie viele Kinder wurden in Konfliktregionen getötet und verstümmelt?

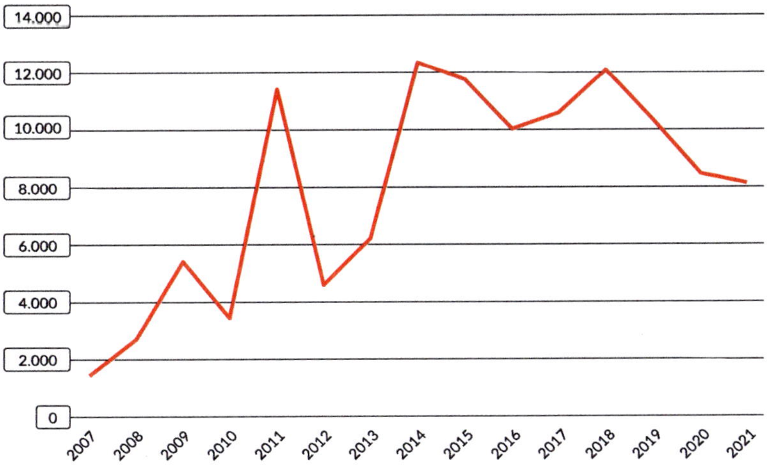

www.savethechildren.de

11 Analysiere die Statistik, indem du den Verlauf der roten Linie erläuterst.

12 Stelle Vermutungen an, wie sich die Statistik bis heute entwickelt hat und wie sie sich in Zukunft entwickeln wird. Vergleiche anschließend deine Vermutungen mit dem aktuellen Bericht von *Save the Children*.

Formen der Gewalt

M1 Wolke der Gewalt

Verletzungen Kinder Aggressivität blaues Auge Hilflosigkeit Emotionen Tötung Täter Nötigung Einsatz Familie Schutz Beziehung Hilflosigkeit Reue Polizei Beleidigung

1 Notiere Begriffe, die du der Wortwolke hinzufügen kannst.
2 Nenne Lebensbereiche (z. B. Schule, Freizeit), in denen dir Gewalt begegnen kann. Beschreibe Beispielsituationen.

M2 #10secondi

Zehn Sekunden und „kurzes Begrapschen" – mit diesen Hashtags kritisieren zahlreiche Italienerinnen und Italiener in den sozialen Medien [...] die Entscheidung eines Gerichts in Rom. Ein Schulhausmeister soll einer 17-jährigen Schülerin auf einer Treppe in die Hose gefasst und ihr Gesäß berührt haben.
Ein Gericht sprach den Mann [...] jedoch frei – weil der Übergriff weniger als zehn Sekunden gedauert haben soll. Seitdem ist die Empörung groß. [...] Unter dem Hashtag #10secondi (deutsch: 10 Sekunden) posten Menschen Videos, um zu zeigen, wie lang eine „palpata breve" (deutsch: kurzes Begrapschen) sein kann. Zehn Sekunden lang läuft eine Stoppuhr, während die Frauen und Männer in die Kamera schauen und intime Bereiche ihres Körpers berühren.

www.zdf.de

3 Betrachte das Bild und zähle gemeinsam mit deiner Klasse laut 10 Sekunden. Beschreibe dann deine Gedanken und Gefühle.
4 Beurteile, ob das Gericht in Rom „Recht gesprochen" hat.
5 Benenne die Form von Gewalt, um die es im Fall der „10 secondi" geht. Unterscheide davon andere Formen der Gewalt.

M3 Was ist Gewalt?

Körperliche Gewalt

Bei bestimmten Erscheinungsweisen [...] ist es wohl unstrittig, dass es sich um „Gewalt" handelt: Ehemänner, die ihre Frauen verprügeln; deutsche Jugendliche, die Ausländer mit dem Messer bedrohen; Schüler, die zu dritt einen Klassenkameraden zusammenschlagen. [...]
In allen Fällen haben wir es hier mit Konflikten zwischen zwei oder mehreren Personen zu tun. In diesem Konflikt wendet mindestens eine Seite physische Mittel (Körperkräfte, Waffen) an, um die andere Seite zu schädigen bzw. [...] zu drohen. Dabei sind die Schädigungen ebenfalls körperlicher Natur: Von der brennenden Wange nach einer Ohrfeige über gebrochene Knochen bis hin zu lebensgefährlichen Verletzungen kann dabei das Spektrum reichen. So eingesetzter physischer Zwang, der zu körperlich geschädigten Opfern führt, wird als „Gewalt" bezeichnet. [...]

Psychische Gewalt

Dass man Menschen nicht nur mit einem Faustschlag, sondern oft viel wirkungsvoller mit Worten treffen kann, ist offensichtlich. [...] Indem man Einzelne ausgrenzt oder abwertet, indem man sie beleidigt, erniedrigt oder emotional erpresst, wird eine Person oft viel stärker „verletzt" als durch einen Tritt gegen das Schienbein. [...] So vollzieht sich die „Schädigung" des Opfers auf einer anderen, auf der psychischen Ebene: Sie ist [...] nicht mehr klar sichtbar, sondern muss jeweils interpretiert werden. [...]

Strukturelle Gewalt

Die bisher vorgestellten Definitionen von „Gewalt" beziehen sich immer auf eine unmittelbare Interaktion zwischen Personen: Gewalt – ob körperlich oder psychisch – wird von einer konkreten Person gegen eine andere ausgeübt. Doch [auch] [...] institutionelle Verhältnisse [haben] [...] gewaltförmige Aspekte. [...] In diese Richtung geht ein Begriffsverständnis [...]: die „strukturelle Gewalt". In einem solchen Gewaltbegriff geht es nur noch am Rande um körperliche Schädigungen, vielmehr geraten grundlegende [...] gesellschaftliche Zustände wie Armut, Unterdrückung, Entfremdung in den Rang von Definitionsbestandteilen. [...] Verwiesen wird damit auf die gewalthaltigen Potenziale, die in den Strukturen gesellschaftlicher Ungleichheit, Ausbeutung und Ungerechtigkeit stecken.

Klaus-Jürgen Tillmann

6 Fasse den Text über die drei Formen der Gewalt inhaltlich gut nachvollziehbar zusammen. Achte auf den Aufbau und sprachlichen Ausdruck deiner Wiedergabe. » K3 S. 11
7 Finde konkrete Beispiele für die unterschiedlichen Formen der Gewalt. Beziehe dazu deine Ergebnisse von Aufgabe 2 ein.
8 Bewerte, welche Form der Gewalt für dich schlimmer ist als andere. Ordne dazu die Gewaltformen in einer Rangfolge an.

M4 Rassismus tötet

„RACE DOESN'T EXIST, BUT IT DOES KILL PEOPLE."

Colette Guillaumin, französische Soziologin und Feministin.

9 Erläutere, was Guillaumin mit dem Zitat gemeint hat.
10 Diskutiere die Aussage im Zitat. Begründe deine Meinung.
11 Informiere dich über Ereignisse, bei denen Rassismus „getötet hat".

Ziviler Ungehorsam

M1 Sind Regeln nicht da, um gebrochen zu werden?

1 Beschreibe die Bilder und notiere für jedes Bild eine passende Schlagzeile.
2 Erkläre, inwiefern die Menschen auf den Bildern gegen Regeln verstoßen.
3 Nimm Stellung, ob der Regelverstoß trotzdem jeweils gerechtfertigt ist.
4 Entwirf ein eigenes Plakat mit einer persönlichen Forderung. Vergleiche anschließend deine Forderungen in der Klasse.

M2 Was ist ziviler Ungehorsam?

In den späten 1960er und frühen 1970er Jahren, während der Zeit des gesellschaftlichen Umbruchs („68-Bewegung“ und der Protestbewegungen („Anti-Atomkraft-Bewegung“), war das Thema des „Zivilen Ungehorsams“ bei Jürgen Habermas von besonderer Aktualität.

Ziviler Ungehorsam ist ein *moralisch begründeter* Protest, dem nicht nur private Glaubensüberzeugungen oder Eigeninteressen zugrunde liegen dürfen; er ist ein öffentlicher Akt, der in der Regel *angekündigt* ist und von der Polizei in seinem Ablauf kalkuliert werden kann; er schließt die *vorsätzliche Verletzung* einzelner Rechtsnormen ein, ohne den Gehorsam gegenüber der Rechtsordnung im Ganzen zu affizieren [anzugreifen]; er verlangt die Bereitschaft, für die rechtlichen Folgen der Normverletzung einzustehen; die Regelverletzung, in der sich ziviler Ungehorsam äußert, hat ausschließlich *symbolischen Charakter* – daraus ergibt sich schon die Begrenzung auf *gewaltfreie Mittel* des Protests.

Jürgen Habermas

5 Lies die Definition Satz für Satz. Kläre in der Gruppe unbekannte Begriffe.
6 Lass dir von einer Partnerin oder einem Partner den Begriff des zivilen Ungehorsams erklären. Gib anschließend das Gehörte strukturiert wieder. » K1 S. 14
7 Nenne Situationen, in denen ziviler Ungehorsam deiner Meinung nach richtig und wichtig ist. Beschreibe auch, welche Form der Protest haben sollte.

M3 „Klimakleber“ – Gerechtfertigter Protest oder Straftatbestand?

Der Jurist Christian Demuth aus Düsseldorf sagt, dass die Aktionen der „Letzten Generation“, wie das Blockieren von Straßen, Gesetzesverstöße darstellen könnten, da sie gegen die Regeln im Strafgesetzbuch verstoßen.

„In der Regel handelt es sich bei den Blockaden um Nötigung, Sachbeschädigung, aber mitunter auch Hausfriedensbruch“, sagte Demuth dem WDR. Solche Fälle beschäftigten auch immer wieder die Gerichte. Ziviler Ungehorsam an sich ist juristisch weder als Straftat noch als Ordnungswidrigkeit einzustufen. Deshalb wird nicht der Widerstand an sich sanktioniert, sondern sanktioniert werden die konkreten Rechtsverletzungen, die beispielsweise Klimaaktivisten begehen.

Fallen die Aktionen der „Letzten Generation“ noch unter zivilen Ungehorsam, ja oder nein?

„Jein“, sagt der Gießener Politologe Prof. Claus Leggewie dem WDR. Einerseits sei der vehemente Protest absolut nachvollziehbar. Andererseits hätten die Widerstands-Aktionen inzwischen Ausmaße angenommen, die „unverhältnismäßig“ seien. Die Leute, die die Aktivisten mit ihren Aktionen auf Flughafen-Rollfeldern aufrütteln wollten, reagierten zunehmend sauer. Man könne eine Gesellschaft […] nicht frontal attackieren. Damit werde der zivile Ungehorsam konterkariert [d. h. ins Gegenteil gekehrt/zunichte gemacht]. Andere Teile der Klimaschutzbewegung hätten ihre Proteste besser und wirkungsvoller zum Ausdruck gebracht, so Leggewie. Er verwies auf die Aktion von 100 Aktivisten, die sich bei einem Business-Event am Genfer Flughafen an die Zugänge von Privatjets gekettet und den Haupteingang der Jet-Show versperrt hatten. Die Botschaft sei gewesen: Während viele sich Essen und Miete nicht mehr leisten könnten, zerstörten Superreiche mit ihren Privatjets unseren Planeten. „Das ist eine Aktion gewesen, mit der sich die Mehrheit der Bevölkerung hat identifizieren können und die somit auf Zuspruch gestoßen ist“, so Leggewie.

www1.wdr.de

8 Erläutere, warum Claus Leggewie keine eindeutige Aussage darüber treffen kann, ob es sich bei den Aktionen der „Letzten Generation“ um zivilen Ungehorsam handelt.

9 Überprüfe, ob es sich bei den Aktionen der „Letzten Generation“ um zivilen Ungehorsam nach der Definition von Habermas (M2) handelt.

10 Bewerte die Aktion der 100 Aktivisten in Genf.

11 Nimm Stellung zu der Aussage, dass sich die Mehrheit der Bevölkerung mit einem Protest identifizieren solle.

M4 Störenfried

Henry David Thoreau (1817–1862) war ein bekannter amerikanischer Schriftsteller und Philosoph, der unter bestimmten Bedingungen den zivilen Ungehorsam befürwortete.

„Die einzige Regierung, die ich anerkenne, […] ist die Macht, die Gerechtigkeit im Lande schafft, nie aber eine, die Ungerechtigkeit schafft!“

Henry David Thoreau

12 Erkläre, inwiefern Ungehorsam oder Widerstand gegen eine gesetzgebende Regierung legitim sein kann.

13 Diskutiere, inwiefern das Zitat von Henry David Thoreau auf die gegenwärtige Politik zutrifft.

Aggressionstheorien

M1 Wo fing das an?

Marie Marcks

1 Beschreibe die Karikatur.
2 Erkläre, wie sich im Bild die Aggression auf die anderen Personen überträgt.
3 Beurteile, ob du der dargestellten Übertragung von Aggression zustimmst.

M2 Sonne und Beton

Das ist der Titel der Verfilmung eines Romans von Felix Lobrecht. Das ist auch eine brutale Mischung, die zum Leben der vier Jugendlichen Lukas, Julius, Gino und Sanchez gehört. In einer Berliner Hochhaussiedlung kommen sie auf alle möglichen dummen Ideen.

Es ist 2003 – Sommer in Berlin und der Tag ist gelaufen, bevor er angefangen hat. Weil er seinen Schülerausweis vergessen hat, kommt Lukas nicht an der Security vorbei in die Schule. Er trifft sich mit Freunden – Gino und Julius. Es soll gekifft werden und dann in die Gropiuspassagen in der Hoffnung auf Mädchen. Der Plan geht schief, als Julius eine der beiden örtlichen Dealergruppen vollzulabern beginnt und Lukas Prügel bezieht. Dann geraten die Dinge außer Kontrolle. Am Ende hat Lukas nicht nur ein blutiges Gesicht, sondern die Dealer wollen auch noch 500 Euro. Lukas kommt nach Hause, und sein kleiner Bruder sitzt auf der Couch und ist ebenfalls von einer Prügelei gezeichnet.

Fabian Tietke

4 Mache Vorschläge, wie die Geschichte mit den 500 Euro weitergehen könnte. Werden Lukas und seine Freunde das Geld auftreiben?
5 Im Leben der Jugendlichen gibt es viel Aggression und Gewalt. Beschreibe, mit welchen Formen von Gewalt sie konfrontiert sind.
6 Finde eine Erklärung, wo die Aggression herkommt.

M3 Auf der Suche nach dem Ursprung der menschlichen Gewalt

Der Verhaltensforscher und Nobelpreisträger Konrad Lorenz (1903–1989) und der kanadische Psychologe Albert Bandura (1925–2021) verfolgten unterschiedliche Ansätze zur Erklärung der Wurzeln menschlicher Aggression.

Auf die Frage, warum Menschen aggressiv und gewalttätig sind, kann man mit Konrad Lorenz antworten: Dieses Verhalten gehört zu unserer Natur, wir haben es aus dem Tierreich geerbt. Alle Tiere sind mit einem Aggressionstrieb ausgestattet, […]. Dieser Aggressionstrieb ist nichts Böses, sondern dient dem Überleben des Individuums und der Erhaltung der Art. Genau betrachtet gibt es im Tierreich zwei Arten von Aggression: Die Aggression zwischen Angehörigen verschiedener Arten […] dient ganz offensichtlich dem Überleben. Darüber hinaus gibt es auch die innerartliche Aggression […]. Diese haben den biologischen Sinn, dass die Stärksten sich fortpflanzen, die Hierarchie in einem Rudel anführen usw. Interessant ist, dass es bei solchen Rivalenkämpfen infolge eines Hemmungsmechanismus nie zur Tötung von Artgenossen kommt. Im Unterschied zu anderen Tieren besitzt der Mensch diesen Hemmungsmechanismus nicht. Er ist das einzige Tier, das auch Artgenossen tötet […].

Hans-Peter Nolting

Eine wichtige Versuchsreihe führte [Albert Bandura] mit Kindergartenkindern durch, die „Bobo-Doll-Studie". Er drehte einen Film, in dem eine seiner Studentinnen die aufblasbare Clownpuppe Bobo Doll arg malträtiert. Sie schlägt und tritt die Puppe, wirft sie auf den Boden, setzt ihr mit einem Hammer zu und beschimpft sie mit wüsten, selbst erfundenen Ausdrücken. Wie ein Stehaufmännchen richtet sich Bobo Doll immer wieder auf, aber nur, um dann noch mehr einzustecken. Bandura zeigte diesen Film Kindern, die danach in einen Raum geschickt wurden, wo sich die gleiche Puppe befand. Die Kinder, die den Film gesehen hatten, zeigten, was sie gelernt hatten. Sie schlugen, traten und beschimpften Bobo Doll auf die gleiche Weise wie das Modell im Film.

Kai Müller-Weuthen

7 Überprüfe die beiden Theorieansätze zum Ursprung von Gewalt und reflektiere, welchen Punkten du zustimmen würdest und welchen nicht. Begründe dabei auch deine Meinung. » K3 S. 13

8 Entwickle für beide Theorieansätze eine passende Überschrift.

9 Vergleiche beide Theorieansätze mit der Aussage der Karikatur (M1).

10 Beurteile, welchen Erklärungsansatz du plausibel findest. Begründe deine Meinung.

M4 Mehr Gewaltkonsum = weniger Gewaltbereitschaft?

Das besagt die in der Psychologie kontrovers diskutierte Katharsis-Hypothese (griechisch Katharsis bedeutet „Reinigung"). Ihr zufolge kann das Betrachten von Gewalt in Medien dazu führen, dass Menschen ihre eigenen aggressiven Gefühle abbauen, indem sie diese dabei ausleben und sich erleichtern.

basierend auf www.spektrum.de

11 Beurteile diese Hypothese. Begründe deine Meinung.

12 Berichte von deinen Erfahrungen, wie du mit aufkommender Aggression umgehst.

13 Finde weitere Möglichkeiten, die Jugendlichen zur Verfügung stehen, um ihre Aggressionen und Gewaltbereitschaft zu reduzieren. Nenne Beispiele.

Die Rechte des Weltraums

M1 Mein Mond, dein Mond

Auf dem Mond waren bereits zwölf Menschen. Alle Astronauten, die bisher den Mond betreten haben, waren US-Amerikaner. Vier Nationen (USA, Sowjetunion, China, Indien) haben unbemannte Raumsonden auf dem Mond landen können.

1 Beschreibe das Bild.
2 Stell dir vor, du reist auf den Mond. Schreibe dazu einen kurzen Reisebereicht.
3 Mache Vorschläge, wem der Mond gehören könnte.

M2 Das Weltall – Konflikte um die Lösung der Ressourcenknappheit?

Wettlauf im Weltraum: Nationen rüsten für die Zukunft im All.

In einem immer enger werdenden Wettlauf im Weltraum rüsten Nationen auf, um die zukünftige Dominanz im All zu sichern.

Insa Germerott/National Geographic

Militärische Dominanz im Orbit: Wie Satelliten das Schlachtfeld beherrschen.

Mit 20 bis 25 Prozent der Satelliten, die derzeit militärisch genutzt werden, steht die Militarisierung des Weltraums im Fokus.

Thomas Trösch/Zeit Online

Weltraum-Wirtschaft: Rohstoffe aus dem All als Rettung für die Industrie?

Die Aussicht auf Rohstoffe aus dem All eröffnet neue Möglichkeiten für die deutsche Industrie und ihre Zukunft.

The European Space Agency

Der Himmel ist nicht mehr die Grenze: Der Aufstieg des Weltraumtourismus.

Eine aufregende neue Ära bricht an, da der Weltraumtourismus die Menschheit in die Weiten des Alls führt und dabei die traditionellen Grenzen des Reisens durchbricht.

Heike Westram/ARD Alpha

4 Erkläre anhand der Schlagzeilen die zukünftige Bedeutung des Weltalls für die Menschheit.
5 Erläutere, warum es wichtig ist, darüber nachzudenken, wem das Weltall und seine Ressourcen gehören.
6 Beurteile, ob man Geld in eine Firma, die Bodenschätze auf dem Mond abbaut, investieren sollte.

M3 Der Weltraumvertrag regelt es – oder?

Im Jahr 1967 unterzeichneten u.a. die USA und die Sowjetunion den Weltraumvertrag. Der Weltraumvertrag beinhaltet Grundsätze für Weltraumaktivitäten. Er geht von dem „gemeinsamen Interesse der gesamten Menschheit an der fortschreitenden Erforschung und Nutzung des Weltraums zu friedlichen Zwecken" (Präambel) aus:

Art. I

Die Erforschung und Nutzung des Weltraums einschließlich des Mondes und anderer Himmelskörper wird zum Vorteil und im Interesse aller Länder ohne Ansehen ihres wirtschaftlichen und wissenschaftlichen Entwicklungsstandes durchgeführt und ist Sache der gesamten Menschheit.

Allen Staaten steht es frei, den Weltraum einschließlich des Mondes und anderer Himmelskörper [...] zu erforschen und zu nutzen; es besteht uneingeschränkter Zugang zu allen Gebieten auf Himmelskörpern.

Art. II

Der Weltraum einschließlich des Mondes und anderer Himmelskörper unterliegt keiner nationalen Aneignung durch Beanspruchung der Hoheitsgewalt, durch Benutzung oder Okkupation [Besetzung] oder durch andere Mittel.

Art. IV

Die Vertragsstaaten verpflichten sich, keine Gegenstände, die Kernwaffen oder andere Massenvernichtungswaffen tragen, in eine Erdumlaufbahn zu bringen und weder Himmelskörper mit derartigen Waffen zu bestücken noch solche Waffen im Weltraum zu stationieren. Der Mond und die anderen Himmelskörper werden von allen Vertragsstaaten ausschließlich zu friedlichen Zwecken benutzt [...].

7 Gib den Inhalt der drei Artikel des Weltraumvertrages in eigenen Worten wieder.

8 Formuliere entsprechend dem Weltraumvertrag eine Antwort auf die Frage, wem der Mond gehört.

9 Beurteile, ob die Regeln des Weltraumvertrages zukünftig ausreichend sind, um Frieden auf dem Mond und im Weltall zu gewährleisten. » K1 S. 16

10 Formuliere zusätzliche Regeln, die für die Nutzung des Mondes und des Weltalls notwendig sind.

M4 Wer reist mit?

Nicht nur Nationen, sondern auch einige private Unternehmen (SpaceX, Blue Origin, ispace, Virgin Galactic) wollen Sonden zum Mond schicken. Dabei soll auch ein Weltraumtourismus für die Menschen entstehen.

11 Deute die Aussage des Bildes.

12 Formuliere ethische Probleme, die sich aus der Entwicklung eines Weltraumtourismus ergeben können.

13 Diskutiere Vor- und Nachteile der Tatsache, dass die Raumfahrt immer mehr von privaten Unternehmen und nicht von einzelnen Staaten bestimmt wird.

Zeig, was du kannst!

Das Wichtigste in Kürze

Krieg und Terror – körperliche, psychische und strukturelle Gewalt – Rassismus – Protest, ziviler Ungehorsam – Aggression, Gewaltkonsum – Weltallrecht

Die Folgen von Gewalt

Krieg und Terror sind Phänomene, die verheerende Auswirkungen auf die betroffenen Gesellschaften haben. Sie führen nicht nur zu direkter körperlicher Gewalt, sondern auch zu tiefgreifender psychischer Gewalt. Rassismus, der auch strukturell sein kann, ist ein weiterer Faktor, der Gewalt verstärken kann. Proteste und ziviler Ungehorsam können zu wichtigen Werkzeugen im Kampf gegen Ungerechtigkeit und Gewalt werden. Historisch gesehen haben friedliche Proteste und gezielter ziviler Ungehorsam oft dazu beigetragen, gesellschaftliche Veränderungen herbeizuführen und die Aufmerksamkeit auf Missstände zu lenken. Diese Formen des Widerstands ermöglichen es den Menschen, ihre Stimmen zu erheben und für ihre Rechte einzutreten, ohne selbst Gewalt anzuwenden. In einer globalisierten Welt, in der Konflikte oft über nationale Grenzen hinweg Auswirkungen haben, wird jedoch zukünftig auch ein Konflikt über die Macht und die Ressourcen im Weltall entstehen. Ein umfassendes Weltallrecht, das nicht nur staatliche, sondern auch private Unternehmen einschließt, sollte zukünftig entstehen, sodass die Ressourcen dem globalen Allgemeinwohl zugutekommen können.

Kompetenz-Check

M Ein Beispiel struktureller Gewalt

Wenn Männer in den Familien das Geld [...] verdienen, haben sie häufig die Macht über die Finanzen. Das Besitzen von Geld hat oft eine sehr große Bedeutung. Daraus entstehen nämlich Abhängigkeiten. Wenn man Geld und andere Dinge verliert, fühlt man sich unsicher und bedroht. Derjenige, der die Macht hat, kann aus diesem Grund den anderen diese Sicherheit geben oder wieder wegnehmen. Diese können dann Familienmitglieder oder Freundinnen verlieren. Darum hat Macht (strukturelle Gewalt) großen Einfluss auf Frauen und Kinder in solchen gewaltbestimmten Strukturen.

www.mimi-gegen-gewalt.de

1 Erläutere drei verschiedene Formen von Gewalt anhand von Beispielsituationen.

2 Erkläre, warum es Rechte zukünftig nicht nur auf der Erde geben sollte.

3 Beschreibe Beispielsituationen, in denen strukturelle Gewalt sichtbar wird. Erkläre mit Hilfe des Textes, warum du den Eindruck hast, dass es sich dabei um eine Machtstruktur handelt. » K1 S. 8

4 Entwickle Handlungsmöglichkeiten für Situationen, in denen du mit struktureller Gewalt konfrontiert wirst. » K1 S. 16

Werkstatt

Einen Solidaritätsbrief schreiben

Schritt 1: Für den Briefmarathon anmelden

Melde deine Klassengemeinschaft beim Amnesty Briefmarathon an.

Alle Informationen und Materialien bekommst du unter der folgenden Internetadresse: https://www.amnesty.de/briefmarathon-schule

Schritt 2: Materialien sichten und einen Fall auswählen

In jedem Jahr kann beim Briefmarathon zwischen unterschiedlichen Einzelfällen ausgewählt werden. Suche dir einen Einzelfall heraus, den du besonders interessant findest.

Schritt 3: Einen eigenen Solidaritätsbrief schreiben

Das Schreiben eines Solidaritätsbriefs erfordert Empathie und Mitgefühl. Hier sind einige Schritte, die dir helfen können, einen solchen Brief zu verfassen:

a. Anrede

Beginne mit einer freundlichen Begrüßung. Du kannst den Brief mit „Liebe/r [Name]“ oder einer ähnlichen respektvollen Anrede starten.

b. Ausdruck von Empathie

Drücke dein Mitgefühl aus. Zeige Verständnis für die Situation oder Herausforderung, mit der die Person konfrontiert ist. Erkläre, warum du den Brief schreibst. Deutlich zu machen, dass du dich solidarisch mit der Person fühlst, ist wichtig.

c. Positive Botschaften

Füge positive und aufmunternde Botschaften hinzu. Ermutige die Person, stark zu bleiben und positiv in die Zukunft zu blicken.

d. Abschluss

Beende den Brief mit einer warmen Grußformel.

e. Unterschrift

Wenn du magst, kannst du den Brief unterschreiben.

Schritt 4: Briefe an Amnesty schicken

Versende die Briefe deiner Klasse gesammelt an Amnesty Deutschland. Von dort aus werden alle Briefe, die in Deutschland geschrieben wurden, an die entsprechenden Adressen gesendet.

Worauf es ankommt

- ☑ die Situationen der Menschen ernst nehmen
- ☑ authentisch mit deinen Worten sein
- ☑ Sätze in einfacher Sprache formulieren
- ☑ aufmunternde und positive Botschaften senden

Wie wird man schuldig?

Warum gibt es verschiedene Rechtsvorstellungen auf der Welt?

Sollte es Rechte geben, die für alle Menschen gelten?

Gibt es eine gerechte Strafe?

Gibt es eine Wiedergutmachung?

Recht und Gerechtigkeit

> Für Gerechtigkeit sorgen

WERKSTATT

Eine Gerichtsverhandlung als Teen-Court durchführen

Ein Teen Court, auch bekannt als Jugendgericht oder Jugendschöffengericht, ist ein Programm innerhalb des Justizsystems, das sich auf jugendliche Straftäter konzentriert. Es handelt sich um ein alternatives Gerichtsverfahren, bei dem jugendliche Straftäter von Gleichaltrigen verurteilt werden. Die Idee stammt aus den USA, wo das Jugendlichen-Gericht schon lange praktiziert wird.

Aber auch bei uns in Deutschland gibt es dieses Gerichtsverfahren. Hessenweit existieren bereits sieben Häuser des Jugendrechts, wobei in Wiesbaden im Dezember 2010 die erste Einrichtung Hessens geschaffen wurde.

Führe gemeinsam mit deiner Klasse eine Gerichtsverhandlung nach dem Vorbild des Teen Courts durch.

Schuldig?

M1 Der „moralische" Zeigefinger

Geständnis
Straftat
Reue
Verantwortung
Normen
Vergebung
Zurechnungsfähigkeit
Sühne
Schulden
Gesetzesbruch
Unterlassung
Strafe

1 Ordne die Begriffe den Bereichen „moralische Schuld", „rechtliche Schuld" bzw. beiden zu. Ergänze weitere Begriffe.

2 Erläutere an Beispielen, wie man moralische Schuld und rechtliche Schuld unterscheiden kann.

3 Nenne Personen(-gruppen), deren Zeigefinger man hier sehen könnte.

M2 Du wirst ja ganz schön rot ...!

Scham ist eine komplexe emotionale Reaktion, die in vielerlei Hinsicht einen wichtigen sozialen Nutzen hat.

[Scham ist ein] unangenehmes Gefühl, wenn man sich vor anderen Menschen in einer peinlichen Situation befindet. [...] Das Gefühl kann von einer leichten Verlegenheit oder Fremdscham bis hin zu tiefer Demütigung oder Gesichtsverlust reichen. Es gibt sogar chronische Scham – ein krankhaftes, andauerndes Schamgefühl, das oft durch psychische Traumata hervorgerufen wird. [...] Obwohl Scham für uns ein sehr unangenehmes Gefühl ist, hat es für unser Zusammenleben in einer sozialen Gemeinschaft großen Nutzen. Denn Scham führt dazu, dass wir versuchen, möglichst nah an der Normvorstellung unserer Gesellschaft zu leben. Verletzen wir Regeln und schämen uns deshalb, hinterfragen wir unser Verhalten und passen es häufig an. [...] Wenn wir uns schämen, signalisiert das unserem Umfeld, dass wir unseren Verstoß gegen allgemeingültige Regeln sozusagen bereuen. [...] Das Gefühl der Scham ist universell, alle Menschen kennen das Gefühl. Allerdings ist Scham unterschiedlich stark ausgeprägt. Das kann vom Alter, vom Geschlecht und von der Kultur abhängig sein. [Eine] Studie [kam] zu dem Schluss, dass Frauen Scham oft intensiver erleben als Männer, wenn ihre persönlichen Grenzen von anderen Menschen verletzt werden und sie sich hilflos und ausgeliefert fühlen.

Johanna Stapf

4 Erkläre mit Hilfe des Textes den Nutzen von Scham in unserer Gesellschaft.

5 „Die Empfindung von Scham ist sehr individuell". Überprüfe diese Aussage.

6 Beurteile, ob Scham und Schuld immer zusammen auftreten.

7 „Scham kann auch Auslöser von Gewalttaten sein". Überprüfe auch diese These.

M3 Schuldbewusstsein

Markus [ein mittlerweile 20jähriger Mann] beginnt mit Autodiebstählen. Wegen gefährlicher Körperverletzung bei einer Prügelei wird er schließlich zu dreieinhalb Jahren Haft verurteilt. Eine Einsicht in diese Taten hat er nicht: er hätte ja nur Autos von „Reichen" geklaut und die hätten es nicht anders „verdient". Und auch sein Prügelopfer hätte ihn schließlich provoziert. Schuld? Schuld sind immer die anderen. Ein Gefühl für seine eigene Schuld entwickelt Markus nicht.

„Schuldgefühle wurzeln nicht in bösen Taten, sondern in dem, wie wir unsere Taten beurteilen." Meint Professor Jürgen Körner, Psychologe am Institut für Erziehungswissenschaften der Freien Universität Berlin. „Wenn wir ein sehr strenges Gewissen haben, dann genügen schon allerkleinste Verfehlungen, und wir fühlen uns schon schuldig. Das heißt, es geht immer um Bewertungsprozesse. Man muss deshalb schon unterscheiden zwischen der Tat selbst und der Verarbeitung."

Schuld ist kein absoluter Begriff, sondern hat eine Voraussetzung: der schuldig Gewordene muss die Möglichkeit gehabt haben, die Tat als schlecht zu definieren und sie deshalb zu unterlassen, meint auch der Psychoanalytiker Ludwig Haesler: „Schuld hat immer etwas mit Handeln zu tun, mit der Freiheit meines Handelns und Entscheidens. [...]" Die Erkenntnis von Schuld ist dabei untrennbar verknüpft mit der Angst vor der Entdeckung und Vergeltung. „Dann haben Sie natürlich in der kriminellen Schuld die Gesetze. Das ist die Konsequenz meines Handelns. Und es geht immer um die Folgen meines Handelns. In der moralischen Schuld ist es etwas, was zu tun hat mit der Angst vor der vernichtenden Beschämung durch die Anderen zum Beispiel, weil ich moralisch gefehlt habe. Und in der politischen Schuld geht es um Haftung. Es geht um Haftung und das Tragen der Konsequenzen."

Eva-Maria Götz

8 Erläutere mit Hilfe des Textes, warum Schuldbewusstsein nicht in bösen Taten „wurzelt".

9 Vollziehe nach, warum Markus auf die Frage nach seiner Schuld so reagiert, wie im Text beschrieben.
» K2 S. 8

10 Veranschauliche die Begriffe kriminelle, moralische und politische Schuld an Bildern oder Icons.

11 Beurteile, wie wichtig das Schamgefühl für die Einsicht in moralische und rechtliche Schuld ist: Sehr – ein wenig – gar nicht? Warum?

M4 Vermindert schuldfähig

Im Strafrecht kommt dem Begriff der „Schuld" eine wichtige Rolle zu: So ist die Schuld eines Täters zumeist Voraussetzung für eine Verurteilung nach dem Strafgesetzbuch (StGB). Nicht immer jedoch handelt ein Täter tatsächlich schuldhaft. [...] Ist der Täter nicht in der Lage dazu, das Unrecht seiner Tat einzusehen oder entsprechend zu handeln, kann eine verminderte Schuldfähigkeit vorliegen. Im Gegensatz zur Schuldunfähigkeit bleibt der Täter allerdings nicht straffrei. [...] Eine verminderte Schuldfähigkeit kann unter anderem vorliegen, wenn der Täter unter einer krankhaften seelischen Störung, einer angeborene Intelligenzschwäche, Neurosen oder etwa Erschöpfungszuständen leidet. Aber auch bei einer Körperverletzung unter Alkoholeinfluss kann dies der Fall sein.

www.koerperverletzung.com

12 Beurteile, ob eine verminderte Schuldfähigkeit auch in moralischer Hinsicht in Betracht gezogen werden kann.

13 Diskutiere, ob der Konsum von Alkohol und Drogen zu einer verminderten (rechtlichen oder moralischen) Schuldfähigkeit führen sollte.

Gerecht bestrafen – geht das?

M1 Höheres Strafmaß = keine Gewalttaten?

Bernd Zeller

1 Analysiere die Karikatur.
2 Beurteile die Aussage des Anwalts.
3 Schreibe ausgehend von der Aussage des Anwalts ein Plädoyer/eine Anklagevertretung für einen fiktiven Fall.

M2 Was am meisten fehlt

„Die Zeit mit meiner Freundin und mit meiner Familie, das vermisse ich am meisten", erzählt Tarek. „Einfach dieses zu Hause sitzen, mit allen reden. Nicht nur pro Monat vier Stunden. Pro Monat vier Stunden quält einen eher. Telefonieren ist auch nicht dasselbe. Diese Gestik, Mimik muss da schon sein, diese Warmherzigkeit. Unternehmen, Sachen unternehmen. Mir geht's nicht um Essen oder so. Das zwar auch, aber das Wichtigste überhaupt ist so diese Zeit mit meiner Familie, mit meinen Geschwistern. Ich hab schon so vieles verloren davon."

Tarek, der eigentlich anders heißt, sitzt im Gefängnis, genauer gesagt, im Jugendgefängnis. Zu einer Haftstrafe von insgesamt dreieinhalb Jahren hat ihn der Richter verurteilt. Raubüberfälle, Körperverletzungen, zahlreiche Betrügereien stehen auf seinem Zettel. Gut drei Viertel der Zeit hat Tarek schon hinter sich. In ein paar Wochen wird er entlassen.

Warum aber glauben wir, glaubt die Gesellschaft, dass Tarek die Freiheit genommen werden muss, um ihn zu bestrafen? Und was erhoffen wir uns davon, Straftäter wie ihn hinter Gitter zu bringen?

Peggy Fiebig

4 Nenne die Dinge, die dir im Gefängnis am meisten fehlen würden, und vergleiche sie mit Tareks Erfahrungen.
5 Finde Gründe, mit denen Freiheitsentzug als Strafe gerechtfertigt werden kann.
6 Formuliere Kriterien für gerechte Strafen. Beginne so: „Eine Strafe ist dann gerecht, wenn …"
7 Schildere eine fiktive Welt ohne Strafen. Wie würde sich dein Leben ändern?

M3 Straftheorien

[Das] **Strafrecht** […] schränkt die Freiheit von Menschen ein, sehr lange, zum Teil lebenslang. Sie werden gezwungen, unter Bedingungen zu leben, die ihre Persönlichkeit verändern, ihre seelische Gesundheit gefährden und ihre Würde verletzen. Wie kann man das rechtfertigen? […]

Die **Vergeltungstheorie** sagt, der Zweck der Strafe sei die Vergeltung. Auf Deutsch: Rache. Wenn jemand getötet hat oder gestohlen oder betrogen, dann muss es dafür Rache geben. Deshalb wird bestraft. […]

Generalprävention. Auf Deutsch: Abschreckung. Das Strafrecht und die Existenz von Gerichten und Gefängnissen haben den Zweck, sagt man, die Menschen durch Angst vor Strafe davon abzuhalten, dass sie Straftaten begehen. […]

Spezialprävention. Das war die Lösung Franz von Liszts [Rechtswissenschaftler, 1851–1919]. Er sah den sozialen Hintergrund von Kriminalität und meinte, das Strafrecht habe die Aufgabe, solche Fehlentwicklungen wiederauszugleichen, indem man auf den einzelnen Straftäter positiv einwirkt und ihn dazu erzieht, dass er nicht wieder Straftaten begeht. Das Mittel dazu sei das Gefängnis. Damit solle speziell auf den einzelnen Täter eingewirkt werden, nicht auf die Allgemeinheit. Spezialprävention statt Generalprävention, die ohnehin nicht möglich sei. Der Gefangene soll allmählich wieder in das normale gesellschaftliche Leben eingegliedert werden. Resozialisierung. So steht es heute im Strafvollzugsgesetz.

Uwe Wesel

8 Stelle die Straftheorien in einem Schaubild dar und veranschauliche sie an Tareks Beispiel (M2).
» K4 S. 11

9 Diskutiere die Vor- und Nachteile der Straftheorien.

10 Alle Straftäter sollen durch die Resozialisierung in das normale gesellschaftliche Leben eingegliedert werden. Nimm begründet Stellung zu diesem Ziel der Spezialprävention. Was ist sinnvoller, die Vorbeugung oder die Vergeltung einer Straftat?

M4 Norwegische Gardinen

Das Foto stammt aus dem Bastøy Gefängnis in Norwegen, in dem Häftlinge in 80 Häusern zusammenleben. Tagsüber dürfen sie sich frei bewegen und arbeiten. Das Gefängnis bietet ihnen auch Zugang zu Bildung, medizinischer Versorgung und zahlreichen Freizeitaktivitäten wie Angeln, Fußball und Gymnastik.

11 Beschreibe das Foto. Ordne dann das Bastøy Gefängnis in Norwegen begründet einer Straftheorie zu.

12 Beurteile, ob diese Art des Strafvollzugs gerechtfertigt ist.

13 Skizziere Ideen für ein Gefängnis mit „perfektem" Strafvollzug.

Kulturelle Missverständnisse

M1 Toleranz?

Der Sultan von Brunei (in Südostasien) forderte vor einigen Jahren Toleranz und Respekt für seine Entscheidung, die Todesstrafe durch Steinigung gegen Homosexuelle einzuführen.

Schwarwel

1 Beschreibe die Karikatur. Formuliere dann die Bildaussage in einem Satz.
2 „Moralische Werte sind eben relativ". Beurteile diese Aussage als Reaktion auf den Fall Brunei.

M2 Die Moral von der Geschicht'!

Hörtext zu M2
Mediencode: 20087-03

Gleich vorweg: Die eine, einzig wahre, für immer und ewig geltende Moral gibt es nicht. Auch wenn viele Menschen glauben, dass so eine Art Katalog moralischer Regeln existiert, der wie ein ungeschriebenes Gesetz Gültigkeit hat. Die meisten Menschen in Deutschland und auch in vielen anderen Ländern würden es sicher aus moralischen Gründen ablehnen, dass jemand in Badehose oder Bikini in die Kirche oder in die Oper geht. Das ist dann so ein ungeschriebenes Gesetz, weil viele diese Kleidung dort als unanständig oder unsittlich empfänden. Es gibt dazu aber keine juristische Vorschrift, die untersagt, in einer Badehose in der Kirche oder der Oper zu erscheinen. Und gerade weil die Moral kaum festgeschriebene Regeln besitzt, kann man sich wunderbar über sie streiten.

In manchen Staaten gilt es als unmoralisch, Alkohol zu trinken, in manchen ist es sogar unter Androhung einer Strafe verboten. In anderen Ländern wiederum gehört Alkohol dazu, festliche Anlässe wie Geburtstage und Hochzeiten zu begehen. Jede Kritik an Glaubensvorstellungen und deren Ausprägung – in welcher Form auch immer – wird in einigen Ländern gar als Gotteslästerung angesehen und schwer bestraft.

In anderen Ländern hingegen wird das als eigene Meinung und Ausdrucksform toleriert. Bei weniger dramatischen Kulturunterschieden, wie zum Beispiel der Tatsache, dass in manchen Regionen Asiens auch in Restaurants mit den Händen gegessen wird, kommentiert man dies mit dem Sprichwort *Andere Länder, andere Sitten.*

Günther Birkenstock

3 Erkläre, warum Moral als wandelbar gesehen wird.
4 Beurteile die Argumentation des Autors.
» K2 S. 12
5 Viele Moralvorstellungen haben sich in den letzten 100 Jahren geändert (z. B. in den Bereichen Kleidung, Sexualität, Religion, Schule, Frauenrechte). Entwickle eine „Moralvorstellung der Zukunft". Welche moralischen Überzeugungen werden sich in Zukunft ändern?

M3 Alles relativ?

Verletzungen von Menschenrechten werden oft mit dem Hinweis auf kulturelle Unterschiede gerechtfertigt. Diese Haltung nennt man auch Kulturrelativismus.

Aus kulturrelativistischer Perspektive sind Kulturen nicht vergleichbar und können nicht aus dem Blickwinkel einer anderen Kultur beurteilt werden. [...] Verhaltensformen, aber auch Gesetze und Traditionen einer Gesellschaft müssen im Licht des jeweiligen Wertekontextes und Kulturverständnisses gesehen werden. Ein Urteil darüber darf demnach nur im eigenen kulturellen Kontext gefällt werden. In Ländern, die andauernde Menschenrechtsverletzungen begehen und wo diese sogar staatlich legitimiert sind, wird das mit der vermeintlichen Andersartigkeit der Kultur belegt. „Homosexualität ist unnatürlich und unafrikanisch", sagen beispielsweise Regierungsvertreterinnen und -vertreter in Uganda, wo Homosexuelle vom Staat verfolgt werden. Diese kulturrelativierende Sichtweise dient vor allem dazu, Kritik von außen und innen abzuwehren und keine interkulturelle Debatte darüber zuzulassen. Somit kann jegliche Grausamkeit gerechtfertigt werden. [...]

In der Kritik steht der Kulturrelativismus auch dadurch, dass er selbst postuliert, eine kulturübergreifende Norm zu sein, die er, ausgehend von den ihm zugrunde liegenden Prinzipen, eigentlich ablehnen müsse. Einen Anspruch auf allgemeine Gültigkeit könne er demzufolge gar nicht erheben. [...]

Werden kulturrelativistische Argumente konsequent vertreten, ist es schließlich auch nicht mehr möglich, Menschenrechtsverletzungen zu kritisieren. Dies verfestigt unterdrückerische Zustände und erschwert es Gesellschaften immens, sich und ihren Wertekanon zu verändern. Kulturrelativismus begünstigt also Menschenrechtsverletzungen.

Angela Schweizer

6 Stelle an einem Beispiel dar, wie ein Kulturrelativist argumentiert und mit welchen Absichten.

7 Nenne Beispiele für andere Grausamkeiten, die kulturrelativistisch gerechtfertigt werden.

8 Gib wichtige Argumente gegen den Kulturrelativismus wieder.

9 Gestalte ein Demo-Plakat, das sich für Toleranz gegenüber anderen Kulturen und gleichzeitig gegen kulturell bedingte Intoleranz ausspricht.

M4 Gibt es Wichtigeres als Moral?

In der Ballade „Wovon lebt der Mensch?" aus dem Theaterstück „Die Dreigroschenoper" (1928) schreibt der Schriftsteller Bertold Brecht:

„Wie ihr es immer dreht
und wie ihr's immer schiebt.
Erst kommt das Fressen,
dann kommt die Moral."

10 Beurteile, wie aktuell die Aussage ist. Stütze dein Urteil durch konkrete Beispiele.

11 Nimm Stellung zu der Frage, ob es Wichtigeres gibt als seine Handlungen nach einer Moral auszurichten.

Rechte für alle?

M1 Deine Rechte auf einen Blick

1 Nenne Menschenrechte, die du auf den Piktogrammen wiedererkennst.
2 Zeichne eigene Piktogramme für Menschenrechte.
3 Erkläre, was das Besondere an Menschenrechten ist.

M2 Menschenrechte sind ~~für alle~~ da

US-Gefangenenlager Guantanamo

Niemand darf der Folter oder grausamer, unmenschlicher oder erniedrigender Behandlung oder Strafe unterworfen werden.

Artikel 5 der AEDM

Kinderehe in Indien

[…] Eine Ehe darf nur bei freier und uneingeschränkter Willenseinigung der künftigen Ehegatten geschlossen werden. […]

Artikel 16, Abs. 2 der AEDM

4 Erkläre anhand der Beispielbilder, inwiefern Menschenrechte hier verletzt werden.
5 Beschreibe weitere Menschenrechtsverletzungen, die du kennst.

6 Es gibt Gesetze, die nicht überall und nicht immer gelten. Die Menschenrechte dagegen gelten überall und zu allen Zeiten. Nenne Gründe für diese Annahme. Warum ist das so?

M3 Alles, was Recht ist

Zwei wichtige philosophische Ansätze zur Frage, wo das Recht seine Grundlage hat, sind die Naturrechtsidee und der Rechtspositivismus („positiv“ kommt hier von lateinisch positum „gesetzt“: was Recht ist, wird vom Gesetzgeber „festgesetzt“).

Das Naturrecht:
Lehre, die – im Unterschied zum Rechtspositivismus – die These vertritt, dass man Recht und Moral nicht trennen könne. Etwas sei Recht oder Unrecht, weil es der Natur des Menschen bzw. der natürlichen Vernunft entspreche (deshalb auch „Vernunftrecht“) bzw. widerspreche. Daher gebe es auch Recht, welches gelte, ohne dass es in einem Gesetz enthalten sein muss, z.B. die Menschenrechte. Das positive, in Gesetzen enthaltene Recht müsse zudem an der Moral gemessen werden. Nur Gesetze, die moralischen Ansprüchen genügen, könnten den Anspruch erheben, befolgt zu werden.

Das Rechtslexikon der Bundeszentrale für politische Bildung

Der Rechtspositivismus:
Lehre, die – im Unterschied zum Naturrecht – die These vertritt, dass Recht und Moral streng getrennt werden sollten. Recht sei das, was der Gesetzgeber im vorgeschriebenen Verfahren als solches verabschiedet hat. Eine Beurteilung des Rechts an moralischen Maßstäben verbiete sich in modernen Gesellschaften, weil es keine einheitlichen oder gar homogenen Moralvorstellungen gebe. Verbindlichkeit beziehe das Recht dann aus der Legitimität seines Ursprungs, also regelmäßig aus den demokratischen Verfahren und aus der Garantie von Rechtssicherheit. Verbrechen von Diktatoren können strafrechtlich trotzdem verfolgt werden, auch wenn sie im Einklang mit „ihrem eigenen Recht“ handelten, indem man explizit das Rückwirkungsverbot außer Kraft setzt.

Das Rechtslexikon der Bundeszentrale für politische Bildung

7 Stelle im Wechsel mit einer Partnerin bzw. einem Partner die Kerngedanken jeweils eines der beiden rechtsphilosophischen Ansätze vor. » K1 S. 14

8 Diskutiere die Vor- und Nachteile des Rechtspositivismus.

9 Arbeite die Vor- und Nachteile des Naturrechts heraus und stelle sie den Vor- und Nachteilen des Rechtpositivismus (Aufgabe 8) gegenüber.

10 Beurteile, ob aus einem der beiden rechtsphilosophischen Ansätze Menschenrechtsverletzungen (M2) zu rechtfertigen sind.

M4 Wo sind die Menschenrechte?

Eleanor Roosevelt (1884–1962) war bekannt für ihren Einsatz für soziale Gerechtigkeit, Frauenrechte und Menschenrechte.

Wo beginnen Menschenrechte? In kleinen Orten, ganz in der Nähe. [...] Dennoch bedeuten sie die Welt für jede einzelne Person: die Nachbarschaft, in der wir leben, die Schule oder Hochschule, die wir besuchen, die Fabrik, der Bauernhof oder das Büro, wo wir arbeiten.

Eleanor Roosevelt

11 Überprüfe die Aussage des Zitats und stelle einen Bezug zu deinem Alltag her. Gelingt es dir, den Anforderungen der Menschenrechte gerecht zu werden?

12 Erläutere aus Sicht von Eleanor Roosevelt die fundamentale Bedeutung von Menschenrechten für jeden einzelnen Menschen.

Schuld bewältigen

M1 Schuldig

Am Bahnhof Friedrichstraße in Berlin befindet sich eine Skulpturengruppe aus Bronze. Fünf Figuren in dunklerer Bronze zeigen jüdische Kinder, die in Konzentrationslager deportiert wurden. Auf der anderen Seite sind zwei Figuren in hellerer Bronze: sie stellen jüdische Kinder dar, die durch Kindertransporte nach England gerettet werden konnten und dort teilweise adoptiert wurden.

1 Deute die Figurengruppen links und rechts. Inwiefern zeigt sich an der Darstellungsweise das jeweilige Schicksal der beiden Gruppen?

2 Sowohl an den jüdischen Kindern, die in England gerettet wurden, als auch an den Kindern, die in die Konzentrationslager geschickt wurden, haben sich zumindest Teile der deutschen Bevölkerung schuldig gemacht. Kläre im Gespräch, welchen Personengruppen welche Art von Schuld zukommt.

M2 „Ich bin gekommen, um zu töten"

Seine Opfer erlitten Höllenqualen, er folterte und mordete mit Vergnügen – Klaus Barbie wurde zu einem Symbol des Nazi-Horrors. Vor 20 Jahren verurteilte ein französisches Gericht den früheren Gestapo-Chef von Lyon.

Klaus Barbie [...] war im besetzten Frankreich zu einem der willfährigsten Vollstrecker der NS-Vernichtungspolitik aufgestiegen. Von 1942 bis 1944 befehligte er als Leiter der Abteilung IV des Sicherheitsdienstes die Lyoner Außenstelle der Geheimen Staatspolizei (Gestapo). „Ich bin gekommen, um zu töten", soll Barbie gesagt haben, als er das Kommando übernahm. [...] Tausende Männer, Frauen und Kinder soll Barbie gefoltert, in Vernichtungslager verschickt oder gleich selbst getötet haben. Sicher ist: Auf seinen Befehl hin überfielen Bewaffnete am 6. April 1944 ein Heim jüdischer Kinder in Izieu. 41 Verschleppte im Alter zwischen 3 und 13 Jahren starben wenig später in den Gaskammern von Auschwitz. [...]

[Bei seiner Verurteilung] fragte [...] der Präsident des Lyoner Gerichts den Angeklagten [...], ob er sich noch äußern wolle. Vielleicht hoffte der Jurist sogar auf ein Wort der Reue oder eine Entschuldigung. [...] Auf Französisch entgegnete er stur: „Ich habe die Razzia von Izieu nicht begangen. Ich hatte nie die Macht, über Deportationen zu entscheiden. Ich habe den Widerstand bekämpft. Das war der Krieg. Der Krieg ist vorbei. Danke."

Jörg Diehl

3 Schreibe im Namen der Angehörigen der Opfer einen Brief an Klaus Barbie und erkläre ihm, warum seine Antwort so schwer zu ertragen ist.

4 Nimm Stellung, ob das Gerichtsurteil und die Strafe, die Klaus Barbie bekam, ausreichen, um seine Schuld zu tilgen.

5 Diskutiere in der Gruppe, ob Gerichte eine höhere Strafe verhängen sollten, wenn die Täterinnen oder Täter keine Reue zeigen.

M3 Kann es eine Wiedergutmachung geben?

Mit dem am 10. September 1952 durch Bundeskanzler [...] Adenauer [...] und Israels Außenminister Moshe Scharett [...] unterzeichneten „Wiedergutmachungsabkommen" zwischen der Bundesrepublik Deutschland und dem Staat Israel übernahm die Bundesrepublik die Verantwortung für die im Nationalsozialismus begangenen Verbrechen, insbesondere an den Juden. [...]

In seiner Regierungserklärung sagte der Bundeskanzler: „Das deutsche Volk hat in seiner überwiegenden Mehrheit die an den Juden begangenen Verbrechen verabscheut und hat sich an ihnen nicht beteiligt. Im Namen des deutschen Volkes sind aber unsagbare Verbrechen begangen worden, die zur moralischen und materiellen Wiedergutmachung verpflichten [...]. Die Bundesregierung ist bereit, gemeinsam mit Vertretern des Judentums und des Staates Israel [...] eine Lösung des materiellen Wiedergutmachungsproblems herbeizuführen, um damit den Weg zur seelischen Bereinigung unendlichen Leides zu erleichtern."

Deutscher Bundestag

6 Beschreibe anhand des Textes, welche Maßnahmen die Bundesrepublik ergriffen hat, um die Verbrechen der NS-Diktatur wiedergutzumachen.

7 Die deutsche Regierung erkannte in der Nachkriegszeit ihre Verantwortung für die Verbrechen der Nazi-Diktatur. Wähle eine Handlungsmöglichkeit, die deiner Ansicht nach dieser Verantwortung am besten gerecht wird. » K3 S. 17

8 „Eine Wiedergutmachung der NS-Verbrechen wird es nie geben." Deute diese Aussage und setze den Gedanken fort: Wie könnte ein Zusammenleben von Nachkommen der Täter und Opfer aussehen?

M4 Was geht mich das an?

Zwei Zitate verdeutlichen, dass die Gestaltung der Erinnerung an die Opfer des Nationalsozialismus sowohl ein gegenwärtiges als auch ein anspruchsvolles Anliegen ist.

Wir sollen [...] versuchen zu erinnern, zu fühlen und zu gedenken. Aber NS-Terror? Meine Erinnerung ist das nicht. Ich kann mich an meinen achten Geburtstag erinnern. An meine erste Liebe. [...] Ich erinnere mich nicht an den Krieg [...].

Schülerin, 19 Jahre, zitiert nach Zeitmagazin Nr. 46 vom 04.11.2010

Die Erinnerung darf nicht enden; sie muss auch künftige Generationen zur Wachsamkeit mahnen. Es ist deshalb wichtig, nun eine Form des Erinnerns zu finden, die in die Zukunft wirkt.

Bundespräsident Roman Herzog am 27.01.1996, den er an diesem Tag zum zentralen Gedenktag an die Opfer des Nationalsozialismus erklärte.

9 Erkläre unter Bezugnahme des ersten Zitat, warum es für Menschen der nachfolgenden Generationen schwierig sein kann, Schuldgefühle für die NS-Verbrechen zu empfinden.

10 Erkläre unter Bezugnahme auf das zweite Zitat, inwiefern eine Erinnerung „in die Zukunft wirkt". Mache auch Vorschläge, wie man dies erreichen kann.

11 Begründe, warum eine Erinnerungskultur notwendig ist, um eine Schuld zu bewältigen. Recherchiere nach Beispielen für gelungene Erinnerungskultur. Begründe deine Wahl.

Zeig, was du kannst!

Das Wichtigste in Kürze

Schuld, Scham – Straftheorien – Kulturrelativismus – Naturrecht, Rechtspositivismus – Wiedergutmachung

Moral vs. Recht: Wie Kultur Verbrechen definiert und entschuldigt

Schuld und Scham sind tief verwurzelte menschliche Emotionen. Sie befassen sich damit, wie Verbrechen wahrgenommen und bestraft werden. Der Kulturrelativismus betont, dass Straftaten und deren Folgen im Kontext der jeweiligen Kultur verstanden werden müssen. Dieser Ansatz legt nahe, dass Moral und Recht nicht universell sind, sondern von der jeweiligen Kultur geprägt werden. Dem gegenüber steht die Idee des Naturrechts, das von universellen moralischen Prinzipien ausgeht, die unabhängig von kulturellen Unterschieden gelten. Der Rechtspositivismus hingegen konzentriert sich auf das von Menschen geschaffene Recht, das innerhalb eines bestimmten Staates gilt. Diese Theorie trennt das Recht von der Moral.

Ein wichtiges Element in der Diskussion über Straftheorien und den Umgang mit Verbrechen ist die Wiedergutmachung. Wiedergutmachung zielt darauf ab, den Schaden, den ein Verbrechen verursacht hat, zu erkennen und zu beheben. Dies kann durch Entschädigung der Opfer, durch öffentliche Anerkennung des Unrechts oder durch Maßnahmen zur Rehabilitation des Täters geschehen.

Kompetenz-Check

M Die Scham des Fliegens

Diesen Sommer wird geflogen, als gäbe es kein Morgen: 134.386 Flieger waren am 6. Juli in der Luft, so viele wie noch nie. Dabei dürften die meisten Passagiere wissen, dass sie damit das Klima ruinieren. Auch „Flugscham" ist kein Fremdwort mehr, sie wird aber verdrängt. […]

Fliegen hat keine Zukunft. Trotzdem wäre es falsch, den Passagieren ein schlechtes Gewissen einzureden und Flugscham zu verbreiten. Denn die Konsumenten sind nur Diener eines höheren Zwecks: Sie müssen fliegen, um Arbeitsplätze zu sichern. In Deutschland sind 850.000 Menschen direkt oder indirekt bei der kommerziellen Luftfahrt beschäftigt. Sie haben Kinder, müssen Kredite abbezahlen oder wollen für die Rente sparen. Der Abschied vom Fliegen kann daher nur gelingen, wenn diese Menschen abgesichert sind und neue Perspektiven erhalten. Für die Planung ist der Staat zuständig – nicht die Passagiere.

Ulrike Herrmann

1 Erkläre verschiedene Möglichkeiten, um Schuld zu bewältigen.

2 Begründe, warum Menschenrechte für alle Menschen gelten.

3 Erkläre, warum Menschen „Flugscham" empfinden. » K4 S. 11

4 Beurteile die Aussage der Autorin, dass Fliegen keine Zukunft habe. » K2 S. 12

Werkstatt

Eine Gerichtsverhandlung als Teen-Court durchführen

Bevor der Teen-Court in Aktion treten kann, müssen sich alle Teilnehmerinnen und Teilnehmer auf einen aktuellen Fall von Jugendkriminalität einigen, der Gegenstand des Verfahrens sein wird. Danach können die Rollen verteilt werden.

1. Rollen im Teen Court

- Richterin: Leitet die Verhandlung und sorgt für einen fairen Ablauf.
- Staatsanwalt: Präsentiert den Fall gegen die angeklagte Person.
- Verteidigerin: Verteidigt die angeklagte Person und versucht, mildernde Umstände darzulegen.
- Geschworene: Entscheiden über das Urteil und die Strafe.
- Angeklagte Person: Steht vor Gericht und wird von der Verteidigerin verteidigt.
- Zeugen: Tätigen Aussagen zum Tathergang/zur angeklagten Person und werden dazu befragt.

2. Fallbesprechung

Der Fall wird dem Team vorgestellt und alle relevanten Informationen werden geteilt.

3. Ablauf der Verhandlung

a. Die Richterin erklärt den Zweck der Verhandlung und stellt die Beteiligten vor.
Sie bittet die angeklagte Person, sich zu identifizieren und die Anklage zu bestätigen.

b. Eröffnungsplädoyer des Staatsanwalts und der Verteidigerin:
Der Staatsanwalt erklärt den Fall und legt Beweise vor, die die Schuld der angeklagten Person untermauern.
Die Verteidigerin präsentiert die Sichtweise der angeklagten Person und stellt eventuelle mildernde Umstände dar.

c. Zeugenaussagen und Beweise:
Beide Seiten können Zeugen aufrufen und Beweise präsentieren.
Der Staatsanwalt und die Verteidigerin dürfen die Zeugen befragen (Kreuzverhör).

4. Schlussplädoyers

Der Staatsanwalt fasst die Beweise zusammen und fordert eine angemessene Strafe.
Die Verteidigerin fasst die Argumente der Verteidigung zusammen und bittet um eine milde Strafe.

5. Beratung der Geschworenen

Die Geschworenen ziehen sich zurück, um das Urteil zu beraten. Sie diskutieren die vorgelegten Beweise und entscheiden über die Strafe.

6. Urteilsverkündung

Die Geschworenen geben ihre Entscheidung der Richterin bekannt. Die Richterin verkündet das Urteil und erklärt die verhängte Strafe.

Nach der Verhandlung besprechen die Teilnehmerinnen und Teilnehmer den Verlauf der Verhandlung und was sie daraus gelernt haben. Feedback wird gegeben, um zukünftige Verhandlungen zu verbessern.

Worauf es ankommt

- ☑ Argumente und Beweise gut vorbereiten
- ☑ alle Beteiligte mit Respekt behandeln
- ☑ den Argumenten der anderen Seite aufmerksam zu hören und darauf reagieren
- ☑ hilfsbereit mit den Beteiligten zusammenarbeiten

Brauchen Roboter moralische Regeln?

Was ist intelligent an künstlicher Intelligenz?

Kann man Mitleid mit Robotern haben?

Kann uns künstliche Intelligenz gefährlich werden?

Kann künstliche Intelligenz Kunst?

Mensch, Natur und Technik

> Künstliche Intelligenz erforschen

WERKSTATT

KI-generierte Texte, Bilder oder Musikstücke herstellen und bewerten

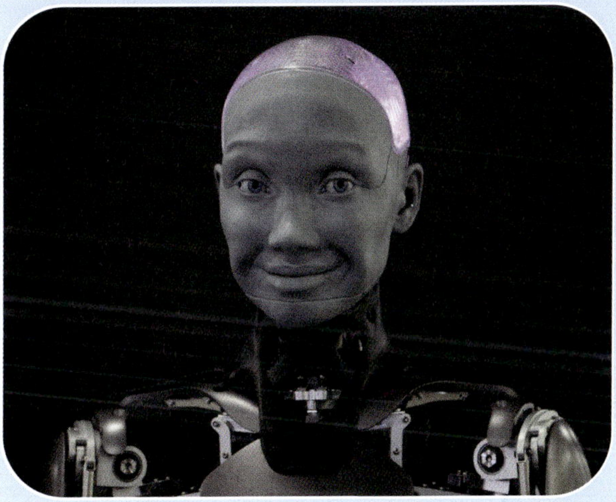

Der US-amerikanische Philosoph Daniel Dennett (1942 – 2024) hielt die Entwicklung einer echten, „starken" künstlichen Intelligenz (KI) für möglich. Kurz vor seinem Tod warnte er jedoch eindringlich vor ihren Gefahren. Er befürchtete, dass sich mit ihrer Hilfe künstliche Menschen nachbauen lassen, die nicht mehr klar von echten Menschen zu unterscheiden sind. Die Existenz von „gefälschten Menschen", so Dennett, könne das Vertrauen unter den Menschen zerstören.

Misstrauen im Umgang mit einer menschenähnlichen KI ist bereits jetzt verbreitet. Als „Uncanny Valley" (das unheimliche Tal, der Gruselgraben) bezeichnet man in der Forschung ein Gruselgefühl oder Unbehagen, das viele Menschen empfinden, wenn sie unsicher sind, ob ihr Gegenüber ein echter Mensch oder „nur" eine menschenähnliche Maschine ist. Untersuchungen dazu legen paradoxerweise nahe, dass die meisten Menschen sich um so mehr gruseln, je ähnlicher die Maschine einem Menschen oder auch einem Tier ist.

Stelle mit Hilfe eines KI-Tools zum Generieren von Texten, Bildern oder Musik ein „Kunstwerk" zum Phänomen des „Uncanny Valley" her. Dabei kann es sich um ein Gedicht, eine Erzählung, ein Foto, ein Gemälde oder einen Song handeln. Prüfe anschließend die Wirkung deines Kunstwerks.

Intelligent designt

M1 Roboter einst und jetzt

Das Bild zeigt das Buch-Cover eines legänderen Science Fiction-Romans aus den 1950er Jahren. Er wurde unter anderem 2004 mit Will Smith verfilmt.

1 Vergleiche die Roboter-Darstellung auf dem Bild mit aktuellen Darstellungen aus Filmen und Serien.

2 Roboter gelten als sogenannte künstliche Intelligenz. Beschreibe, welche Aufgaben künstliche Intelligenzen in Science Fiction Stories haben und welche sie in deinem Alltag haben.

3 Kennst du klassische Science Fiction-Filme und -Serien? Nenne technische Erfindungen von heute, die in alten Filmen schon vorweggenommen wurden.

M2 Der Mythos der Maschine in Menschengestalt

Mythen (Erzählungen) von künstlich erschaffenen intelligenten Wesen gibt es seit tausenden von Jahren.

Es scheint sogar so, dass die Mythen lediglich eine durch neue Technologien [durchdrungene] Form annehmen, aber im Kern unverändert bleiben: der Mythos der Maschine in Menschengestalt, die am Ende die Macht übernimmt, der Mythos der belebten Puppe, der Mythos einer Freundschaft zwischen Mensch und Maschine. Aber im Unterschied zu früheren Jahrhunderten scheinen diese Mythen nun durch konkrete technologische Optionen wiederbelebt zu sein. Es kann kein Zweifel bestehen, wir leben in einer Zeit des technologischen Umbruchs. Dieses und das nächste Jahrhundert – davon sind viele überzeugt – werden das Zeitalter sein, in dem Roboter viele Arten menschlicher Arbeit übernehmen. Es wird Roboter geben, die Pakete austragen, Taxi fahren, sich als Bankberater betätigen, den Weltraum erkunden, in Callcentern arbeiten, neben Ärzten in Krankenhäusern operieren und möglicherweise auch Romane schreiben oder sich anderweitig als Künstler betätigen. Die Digitalisierung hat schon heute unsere Arbeitswelt, aber auch unsere privaten Lebenswelten durchdrungen und übt einen gewaltigen Veränderungsdruck auf die ökonomischen und sozialen Verhältnisse aus. Dies wirft viele Fragen auf.

Julian Nida-Rümelin/Nathalie Weidenfeld

4 Beschreibe, in welchen der im Text genannten Bereiche heute schon künstliche Intelligenzen eingesetzt werden.

5 Erläutere, was mit folgender Aussage gemeint sein könnte: „Die Digitalisierung […] übt einen gewaltigen Veränderungsdruck auf die ökonomischen und sozialen Verhältnisse aus."

6 Berichte über Mythen von künstlich erschaffenen Wesen aus Filmen oder Romanen. Beschreibe auch ihre Beziehungen zu Menschen.

7 Formuliere ethische Fragen, die der „technologische Umbruch" für die Gesellschaft aufwirft.

M3 Eine Ethik für Maschinen

Sogar Staubsaugerroboter werden heute als „autonom" beschrieben. Das soll heißen, dass ihre Arbeitsweise nicht oder wenig durch den Menschen kontrolliert werden muss.

[Der] Begriff Roboter [geht] auf ein 1920 erschienenes tschechisches Theaterstück zurück, in dem es um menschenähnliche Maschinensklaven bzw. Androiden geht, die dafür geschaffen wurden, den Menschen das Arbeiten abzunehmen. Doch schlussendlich wenden sie sich gegen ihre Schöpfer und versuchen die Menschheit auszulöschen. Die Digitalisierung befeuert sowohl diese Hoffnungen als auch diese Ängste noch einmal, denn sie ermöglicht die Konstruktion von Maschinen, die intelligent genug sind, um auch komplexe Aufgaben zu meistern, ohne auf die permanente [andauernde] Überwachung durch den Menschen angewiesen zu sein. Je intelligenter und autonomer Maschinen werden, desto größer ist die Wahrscheinlichkeit, dass sie in Situationen geraten, die ihnen moralische Entscheidungen abverlangen. Doch können Maschinen überhaupt moralisch handeln und sollen sie es? Wie baut man eine moralische Maschine? Mit Fragen wie diesen beschäftigt sich die Maschinenethik, ein neues Forschungsgebiet an der Schnittstelle von Philosophie, Informatik und Robotik [Roboter-Wissenschaft]. Die Maschinenethik unterscheidet sich von anderen Formen der Technikethik, weil ihr Gegenstand die Entwicklung einer Ethik für Maschinen im Gegensatz zu einer Ethik für Menschen im Umgang mit Maschinen ist.

Catrin Misselhorn

8 Erkläre mit Hilfe des Textes, womit sich die Maschinenethik beschäftigt.

9 Bereits relativ einfache „autonome" Maschinen geraten in Situationen, in denen moralische Entscheidungen getroffen werden müssen, z. B. Rasenmäher-Roboter. Formuliere moralische Fragen, die bei der Programmierung eines solchen Roboters berücksichtigt werden müssen. Beginne so: „Darf/Soll die Maschine …?" » K2 S. 10

10 Formuliere weitere moralische Fragen, die man bei der Programmierung von anderen „autonomen" Maschinen berücksichtigen muss, wie z. B. bei autonomen Taxis, Sprachassistenten oder KI-Systemen, die Texte, Bilder, Audios oder Videos generieren.

M4 Robotergesetze

Das erste Mal tauchten [Robotergesetze] 1942 in der Geschichte „Runaround" [von Isaac Asimov] auf […]:

1. Ein Roboter darf einem menschlichen Wesen keinen Schaden zufügen oder durch Untätigkeit zulassen, dass einem menschlichen Wesen Schaden zugefügt wird.
2. Ein Roboter muss den Befehlen gehorchen, die ihm von Menschen erteilt werden, es sei denn, dies würde gegen das erste Gebot verstoßen.
3. Ein Roboter muss seine eigene Existenz schützen, solange solch ein Schutz nicht gegen das erste oder zweite Gebot verstößt.

Später ließ Asimov […] ein weiteres, das sogenannte nullte Robotergesetz aufstellen. „Ein Roboter darf der Menschheit keinen Schaden zufügen oder durch Untätigkeit zulassen, dass der Menschheit Schaden zugefügt wird." Die anderen drei Regeln wurden diesem nullten Gesetz untergeordnet.

Julia Lohrmann/Johannes Eberhorn

11 Nenne Beispielfälle, in denen Roboter oder andere Formen der künstlichen Intelligenz gegen Asimovs Robotergesetze verstoßen.

12 Beurteile, ob diese Gesetze ausreichend sind oder nicht. Falls nicht, formuliere weitere.

Künstliche vs. natürliche Intelligenz

M1 KI besteht Abi!

> [Eine Chatbot-KI] hätte in Bayern das Abitur bestanden. Computerlinguisten des Bayerischen Rundfunks haben die Künstliche Intelligenz die Prüfungen zum Beispiel in Mathe, Ethik und Deutsch machen lassen. Anschließend wurde das Ganze von echten Lehrerinnen und Lehrern bewertet. Ergebnis: [Die KI] hätte das Abi bestanden – mit einer Zwei.

www.deutschlandfunk.de

Wenn es im Schulkontext um KI geht, wird häufig über den Einsatz von sogenannten Chatbots diskutiert. Diese können scheinbar kommunizieren und alle möglichen textbasierten Aufgaben – vom Aufsatzschreiben bis zum Erstellen von Computerprogrammen – bewerkstelligen.

1 Bewerte das Abi-Experiment. Findest du das Ergebnis gut oder bedenklich?

2 Diskutiere, ob die KI, die das Abi bestanden hat, wirklich Intelligenz besitzt.

M2 Das Imitationsspiel

Im Film „The Imitation Game" (2014) wird das tragische Leben des Alan Turing (1912 – 1954) erzählt. Der britische Mathematiker knackte im Zweiten Weltkrieg die „Enigma"-Codes der deutschen Wehrmacht mit einer riesigen Rechenmaschine. So half er den Alliierten, Nazi-Deutschland zu besiegen. Mit seinem „Imitation Game", auch „Turing-Test" genannt, wollte er herausbekommen, wann Maschinen intelligent sind.

Die Frage, ab wann eine Maschine als intelligent gilt, treibt die KI-Forschung seit Jahrzehnten um. Ein Messwerkzeug, das allgemein akzeptiert wird, ist der sogenannte Turing-Test. Er wurde 1950 von dem britischen Mathematiker Alan Turing entwickelt: Ein Mensch kommuniziert über längere Zeit parallel mit einem anderen Menschen und einer Maschine ohne Sicht- oder Hörkontakt – etwa über ein Chat-Programm. Mensch und Maschine versuchen den Tester davon zu überzeugen, dass sie denkende Menschen sind. Wenn der Tester nach der Unterhaltung nicht mit Bestimmtheit sagen kann, welcher der Gesprächspartner ein Mensch und welcher eine Maschine ist, hat die Maschine den Test bestanden und darf als intelligent gelten.

Ingo Neumayer/Sabine Kern

3 Erkläre, wie das „Imitation-Game" funktioniert. Was wird dabei „imitiert"?

4 Deute das Film-Plakat. Womit könnte die Figur auf dem Bild beschäftigt sein?

5 Formuliere Kriterien für Intelligenz: Was muss eine Maschine alles können, um als intelligent zu gelten?

6 Turing sagte voraus, bis zum Jahr 2000 werde eine Maschine den Turing-Test bestehen. Damit lag er falsch. Stelle Vermutungen an, ob seine Vorhersage inzwischen zutrifft.

M3 Verstehen Sie Chinesisch?

Das Wort „Intelligenz" kommt von lateinisch intellegere – erkennen, verstehen. In dem Gedankenexperiment „Das Chinesisch-Zimmer" stellt der US-amerikanische Philosoph John Searle (geb. 1932) die Frage, ob Maschinen verstehen und entsprechend auch denken können.

Stellen Sie sich vor, Sie sind in einem Zimmer eingeschlossen. Durch einen Schlitz werden Karten mit chinesischen Schriftzeichen zu Ihnen hineingeschoben. Durch einen anderen Schlitz sollen Sie Ihrerseits Karten mit chinesischen Zeichen nach draußen reichen. Sie verstehen zwar kein Chinesisch, aber es gibt eine in Ihrer Muttersprache verfasste Anleitung, die beschreibt, auf welche Eingabezeichen Sie mit welchen Ausgabezeichen zu reagieren haben. De facto [tatsächlich] realisieren Sie auf diese Art und Weise ein Computerprogramm. Nehmen wir an, ihre Reaktionen überzeugen die chinesischen Muttersprachler außerhalb des Zimmers davon, dass Sie Chinesisch können. Dürfen wir Ihnen deshalb die Fähigkeit zuschreiben, Chinesisch zu sprechen?
Für Searle ist die Antwort klarerweise: Nein. Sie verstehen nach wie vor die Bedeutung der chinesischen Schriftzeichen nicht, obwohl Sie die Außenstehenden täuschen können. [Dasselbe gilt] für das Denken: Selbst wenn ein Computer den Turingtest besteht, gibt es keinen Grund dafür, ihm Denkfähigkeit zuzuschreiben. Searles Argument richtet sich gegen den Anspruch der [KI-Expertinnen und Experten, die behaupten], menschliches Denken nicht nur zu simulieren, sondern tatsächlich durch ein Computerprogramm nachzubilden. Der Grund dafür besteht darin, dass [ein digitaler Computer] rein syntaktisch, auf der Grundlage der formalen Eigenschaften von Zeichen, operiert und deren Bedeutung außer Acht lässt. Philosophisch gesprochen fehlt [dem Computer] Intentionalität, also die Fähigkeit, sich mit den Zeichen auf Dinge in der Welt zu beziehen. Intentionalität wird oftmals als spezifisches Merkmal des Mentalen angesehen, sei es das Denken, die Wahrnehmung, die Erinnerung oder Emotionen.

Catrin Misselhorn

7 Erkläre das Gedankenexperiment einer Partnerin oder einem Partner mit Hilfe einer Zeichnung.
» K2 S. 14

8 Arbeite aus dem Text heraus, was nach Searle für die Intelligenz bzw. Denkfähigkeit eines Computers notwendig wäre.

9 Beurteile kritisch, ob Searles Gedankenexperiment zeigen kann, dass Computer nicht denken können.

10 Manche KI-Expertinnen und Experten sind der Meinung, dass man bei der Beschäftigung mit künstlicher Intelligenz auf weitere philosophische Fragen stößt: nach der Beziehung zwischen Körper und Geist, Existenz des freien Willens oder der Möglichkeit der Unsterblichkeit. Sammle Gründe für diese Annahme.

M4 Eine Intelligenz – viele geistige Fähigkeiten

Die Frage nach der Intelligenz kann man leider nicht einmal in Bezug auf den Menschen eindeutig beantworten. Denn bereits bei dem gibt es sehr unterschiedliche Dimensionen von Intelligenz, etwa mathematische, räumliche oder emotionale. Die klassische Idee der künstlichen Intelligenz war: Eine Maschine ist dann intelligent, wenn sie Aufgaben lösen kann, die bei einem Menschen Intelligenz erfordern würden. Das ist aber keine befriedigende Definition.

Dirk Peitz im Interview mit der Philosophin Catrin Misselhorn

11 Erkläre anhand von Beispielen, warum die „klassische Idee der künstlichen Intelligenz" unbefriedigend ist.

12 Wenn man sagt: „Das Auto ist schlau, es kennt den Weg", meint man das normalerweise nicht ernst bzw. wörtlich. Diskutiere, ob es ernst gemeint ist, wenn man Computern geistige Eigenschaften wie „schlau zu sein" oder „etwas zu wissen" zuschreibt.

Roboter wie du und ich

M1 Kaputt

1 Beschreibe, welche menschenähnlichen Eigenschaften der Roboter aufweist.
2 Erkläre, warum Menschen Mitleid für den defekten Roboter auf dem Bild empfinden könnten.

M2 Mitleid mit Robotern?

Hörtext zu M2
Mediencode: 20087-04

Menschen empfinden auch Empathie mit Robotern, wenn diese nur über gewisse menschenähnliche Eigenschaften verfügen, auch wenn sie keinen sehr hohen Grad an Menschenähnlichkeit aufweisen. [...] Wie empirische Studien belegen, sind bereits recht schlichte Modelle in der Lage, Empathie auszulösen, und zwar nicht etwa nur bei besonders empathiefähigen Menschen, sondern bei Menschen mit normal ausgeprägter Fähigkeit zur Empathie. Vor einigen Jahren ging ein Videoclip in den sozialen Medien viral, in dem zu sehen ist, wie ein Atlasroboter [so heißen die menschenähnlichen Roboter] der Firma Boston Dynamics [...] getreten und mit Stühlen und Stangen geschlagen wird. Die Filmsequenz löste eine Welle von Empathie für den Roboter aus. [...] Generell lässt sich nachweisen, dass bei der Empathie mit Robotern ähnliche Gehirnareale aktiviert werden wie bei der zwischenmenschlichen Empathie. [...] Ähnlich wie ein eigener Schmerzzustand wird dieses Gefühl als schlecht empfunden. Das führt zu einer negativen affektiven Bewertung der Schmerzen des Roboters. [Doch] diese Disposition führt im vorliegenden Fall nicht zu einem entsprechenden Urteil, weil wir nicht glauben, dass Roboter Schmerzen haben. Allerdings sind Emotionen rationaler Kontrolle nicht vollkommen zugänglich. Ebenso bleibt das empathische Gefühl weiterhin bestehen, obwohl wir der Meinung sind, dass Roboter keine mentalen Zustände besitzen. Das Gefühl und die Meinung stehen in beiden Fällen in einem Konflikt miteinander.

Catrin Misselhorn

3 Erkläre, was laut Text dazu führt, dass Menschen Empathie für Roboter empfinden.
4 Erläutere, wie es zu dem Konflikt zwischen empathischem Gefühl und rationaler Überzeugung im Umgang mit Robotern kommt.
5 Diskutiere, welche moralischen Folgen es hat, wenn Menschen Mitgefühl für Roboter empfinden.
6 Beschreibe die Situation, in der Menschen Empathie für Roboter empfinden, obwohl sie wissen, dass Roboter keine Gefühle haben. » K2 S. 8

M3 Sollten Roboter Rechte haben?

Bisher ist noch niemand auf die Idee gekommen, die Normen des deutschen Tierschutzgesetzes auf Roboter anzuwenden oder ihnen gar Menschenrechte zuzuerkennen. Es besteht ein praktischer Konsens darüber, dass Computer und Roboter keine mentalen Eigenschaften haben. Wir sind uns weitgehend einig darüber, dass im Gegensatz zu Tieren – denen Leidensfähigkeit zugesprochen wird – Roboter keine Empfindungsfähigkeit aufweisen. [...] Nichts spricht dafür, dass auch die komplexesten Softwaresysteme über Bewusstsein verfügen. Wäre es so, müssten wir den weiteren Umgang mit ihnen ab sofort streng reglementieren und die Grund- und Menschenrechte auch auf diese anwenden. [...] Wenn wir davon ausgehen, dass von uns geschaffene Roboter personale Wesen sind, die mit einer Identität, mit Handlungsverantwortung, Autonomie und der damit einhergehenden individuellen Würde ausgestattet sind – eine sogenannte e-Person (elektronische Person) also –, dürften die betreffenden Softwaresysteme dann in Analogie zum informationellen Selbstbestimmungsrecht menschlicher Individuen nicht mehr manipuliert werden, denn dies widerspräche dem kantischen Instrumentalisierungsverbot von Vernunftwesen.

Julian Nida Rümelin/Nathalie Weidenfeld

7 Vergleiche die Eigenschaften von menschlichem Bewusstsein und Empathie mit den Möglichkeiten und Grenzen künstlicher Intelligenz, wie sie im Text beschrieben werden.

8 Beschreibe anhand von Alltagssituationen, was Roboter tun dürften, wenn wir ihnen Grund- und Menschenrechte einräumen würden.

9 Analysiere die Argumentation des Textes, warum es möglich sein könnte, dass KI-Systeme ein Bewusstsein entwickeln und darunter leiden könnten.

M4 Roboter in der Pflege: Pepper

Die Nutzung von Robotern im Pflegebereich bietet sowohl Chancen als auch Herausforderungen. Ein Beispiel dafür ist der Roboter „Pepper", der in Pflegeeinrichtungen in Bayern eingesetzt wird, um das Pflegepersonal zu unterstützen und die Lebensqualität der Pflegebedürftigen zu verbessern.

Peppers Tagwerk heute: Witze erzählen. Märchen vorlesen. Tiere nachmachen. Musik spielen. Das aktuelle Wetter ansagen – und das jüngste Bundesligaergebnis von Bayern München. Außerdem: Sich mit den Gästen und Pflegekräften der Einrichtung unterhalten. Sie zum Lachen bringen. Zum Tanzen. Und zum Trinken. Und so weiter [...]. [...] Pepper kann auf die individuellen Bedürfnisse an seinem Einsatzort angepasst werden. [...] Pepper soll im Laufe der Zeit noch eine ganze Menge dazulernen. Er soll etwa Trinkprotokolle führen, Vitalwerte erfassen und Anhaltspunkte zur Tragfähigkeit von Therapien liefern. Die Daten, die der Computer erhebt, können bald auf den Rechnern der Einrichtung einsehbar sein und jeden Abend vom Pflegeteam ausgewertet werden. [...] Pepper, so die Erwartungen in Bayern, soll den täglichen Pflegealltag des Personals erleichtern, indem er einfache, wiederkehrende Aufgaben übernimmt. Das Modellprojekt soll laut einer Mitteilung aus dem Bayerischen Staatsministerium für Gesundheit und Pflege Aufschluss darüber liefern, „wie sich der Einsatz von Digitalisierung auf das Wohl von Pflegebedürftigen und auf die Entlastung von Pflegekräften auswirkt".

Nora Schmitt-Sausen

10 Analysiere die ethischen Aspekte des Einsatzes von Robotern in der Pflege. Welche Bedenken könnten aufkommen und wie könnten diese adressiert werden?

11 Recherchiere, wie (Pflege-)Roboter in anderen Ländern eingesetzt werden. Wähle zwei Länder aus und vergleiche die Nutzung und Akzeptanz von (Pflege-) Robotern in diesen Ländern mit der Situation in Deutschland. Welche Unterschiede und Gemeinsamkeiten findest du?

KI – Chancen und Risiken

M1 KI, dein Freund und Helfer?

1 Beschreibe die beiden Bilder. Welche Technologien sind dargestellt?

2 Erkläre, welcher Nutzen und welche Gefahren mit den dargestellten KI-Technologien verbunden sind.

M2 Virtuelle Assistenten

Der Fachbegriff für Systeme wie Alexa ist *virtual assistant*. Oft werden sie auch nur kurz Bots genannt. [...] Nutzer erwarten [von den Bots] zum einen immer präzisere Antworten auf immer komplexere Problemstellungen. Für die Antwort muss ein virtueller Assistent [...] zuverlässig Informationen recherchieren, [anhäufen] und gemäß der Vorgaben als Entscheidungsgrundlage aufbereiten. Zudem besteht berechtigte Hoffnung, dass wir eine Reihe nicht ganz so komplizierter, aber lästiger Alltagsentscheidungen nicht mehr selbst treffen müssen, sondern dass wir diese an intelligente Maschinen delegieren können. *Virtual assistants* werden rechtzeitig Druckerpatronen nachbestellen, keine Zahlungsfrist einer Rechnung übersehen, aber auch deutlich öfter merken als der Mensch, wenn die Rechnung zu hoch ist, und dann die Zahlung verweigern. [...] Zielgruppe sind Menschen, die keinen menschlichen persönlichen Assistenten haben. [...]

In wenigen Jahren werden wir viele Entscheidungen im Alltag an aus Daten lernende Assistenten delegieren. Die Systeme werden Toilettenpapier und Hauswein ordern, denn sie kennen unseren Verbrauch. KI wird unsere Geschäftsreise organisieren und uns anbieten, alles nach einem kurzen Kontrollblick mit einem Klick zu buchen. Den einsamen Herzen wird sie Partner vorschlagen, die mit deutlich höherer Wahrscheinlichkeit interessant für sie sind als die Vorschläge heutiger Singlebörsen.

Thomas Ramge

3 Verfasse eine Definition des Begriffs „virtual assistant" und notiere Einsatzbereiche.

4 Beschreibe die Erwartungen, die Nutzer an virtuelle Assistenten haben, insbesondere im Hinblick auf die Qualität der Antworten und die Erledigung von Aufgaben.

5 Beurteile, welche Auswirkungen es hat, wenn du Technologien verwendest, die alltägliche Aufgaben für dich erledigen. » K3 S. 17

M3 Die wahre Gefahr liegt woanders

Selbst Entwickler warnen inzwischen vor Kontrollverlust oder gar der Auslöschung der Menschheit durch eine Künstliche Super-Intelligenz. Der Soziologe Mathias Greffrath hält solche Ängste für übertrieben und meint, dass diese die tatsächlichen Probleme überdecken.

Im Frühjahr warnten führende Entwickler von „künstlicher Intelligenz" vor den Gefahren dieser Technologie. Unkontrolliert könnte sie unzählige Menschen überflüssig machen, die Welt mit Fake News überschwemmen oder gar – ultimative Steigerung – die Menschheit auslöschen. Eine Menschheit, der die Arbeit ausgeht, die mit manipulativem Marketing in Trab gehalten und mit kultureller Billigware stillgestellt wird, in der Trolle und Fake News die Demokratie zersetzen und Menschen, die über die leistungsfähigsten Apps verfügen, einen Vorsprung vor den anderen haben – diese Gefahr ist jedenfalls realistischer als eine diabolische KI, die die Menschheit auszulöschen droht. Die Möglichkeit dafür ist immer noch da. Aber das Fenster für die Durchsetzung neuer politischer Institutionen und Regeln und eine Zähmung der von Oligarchien getriebenen Umwälzungen schließt sich rasant. Es geht dabei um mehr als nur um die Kontrollen von Missbrauch. Es geht um unser Verständnis von Leben und Zusammenleben: Wollen wir die Alten von Robotern pflegen lassen? Wollen wir lebendige Lehrer durch Lernautomaten ersetzen? Und wollen wir die Erziehung zur Mündigkeit in einer komplexen Weltgesellschaft durch digitale Kontrollen ersetzen lassen?

Mathias Greffrath

6 Fasse die Hauptaussagen des Textes zusammen.

7 Erörtere die langfristigen gesellschaftlichen Auswirkungen, die der Autor für die KI voraussieht. Wie könnte sich unser Leben und Zusammenleben durch die beschriebenen Gefahren verändern?

8 Diskutiere, inwiefern Maßnahmen ergriffen werden sollten, um die von Greffrath beschriebenen Gefahren der KI zu minimieren. Welche Rolle spielen dabei politische Institutionen und Regelungen?

9 Formuliere eine eigene Hypothese darüber, wie die Gesellschaft in zehn Jahren aussehen könnte, wenn die von Greffrath beschriebenen Gefahren der KI Realität werden. Welche Entwicklungen erwartest du?

M4 Unterstützung, aber

KI-Systeme werden zunehmend in Bereichen wie dem Gesundheitswesen, der Strafverfolgung und sozialen Diensten eingesetzt. Diese Technologien können die Effizienz und Entscheidungsfindung verbessern, bringen jedoch auch erhebliche ethische Herausforderungen mit sich.

Stanford University Human-Centered AI (HAI) Report 2021

10 Stelle die potenziellen Vorteile und Nachteile des Einsatzes von KI in einem der Bereiche (z. B. Gesundheitswesen) einander gegenüber. Welche Aspekte überwiegen deiner Meinung nach?

11 Beurteile, ob die Nutzung von KI in einem der genannten Bereiche gerechtfertigt ist. Welche Bedingungen müssten erfüllt sein, um eine ethisch vertretbare Anwendung sicherzustellen?

KI kommt von „Kunst“

M1 Künstliche Kunst?

1 Beschreibe das Bild. Wen und was stellt es dar?
2 Beschreibe, woran man erkennen kann, dass das Bild von einer KI erstellt wurde.

M2 Kunst und Urheberrecht

Kelly McKernan, Karla Ortiz und Sarah Andersen sind sehr unterschiedliche Künstlerinnen. Was die drei Frauen vereint: Sie wollen nicht, dass ihre Werke ohne ihre Zustimmung dafür verwendet werden, eine künstliche Intelligenz zu trainieren, und sehen durch die erschaffenen Werke ihre Urheberrechte verletzt. Deshalb verklagen sie die Anbieter der KI-Bildgeneratoren Midjourney und Stable Diffusion.
Dienste wie DALL·E, Midjourney und Stable Diffusion nutzen Methoden des maschinellen Lernens, um anhand von Texteingaben wie „eine Katze mit Sonnenbrille in einem Pariser Café im Stile von van Gogh, circa 1920“ ein entsprechendes Bild zu erstellen. So beeindruckend die Technologie sein mag: Sie wirft kulturelle, moralische und nicht zuletzt juristische Fragen auf. Etwa wem die mithilfe einer künstlichen Intelligenz erschaffenen Werke eigentlich gehören und mit welchem Recht sich die Entwickler an bereits vorhandenen Werken bedienen dürfen. Wie andere Künstlerinnen und Künstler fand auch Andersen nach der Vorstellung von DALL·E, Midjourney und Stable Diffusion (drei der beliebtesten KI-Bildgeneratoren) relativ schnell heraus, dass ihre Werke für die Erschaffung neuer Bilder verwendet werden. Und nicht nur das: Indem man die Texteingabe gezielt mit „im Stil von Sarah Andersen“ anpasst, generieren die Modelle neue Comics, die zwar nicht ganz perfekt sind, aber dennoch zweifelsfrei Andersens Stil imitieren. […] Die KI-Bildgeneratoren verletzen laut den Klägern die Rechte von Künstlern, da sie keine Zustimmung für die Verwendung (consent), keine Nachweise (credit) und keine Entschädigung (compensation) ermöglichen. […] Das US-Urheberrecht etwa besagt, dass ein allgemeiner Stil nicht geschützt werden kann, sondern nur konkrete Werke. Wenn die Modelle aber keine konkreten Werke speichern, könnte es für die Kläger auch schwer werden, konkrete Urheberrechtsverletzungen vorzulegen.

Eike Kühl

3 Erkläre mit Hilfe des Textes, welche rechtlichen Probleme mit der Nutzung von KI-Bildgeneratoren verbunden sind.
4 Beurteile, ob du die Klage der Künstlerinnen gegenüber den Anbietern der Bildgeneratoren richtig findest.
5 Diskutiere, ob und wie die Nutzung von KI-Bildgeneratoren reguliert werden sollte, um die Rechte der Künstlerinnen und Künstler zu schützen.

M3 Wann ist Kunst Kunst?

Die Frage, ob KI richtige Kunst erschaffen kann, ist durchaus umstritten, und ihre Beantwortung hängt vor allem von der Perspektive ab. Schaut man auf den oder die Urheber eines Kunstwerks, oder bemisst man Kunststücke anhand der Wirkung, die sie zu erzeugen vermögen? Der Zukunftsforscher Bernd Flessner bewertet KI-Kunst vor allem mit Blick auf das Publikum. „Wenn ein Kunstwerk für die Rezipienten, die ein Bild anschauen, ein Musikstück anhören oder ein Buch lesen, etwas aussagt, dann ist es Kunst, völlig unabhängig davon, wie sie entstanden ist", meint der Erlanger Wissenschaftler. Ein Algorithmus könne demnach genauso schöpferisch tätig werden wie ein Mensch. Auch für den Neurowissenschaftler Bethge erfüllen Maschinen schon heute die klassischen Kriterien menschlicher Kreativität. „Die moderne Form der KI sammelt Erfahrungen, analysiert Strukturen, löst sich dann von der Vergangenheit und schafft auf dieser Basis etwas Neues, Überraschendes. Anders macht das ein kreativer Mensch auch nicht." [...] Während Software sich handwerklich immer weiter den menschlichen Künstler*innen annähert, fehlt ihr allerdings jedes Bewusstsein für soziale, emotionale oder gesellschaftliche Faktoren – und damit ein ganz zentraler Antrieb kreativen Schaffens. Soziologisch gesehen ist sie eine Kreuzung aus blindem Spiegel und Fachidiot. [...] „Wir Menschen können auf Schätze visueller, akustischer und geschriebener Daten zurückgreifen und diese auf überraschende Art miteinander kombinieren. KI aber basiert auf sehr begrenzten Datenbeständen." Mit anderen Worten: Zwar können Maschinen riesige Datenbestände auswerten und verarbeiten. Ihre Fantasie reicht aber immer nur so weit wie der Datensatz, den man ihr vorgibt – Querverbindungen zu anderen Lebens- und Erfahrungsbereichen zieht sie nicht.

Harald Willenbrock

6 Beschreibe die Hauptargumente des Textes zur Frage, ob KI kreativ sein kann.

7 Bewerte die Aussage, dass ein Kunstwerk unabhängig von seiner Entstehung als Kunst betrachtet werden kann, wenn es für die Rezipienten etwas aussagt. Stimmst du dem zu?

8 Erörtere die langfristigen Auswirkungen der Nutzung von KI in der Kunst auf die traditionelle Kunstszene und auf die Definition von Kreativität. » K1 S. 12

M4 Die Wahrheit von Bildern

Auch wenn Menschen noch recht gut darin sind, gefälschte Videos zu erkennen, tun sie sich mit Bildern deutlich schwerer. So konnten menschliche Probanden [Versuchspersonen] in einer 2021 veröffentlichten Studie nicht unterscheiden, ob Porträtbilder echt oder von einer KI erzeugt wurden. Das ist ein Problem, erklärt der Informatiker Philipp Slusallek vom Deutschen Forschungszentrum für Künstliche Intelligenz (DFKI). „Für uns spiegeln Bilder meist die Realität wider. Selbst wenn sich hinterher herausstellt, dass ein Bild eine Fälschung war, bleibt immer etwas im Gedächtnis hängen." Daher ist es wichtig, Methoden zu entwickeln, um Fälschungen aufzuspüren. In den letzten Jahren gab es einige Fortschritte auf diesem Gebiet.

Manon Bischoff

Hörtext zu M4

Mediencode: 20087 05

9 Erkläre, was Philipp Slusallek mit diesem Zitat aussagen möchte.

10 Analysiere die Aussage, dass „immer etwas im Gedächtnis hängen bleibt", auch wenn ein Bild als Fälschung enttarnt wird. Welche ethischen Bedenken ergeben sich daraus?

11 Erörtere die langfristigen Auswirkungen von KI-generierten Bildern auf unsere Gesellschaft. Wie könnten sie unser Verständnis von Wahrheit und Realität verändern?

Zeig, was du kannst!

Das Wichtigste in Kürze

Robotergesetze – Turing-Test – Das Chinesisch-Zimmer – Empathie für Roboter – Rechte für Roboter – Virtuelle Assistenten – Nutzen und Gefahren von KI – Urheberrechte – KI und Kunst

Über Robotermoral, Intelligenz, KI-Risiken und KI-Kunst

Die Erschaffung von Maschinen mit menschlichen Eigenschaften ist ein alter Menschheitstraum. Seit immer mehr selbstgesteuerte, „autonome" Maschinen in unserem Alltag auftreten, wird auch die Frage nach ihrer moralischen Entscheidungsfähigkeit dringender. Diese Fähigkeit gehört zum Kernbereich dessen, was wir als Intelligenz bezeichnen. In der Philosophie diskutiert man seit langem, ob Maschinen echte umfassende Intelligenz erlangen können. Besonders bei Science-Fiction-Filmen zeigt sich immer wieder, dass Menschen Empathie und Mitgefühl mit menschenähnlichen Robotern empfinden. Philosophisch herausfordernd ist die Frage, wie wir mit solchen Maschinen umgehen müssten. Würden wir ihnen bestimmte Rechte zusprechen? Science-Fiction-Filme thematisieren auch die Angst vor einer weltweiten Kontrollübernahme durch eine künstliche Super-Intelligenz. Aber auch die „schwachen" KI-Formen bergen Gefahren, wie das unkontrollierte Sammeln persönlicher Daten und das unüberlegte Abtreten von Verantwortung an Maschinen, z. B. bei autonomen Fahrzeugen. Auch unser Umgang mit Bildern verändert sich. Die technische Möglichkeit, beliebige Bilder mittels KI-Tools zu erzeugen, zerstört unser Vertrauen in den Wahrheitsgehalt fotografischer Aufnahmen und verändert unsere Vorstellung von Kreativität und Urheberschaft.

Kompetenz-Check

M Künstliche Intelligenz „in freier Wildbahn"

[Aljoscha Burchardt vom Deutschen Forschungszentrum für Künstliche Intelligenz] fragt: Kann eine KI eine Dreijährige trösten? Anders als kognitives [auf dem Denken beruhendes] Wissen könne man sich emotionale Intelligenz nicht anlesen, argumentiert Burchardt; um sie zu entwickeln, müsse man selbst wissen, wie sich etwa Wut oder Trauer anfühle. [...] Echte Denkfähigkeit lasse sich eben nicht in „einer hochgradig artifiziellen Situation wie dem klassischen Turing-Test überprüfen", argumentiert die Philosophin und KI-Expertin Catrin Misselhorn von der Uni Göttingen. Eine echte künstliche allgemeine Intelligenz müsste sich vielmehr „in freier Wildbahn" bewähren, sagt Misselhorn – ergänzt allerdings sofort: „Sollten wir das anstreben? Eher nicht, denn eine allgemeine KI mit derartigen Fähigkeiten könnten wir nicht mehr wie einen Maschinensklaven behandeln."

Ulrich Schnabel

1 Diskutiere, wie gut mit dem Turing-Test überprüft werden kann, ob eine Maschine Intelligenz besitzt.

2 Gib wieder, welche rechtlichen Probleme mit der Nutzung von KI-Bildgeneratoren verbunden sind.

3 Beschreibe Situationen, in denen Roboter Empathie für Menschen empfinden. Wie müsste sich ein „empathischer" Roboter verhalten? » K2 S. 8

4 Erörtere ausgehend vom Text, welche Auswirkungen es hätte, wenn hochentwickelte KI häufig in unserem Alltag auftauchen würde. » K1 S. 12

Werkstatt

KI-generierte Texte, Bilder oder Musikstücke herstellen und bewerten

Gruselt es dich beim Anblick von menschenähnlichen Robotern oder Robotertieren? Ist es dir unangenehm, künstliche Stimmen zu hören?

Bringe dieses Unbehagen oder Gruselgefühl in einem kleinen „Kunstwerk" zum Ausdruck, das mit Hilfe einer KI erstellt wurde.

Folgende Tipps helfen dir dabei:

1. Informiere dich über das Phänomen des „Uncanny Valley".
2. Notiere die Punkte, die dir bei dem Thema wichtig sind.
3. Entscheide dich für eine Darstellungsform: Text (Erzählung, Gedicht), Bild (Foto, Gemälde) oder Musik (Song, Instrumentalstück).
4. Wähle ein geeignetes KI-Tool.
5. Probiere unterschiedliche Eingabebefehle aus, die deine wichtigen Punkte zum Thema berücksichtigen.
6. Wähle das beste Produkt aus.
7. Präsentiere dein Produkt in der Gruppe:
   - Was war dir an dem Thema „Uncanny Valley" wichtig?
   - Warum hast du dich für diese Darstellungsform entschieden?
   - Wie wirkt „dein Werk" auf die anderen?
8. Berichte über deine Erfahrungen mit dem KI-Tool:
   - Welches Tool wurde ausprobiert?
   - Wie gut war das Ergebnis?
   - Ist der Einsatz des Tools für diesen Zweck zu empfehlen?

Worauf es ankommt

- ☑ wichtige Ideen zum Thema notieren
- ☑ die Wahl der Darstellungsform begründen
- ☑ verschiedene Eingabebefehle für das KI-Tool ausprobieren
- ☑ über Erfahrungen mit dem KI-Tool berichten

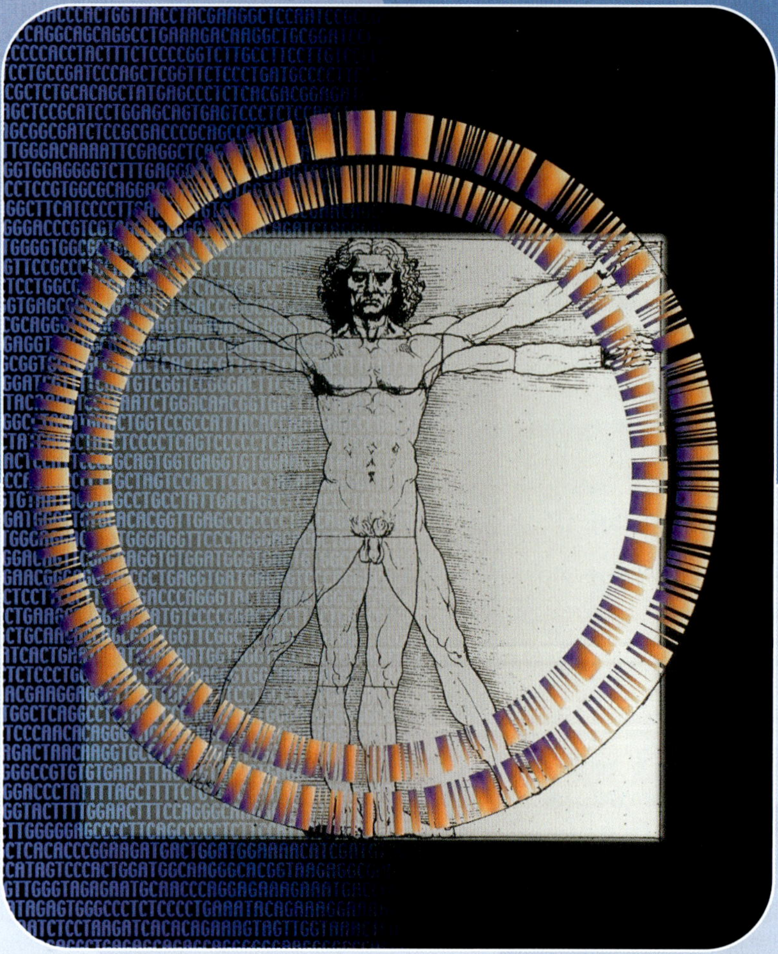

Wie fühlt sich „gesund sein" an?

Gilt ein Embryo schon als Mensch?

Womit befasst sich die Medizinethik?

Wann ist eine medizinische Entscheidung gut?

Welche Rolle spielt die Herkunft in der Medizin?

Mensch, Natur und Technik

> Ethik in der Medizin verstehen

WERKSTATT

Wie weiter? – Medizinische Konfliktsituationen am Runden Tisch diskutieren

Ein Runder Tisch wird oft als symbolische Sitzordnung eingesetzt. Sie will deutlich machen, dass bei der Klärung von kontrovers diskutierten Fragen alle Interessengruppen am Runden Tisch gehört werden. Alle wirken an der Bewältigung einer Krisensituation gleichberechtigt mit und streben eine gemeinsame Lösung an. Insbesondere bei medizinischen Konfliktsituationen müssen folgenschwere Entscheidungen getroffen werden, die für alle Beteiligte eine ethische Herausforderung darstellen können.

Entscheide dich gemeinsam mit deinen Mitschülerinnen und Mitschülern für ein Thema, das ihr am Runden Tisch diskutieren werdet. Suche verschiedene Positionen des Themas heraus und stelle in gemeinsamer Absprache die Teilnehmerinnen und Teilnehmer des Runden Tisches zusammen. Jede bzw. jeder übernimmt eine Perspektive und vertritt deren Position. Auch eine Moderatorin, ein Moderator und eine Person für das Protokollieren soll benannt werden. Das Publikum hört zunächst der Diskussion zu, beteiligt sich aber anschließend selbst durch Fragen und kleinere Wortmeldungen.

Für eine spannende und zielführende Diskussion ist eine gute Vorbereitung wichtig. Auch die Dokumentation der Beiträge ist sinnvoll. So können die Argumente und Positionen auch später noch nachvollzogen werden.

Themenvorschläge:
- Schwangerschaftsabbruch
- Organspende
- Retter-Geschwister

Hauptsache gesund

M1 Wie geht es dir?

Jan Rieckhoff

Ich fühle mich heute so schlapp.
Ich habe das Gefühl, ich bin krank.

Der Arzt hat mich krankgeschrieben,
er meint ich habe Burn-out
und muss in die Klinik.

Meine Blutwerte sind schlecht,
ich muss Medikamente nehmen.

Ich habe Bauchschmerzen, aber meine Mutter will mir keine Entschuldigung schreiben.
Sie meint, ich will mich nur
vor der Mathearbeit drücken.

1 Untersuche die Karikatur und erkläre, worin der Witz besteht.
2 Erstelle einen Zusammenhang zwischen den Aussagen und dem Bild und diskutiere in der Gruppe, nach welchen Kriterien beurteilt werden kann, wann jemand krank ist.
3 Sammle Merkmale, an denen wir erkennen, ob jemand gesund oder krank ist.

M2 Gesundheit, eine Frage der Definition?

„Gesundheit ist ein Zustand des vollständigen körperlichen,
geistigen und sozialen Wohlergehens
und nicht nur das Fehlen von Krankheit oder Gebrechen."

Aus der Präambel der Verfassung der Weltgesundheitsorganisation WHO von 1948

4 Beschreibe, was du unter Gesundheit verstehst, und vergleiche deine Auffassung mit der Definition.
5 Finde jeweils Beispiele für körperliches, geistiges und soziales Wohlergehen sowie für mangelndes Wohlergehen und Unwohlsein.
6 Begründe, warum das bloße Fehlen von Krankheit oder Gebrechen nicht für die Definition von Gesundheit ausreicht.
7 Diese Definition wird unter Fachleuten zum Teil kritisiert. Notiere Vor- und Nachteile dieser Bestimmung von Gesundheit.

M3 Wer bestimmt darüber, ob jemand krank ist?

Was eigentlich „gesund" oder „krank" bedeutet, lässt sich nicht ohne Weiteres klären. Diese Schwierigkeit hat verschiedene Ursachen: Zunächst geht es um die Frage, wer eigentlich darüber entscheidet, ob ich „krank" oder „gesund" oder vielleicht etwas Dazwischenliegendes bin, ob ich also die bleibenden Folgen einer an sich überstandenen Krankheit verspüre. Stelle z. B. ich selbst fest: „Ich bin krank", so kann das unterschiedliche Folgen auslösen: Meine Angehörigen könnten antworten: „Dann lass dich doch behandeln", oder auch: „Du brauchst dich doch bloß eine Stunde auszuruhen, dann geht es schon wieder." Hier stößt also ein subjektives Empfinden auf Erwartungen oder Haltungen meiner Umwelt. Andererseits könnte auch meine Umwelt feststellen, dass ich „krank" sei, weil beispielsweise eine Veränderung eingetreten ist: „Du siehst aber heute blass aus", oder: „Ich rate Ihnen dringend, sich möglichst bald dieser Behandlung zu unterziehen, sonst könnten Sie für den Rest Ihres Lebens damit zu tun haben." In beiden Fällen ist es zweckmäßig, dass sich Patienten, Angehörige und medizinische Fachleute über zwei Fragen verständigen: „Bin ich wirklich krank?" und „Was bedeutet eigentlich Gesundheit für mich bzw. für den anderen?" Anders ausgedrückt: Eine objektive Tatsache „Krankheit" oder auch „Gesundheit" lässt sich keinesfalls immer feststellen. Neben subjektivem Empfinden spielen Auffassungen der näheren (z. B. Angehörige) oder ferneren Umwelt (bis hin zu religiösen oder pseudo-religiösen Haltungen) eine Rolle.

Werner Fuß

8 Fasse die wichtigsten Aussagen des Textes zusammen. Warum ist die Bestimmung von Gesundheit bzw. Krankheit so schwierig?

9 Erkläre mit Hilfe von Beispielen, in welchem Verhältnis die drei Aspekte – persönliches Befinden, Zuschreibung der Umwelt und medizinischer Befund – zueinander stehen und wie sie sich gegenseitig beeinflussen können.

10 Formuliere ethische Fragen, die sich aus der komplexen Bestimmung von „gesund" und „krank" ergeben und für das Zusammenleben wichtig sind.
» K2 S. 10

M4 Gesundheit, ein hohes Gut

Eltern wurden befragt, wie wichtig sie für die Zukunft ihrer Kinder die folgenden Aspekte finden.

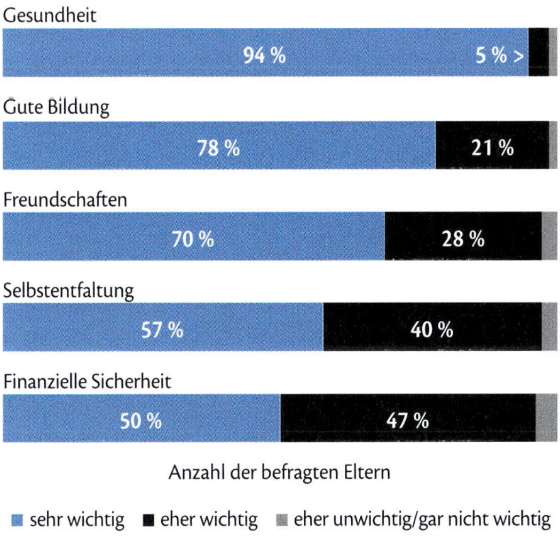

nach Statista 2024

11 Analysiere das Diagramm und fasse deine Ergebnisse zusammen.

12 Beantworte die Frage für dich. Vergleiche dein Ergebnis mit den Aussagen der Eltern.

13 Gesundheit ist ein hohes Gut, sagen viele. Erkläre, was du bereit bist für deine Gesundheit aktiv zu tun. Worauf würdest du für sie verzichten? Wofür würdest du deine Gesundheit aufs Spiel setzen?

Arzt des Vertrauens!

M1 In der Arztpraxis

Ich weiß genau, was das Beste für Sie ist. ①

Nur Sie können entscheiden, was das Beste für Sie ist. ②

Ich kann Ihnen gerne helfen herauszufinden, was für Sie am besten ist. ③

Wir sollten jetzt zusammen überlegen, was das Beste ist. ④

1 Stell dir vor, du bist in einer Arztpraxis und hörst diese vier Sätze. Zu welcher Ärztin oder welchem Arzt würdest du in Behandlung gehen? Begründe deine Entscheidung.

2 Diskutiere in der Gruppe, mit welchem Satz die Ärztin oder der Arzt das Gespräch über die anstehende Behandlung fortsetzen sollte.

M2 Ärztliche Ethik

Ein wichtiger Bereich der Medizin-Ethik befasst sich mit der persönlichen Arzt-Patient-Beziehung.

Das *paternalistische* Modell geht davon aus, dass es allgemein geteilte objektive Kriterien gibt, nach denen bestimmt werden kann, was das Beste ist. Folglich kann der Arzt unter eingeschränkter Beteiligung des Patienten beurteilen, was in dessen bestem Interesse wäre. […]

Das *informative* Modell setzt eine ziemlich klare Unterscheidung zwischen Tatsachen und deren Bewertung voraus. Die Wertvorstellungen des Patienten sind genau definiert und bekannt; dem Patienten fehlen lediglich die Fakten. Der Arzt ist verpflichtet, für alle verfügbaren Informationen zu sorgen. Von den Wertvorstellungen des Patienten hängt es dann ab, welche Behandlung durchgeführt wird. […]

Gemäß dem *interpretativen* Modell sind die Wertvorstellungen des Patienten nicht unbedingt festgelegt und diesem selbst bewusst. Sie sind häufig unvollständig und vom Patienten vielleicht nur teilweise verstanden. Folglich muss der behandelnde Arzt diese Wertvorstellungen klären und in einen kohärenten Zusammenhang bringen. […] [D]er Patient wird sich klarer darüber, wer er ist und wie sich die verschiedenen medizinischen Möglichkeiten auf seine Identität auswirken.

[…] [Im] *deliberative[n]* Modell [ist das] Anliegen der Arzt-Patient-Interaktion [ ], dem Patienten bei der Bestimmung und Auswahl der Behandlungsziele zu helfen. Zu diesem Zweck muss der Arzt über die klinische Situation informieren und helfen, die Wertvorstellungen herauszuarbeiten, die mit den verfügbaren Möglichkeiten realisiert werden können. Es ist dabei Aufgabe des Arztes, darauf hinzuweisen, warum bestimmte gesundheitliche Wertvorstellungen sinnvoller sind und deshalb auch angestrebt werden sollten.

Ezekiel Emanuel/Linda Emanuel

3 Füge in einer Tabelle stichwortartig zusammen, welche Rolle der Arzt und welche der Patient in den einzelnen Modellen einnimmt.

4 Entwirf einen Plan im Umgang mit Ärztinnen und Ärzten. Was erwartest du von ihnen und welches Modell bevorzugst du?

5 Ordne die Aussagen des Arztes in M1 den einzelnen Modellen zu.

M3 Ethik der Medizin

[In der Medizinethik] geht es um alle ethischen Fragen, die mit medizinischem Handeln zu tun haben. Medizinethik umfasst mehrere Dimensionen: Zunächst geht es um die *persönliche Dimension*. Dieser Aspekt ist jedem Menschen aus eigener Erfahrung bekannt: die persönliche Arzt-Patient-Beziehung. [...] Dazu tritt eine *sozio-ökonomische Dimension*; dabei steht die Verteilung begrenzter Ressourcen nach ethischen Prinzipien im Mittelpunkt. In Abhängigkeit von der wirtschaftlichen Leistungsfähigkeit einer Gesellschaft gelten manche Leistungen des Gesundheitssystems als frei verfügbar. [...] Andere Leistungen des Gesundheitssystems wie intensivmedizinische Maximalversorgung oder Organtransplantationen sind nur in beschränktem Maße verfügbar. In beiden Fällen entsteht die Forderung, die Verteilung dieser begrenzten Ressourcen nach ethischen Grundsätzen vorzunehmen. [...]
Diese Entscheidungen können unterschiedlichen Prinzipien folgen: Soll derjenige Patient bevorzugt ein Organtransplantat erhalten, der die besten Erfolgsaussichten hat [...] oder soll jeder Transplantationskandidat eine „gleich faire" Chance auf Behandlung haben [...]? Als Drittes ist eine *weltanschaulich-politische Dimension* zu nennen. Diese Dimension wird fast ausschließlich im Kräftefeld von Politik, Justiz und weltanschaulicher Überzeugung verhandelt. [...] Medizinethik ist hier nicht mehr mit „ärztlicher Ethik" im Sinn einer individuellen Arzt-Patient-Beziehung zu vergleichen. In dieser Dimension einer Ethik in der Medizin werden gesetzlich verbindliche Vorgaben gemacht, die von der Medizin als Ausführungsorgan umgesetzt werden. Generell gilt: Wir alle sind von medizinethischen Fragestellungen unmittelbar betroffen, sei es als jetzige oder künftige Patienten, als Angehörige oder einfach als Mitmenschen.

Werner Fuß

6 Erstelle mit Hilfe von M2 und M3 eine gut strukturierte und anschauliche Präsentation für deine Lerngruppe zum Thema Medizinethik. » K2 S. 14

7 Die Verteilung begrenzter Ressourcen wirft immer die Frage nach einer gerechten Verteilung auf. Formuliere Entscheidungskriterien dafür, in welcher Reihenfolge Patienten in der Notaufnahme behandelt werden sollen. Z. B. Dringlichkeit, Privat- oder Kassenpatient.

8 Nenne Fallbeispiele, in denen sich Konflikte bei der Verteilung von medizinischen Ressourcen ergeben können. Z. B. Organtransplantation.

9 Der Autor behauptet: „wir alle sind von medizinethischen Fragestellungen unmittelbar betroffen". Stütze diese Aussage durch Beispiele für alle drei Dimensionen der Medizinethik.

M4 Die Schwäche des Patienten

Ein grundlegendes Charakteristikum der Arzt-Patient-Beziehung ist ihre *Asymmetrie* [Ungleichmäßigkeit]. Der Patient begegnet dem Arzt als Hilfesuchender in einer häufig existentiellen Notlage, getragen von dem Vertrauen, dass der Arzt dank seiner Fachkompetenz die Krankheit zu heilen oder zumindest die Beschwerden zu lindern vermag. Aufgrund seiner Erkrankung ist der Patient verletzlich, von anderen abhängig und folglich in einer schwachen Position.

Georg Mackmann/Matthias Bormuth

10 Erkläre, warum die Arzt-Patient-Beziehung grundsätzliche ein asymmetrisches Verhältnis ist.

11 Mache Vorschläge, wie die Unabhängigkeit des Patienten trotz dieser Asymmetrie garantiert werden kann.

Ethische Fragen zum Beginn des Lebens

M1 Wie entsteht menschliches Leben?

Auf die Frage, wie menschliches Leben entsteht und wann es beginnt, haben die Menschen im Laufe der Geschichte sehr unterschiedliche Antworten gegeben. Nach christlicher Auffassung ist jeder Mensch ein Geschöpf Gottes. In der Thematik der künstlichen Befruchtung wird die Entstehung eines menschlichen Lebens an bestimmte Bedingungen und Auswahlmechanismen geknüpft.

„Die Erschaffung Adams" von Michelangelo

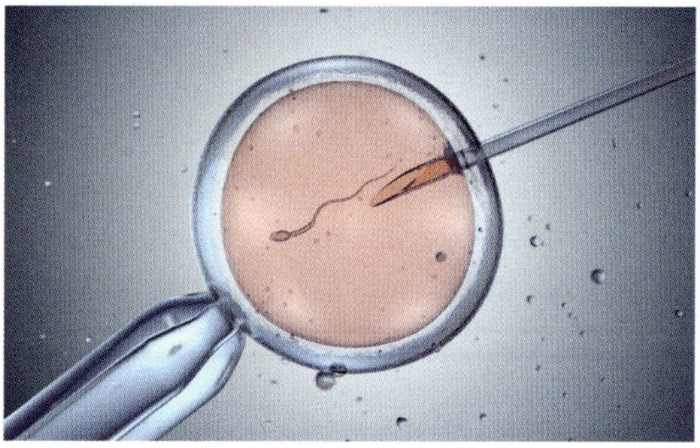

Künstliche Befruchtung

1 Beschreibe die Bilder und ihre Wirkung auf dich.

2 Vergleiche die jeweiligen Aussagen der Bilder.

M2 Von der Reproduktionsmedizin zur Kinderwunschmedizin

Seitdem Forscher in den 1950er Jahren Methoden der künstlichen Befruchtung entwickelten, stellen sich unzählige ethische Fragen.

Retortenbabys werden zu Wunschkindern: Nicht nur die Begrifflichkeiten ändern sich nahezu unbemerkt, sondern auch das Selbstverständnis von Schwangerschaft und Familie. Während es früher als Schicksal galt, wenn eine Frau keine Kinder gebären konnte, ist Kinderlosigkeit heute längst kein Schicksal mehr: Zahlreiche Kinderwunschzentren bieten in Deutschland künstliche Befruchtungen an, die Palette der invasiven und nicht-invasiven Pränataluntersuchungen [also vorgeburtliche Tests mit bzw. ohne Operation] wächst stetig. Kinder sollen „nach Plan" kommen und möglichst perfekt. Frauen, die das Kinderkriegen dem Schicksal überlassen wollen, werden zunehmend misstrauisch beäugt. Denn viele andere versuchen, ihre Schwangerschaft exakt zu planen oder die Geburten ihrer Kinder auf ein höheres Lebensalter zu verschieben. Auch dies ist mittels social freezing, dem Einfrieren eigener Eizellen für späteren Gebrauch, heutzutage möglich.

Eva Richter-Kuhlmann/Deutsches Ärzteblatt

3 Erarbeite aus dem Text, wie sich durch die Möglichkeiten der Reproduktionsmedizin die Vorstellungen von Schwangerschaft und Lebensplanung verändert haben.

4 Finde Beispiele für mögliche gesellschaftliche Auswirkungen der Reproduktionsmedizin.

5 Entwirf einen Plan für deine Zukunft. Berücksichtige dabei die Möglichkeiten der Reproduktionsmedizin. Wie könnten diese deine Lebensplanung beeinflussen? » K1 S. 16

M3 Wann beginnt menschliches Leben?

Embryonen außerhalb des Mutterleibes zu erzeugen, hat auch für die medizinische Forschung, und Diagnostik neue Wege eröffnet. Was im Umgang mit jungen Embryonen ethisch vertretbar ist, wird heftig diskutiert.

Die Verfassung unseres Staates garantiert in ihren Artikeln 1 und 2 jedem Menschen die Unantastbarkeit seiner „Würde" und das „Recht auf Leben". Das Recht auf Leben ist dabei von entscheidender Bedeutung, wenn es um die Zulässigkeit der Tötung von Embryonen – sei es im Mutterleib, sei es im Reagenzglas – geht. Wenn bereits der Embryo als „Mensch" im Sinn der Verfassung zu gelten hat und somit das Recht auf Leben besitzt, so hat dies folgende, sehr weit reichende Konsequenzen. Erstens muss die Abtreibung generell [...] rechtlich verboten sein. [...] Für die Tötung des Embryos im Reagenzglas aber gilt nichts anderes. Wie ließe sich denn begründen, dass man zwar keinesfalls geborene, wohl aber ungeborene Menschen einfach töten darf, um sie zu Forschungszwecken zu nutzen? [...] Die alles entscheidende Frage lautet also: Ist der Embryo – genau wie das Kleinkind – bereits ein „Mensch"? Man muss diese Frage richtig verstehen. Ohne Zweifel ist der Embryo bereits ein Mensch im biologischen Sinn – ein menschliches Wesen, das sich unter günstigen Umständen kontinuierlich zu einem typischen, erwachsenen Menschen entwickeln wird. Daraus allein folgt jedoch nicht, dass dieses menschliche Wesen im Frühstadium seiner Existenz bereits als Mensch im Vollsinn, also auch im moralischen und rechtlichen Sinn des Wortes – als Inhaber des Menschenrechts auf Leben – betrachtet werden muss.

Norbert Hoerster

6 Veranschauliche die Problemstellung im Text.

7 „Ein Embryo ist auch schon Mensch." Untersuche die Positionen der verschiedenen Fachbereiche (Medizin, Recht, Religion und Philosophie, M1–M3) zu dieser Aussage und erläutere die ethische Bedeutung des Problems.

8 Bei der künstlichen Befruchtung werden zunächst mehr Embryonen erzeugt, als in die Gebärmutter einer Frau dann eingesetzt werden. Diskutiere, was mit den überzähligen Embryonen geschehen soll. Absterben lassen, für später aufheben, anderen Frauen spenden oder für Forschungszwecke freigeben?

M4 Retter-Geschwister: Gezeugt, um Leben zu retten

„Retter-Geschwisterkind" heißen Kinder, die durch künstliche Befruchtung erzeugt werden, um einem kranken älteren Geschwisterkind für die Behandlung notwendiges Blut oder Gewebe zu liefern.

In Spanien ist im Oktober 2008 das erste Retter-Geschwisterkind zur Welt gekommen. Der Bruder dieses Kindes leidet an einer genetisch bedingten Bluterkrankung. Bereits sieben Wochen, nachdem das erkrankte Kind Stammzellen aus dem Nabelschnurblut des Neugeborenen erhielt, konnten erste Erfolge der Therapie beobachtet werden.

Deutsches Referenzzentrum für Ethik in den Biowissenschaften

9 Entwirf ein kleines Rollenspiel, in der die Familie eines Retter-Geschwisters über die Entscheidung der Eltern in der Rückschau diskutiert.

10 Recherchiere konkrete Fälle von Retter-Geschwistern.

11 Informiere dich über die gesetzlichen Regelungen von Präimplantationsdiagnostik (PID) in Deutschland. Beurteile, wie dort das moralische Dilemma zwischen der Pflicht, Leid zu verhindern oder zu verringern, und der Pflicht, menschliches Leben zu respektieren, gelöst wird.

Wie entscheiden?

M1 Eine Frage der Gerechtigkeit?

Ärzte und Ärztinnen stehen immer wieder vor konfliktbeladenen und schwerwiegenden Entscheidungen, die grundlegende Gerechtigkeitsfragen betreffen.

Jan Tomaschoff

1 Beschreibe und deute die Karikatur. Welcher Grundkonflikt im Medizinwesen wird hier angesprochen?
2 Veranschauliche das Problem an Alltagsbeispielen aus dem Gesundheitswesen.
3 Formuliere Fragen je aus der Perspektive des Arztes und des Patienten. Welche Gerechtigkeitsfragen stellen sich aus deren Sicht?

M2 Prinzipien medizinethischer Entscheidungen

Soll das medizinisch Machbare auch immer und unbedingt zur Anwendung kommen? Die Positionen darüber gehen bei den Betroffenen häufig auseinander. So auch im Fall der erst wenige Tage alten Laura, die aufgrund von Schwangerschaftskomplikationen 15 Wochen vor dem ausgerechneten Termin zur Welt kam. Über den Fall diskutieren Medizinstudierende im Ethik-Seminar.

Während der Geburt erlitt sie eine Infektion, der ihr winziger Körper mit seinen schwachen Abwehrkräften praktisch nichts entgegenzusetzen hat. Hinzu kommt eine Hirnblutung, die ihren Allgemeinzustand noch weiter verschlechtert. Sie muss beatmet werden, benötigt Bluttransfusionen und Antibiotika in hohen Dosen. Ob sie durchkommt, ist ungewiss. Sicher scheint jedoch, dass ihr Gehirn bereits geschädigt ist und sie schwer behindert sein wird. Ihre Mutter hat bereits mehrere Fehlgeburten erlitten, Laura ist ihr erstes Kind. […]
Die 15 Teilnehmer, überwiegend Medizinstudierende, debattieren eifrig. Claudia, selbst Mutter, setzt sich leidenschaftlich für eine intensive Weiterbehandlung ein. Markus widerspricht ihr und würde die kleine Patientin lieber nicht mit weiteren Maßnahmen quälen. Martina pflichtet ihm bei und verweist auf Lauras ungewisse Zukunft und die drohende Behinderung. „Wollen wir sie deswegen lieber totschlagen? Hat sie deswegen kein Recht auf Leben wie jeder andere?" erregt sich Klaus. […] Oft erfahren die Studierenden in den Workshops auch, dass es in ein und demselben Fall nicht nur eine Lösung gibt. […] Der Konsens, zu dem die meisten Teilnehmer kommen, ähnelt der tatsächlichen Entscheidung auf Station: Wenn weitere Komplikationen auftreten, sollten keine zusätzlichen therapeutischen Maßnahmen mehr durchgeführt werden.

Sebastian Lindau/Fred Salomon, Deutsches Ärzteblatt

4 Diskutiere in der Gruppe Handlungsmöglichkeiten und treffe eine Entscheidung. Welcher Therapieansatz soll für Laura verfolgt werden?
5 Versetze dich in die Rolle der Eltern und debattiere aus deren Sicht.
6 Entwickle in der Gruppe ethische Kriterien, die Ärztinnen und Ärzten bei solch schwierigen Entscheidungen Orientierung geben sollten.

M3 Kollision der Prinzipien

Die amerikanischen Bioethiker Tom L. Beauchamp und James F. Childress haben 1979 vier ethische Prinzipien entwickelt, die Ärzten bei ihren Handlungsentscheidungen als Leitfaden dienen sollen. Oft geraten sie miteinander in Konflikte, die nur schwer zu lösen sind.

Das Prinzip des Wohltuns verpflichtet dazu, dem Patienten bestmöglich zu nutzen, Krankheiten vorzubeugen, zu behandeln und Beschwerden zu lindern, um seine Lebenserwartung und Lebensqualität möglichst zu verbessern.

Das Prinzip Respekt der Patientenautonomie verpflichtet, die Wünsche, Ziele, Wertvorstellungen und Entscheidungen des Patienten zu akzeptieren. Der Arzt ist verpflichtet, den Patienten über Möglichkeiten und Risiken der Therapie zu informieren und die Entscheidungsfindung sorgfältig und aktiv zu unterstützen, um mit dem Patienten eine informierte Einwilligung zu erzielen.

Das Prinzip der Schadensvermeidung verpflichtet, dem Patienten nach Möglichkeit keinen Schaden zuzufügen, wobei dies oft nur bedingt möglich ist, weil unerwünschte Wirkungen in Kauf genommen werden müssen. Es gilt Schaden und Nutzen sorgfältig abzuwägen.

Das Prinzip der Gerechtigkeit verpflichtet, Leistungen/Nutzen und Lasten im Gesundheitswesen im Sinne der Verteilungsgerechtigkeit fair zu verteilen und mit knappen Ressourcen verantwortlich umzugehen.

7 Vergleiche die von dir entwickelten Kriterien in Aufgabe 6 mit den vier Prinzipien und wende sie für das Fallbeispiel in M2 an.

8 Erkläre mit Hilfe von selbstgewählten Beispielen, welche Probleme bei der Anwendung der vier Prinzipien auftreten können.

9 Entwirf mögliche Dialogszenen für M1. Berücksichtige dabei die vier ethischen Prinzipien.

10 Patientenautonomie kann auch bedeuten, dass der Patient zwischen Lebenszeitverlängerung und Lebensqualität entscheiden muss. Diskutiere, was für dich wichtiger wäre.. » K4 S. 13

M4 Die ästhetische Chirurgie ist kein Friseurbesuch!

Immer mehr Ärzte fordern Verbot von Schönheitsoperationen ohne medizinische Indikation an Minderjährigen

Eine Schönheitsoperation in diesem Alter kann in der Phase der körperlichen und seelischen Entwicklung fatale Auswirkungen haben.

Die Brustvergrößerung als Geburtstagsgeschenk und eine Fettabsaugung zu Weihnachten

Umfragen zur folge wird der Wunsch nach einer Schönheitsoperation bei vielen Jugendlichen immer früher laut. Der gesellschaftliche Druck in puncto äußeres Erscheinungsbild ist sehr hoch.

11 Fasse die Positionen in den Schlagzeilen zusammen und beziehe Stellung zu diesem Trend.

12 Skizziere ein fiktives Gespräch zwischen Arzt, junger Patientin oder jungem Patient und den Eltern. Beachte dabei die Prinzipien medizinethischer Entscheidungsfindung in M3.

13 Recherchiere über die gesetzlichen Regelungen und die Forderungen verschiedener Interessensgruppen. Formuliere dann deine Position.

Wie geht kultursensible Medizin?

M1 Ärztliches Handeln verpflichtet

Das Genfer Ärztegelöbnis wurde für die ärztliche Ethik nach dem antiken Vorbild des Hippokratischen Eides 1948 vom Weltärztebund neu verfasst und wird immer wieder aktualisiert.

Als Mitglied der ärztlichen Profession gelobe ich feierlich: Ich werde nicht zulassen, dass Erwägungen von Alter, Krankheit oder Behinderung, Glaube, ethnischer Herkunft, Geschlecht, Staatsangehörigkeit, politischer Zugehörigkeit, Rasse, sexueller Orientierung, sozialer Stellung oder jeglicher anderer Faktoren zwischen meine Pflichten und meine Patientin oder meinen Patienten treten.

Genfer (Ärzte-)Gelöbnis

1 Beschreibe Situationen, die erklären, warum dieses Gelöbnis so wichtig ist.
2 Die Formulierung: „Ich werde nicht zulassen, dass ..." bedeutet mehr als sich zu geloben, selbst nicht rassistisch zu handeln. Erkläre, mit welchen Problemen und Gewissenskonflikten Ärztinnen und Ärzte konfrontiert werden können.

M2 Kultur-Clash im Sprechzimmer

Durch Flucht und Migration ist das deutsche Gesundheitswesen mit vielfältigen interkulturellen Herausforderungen konfrontiert.

Manche Diagnosen lösen in Patienten unerwartet heftige Reaktionen aus, weil die hierzulande gut therapierbare Krankheit – z. B. Tuberkolose oder HIV – in ihrem Land fast zwangsläufig tödlich verläuft oder gesellschaftlich stigmatisiert ist.

Wenn Kinder ihre Mütter zum Arzt begleiten und für sie dolmetschen müssen, erfahren sie von Beschwerden, Verletzungen oder Krankheiten, die für sie traumatisierend sein können oder für die Mutter schamhaft sind.

Die Medizin löst sich nur langsam vom Bild des weißen männlichen Kranken mittleren Alters. Das kann zu Fehldiagnosen bei unterschiedlichen Hauttypen führen: Blässe bleibt unerkannt, Hautkrankheiten werden nicht diagnostiziert, die Blutabnahme ist erschwert.

Oft ist es schwierig, eine Diagnose zu stellen, weil Patientinnen sich nicht entkleiden wollen/dürfen und dadurch körperliche Untersuchungen nur bedingt durchgeführt werden können.

In einigen Kulturen ist es selbstverständlich, dass Patienten – insbesondere Frauen – sich von ihrer „Familie" begleiten lassen, wenn sie zum Arzt gehen. Der Arzt hat z. B. keine Möglichkeit, die Frau ohne ihren Ehemann über ihre Beschwerden, Ängsten und Erwartungen zu befragen.

3 Finde weitere Beispiele, die den Austausch zwischen Ärztin oder Arzt und Patientinnen und Patienten aus kulturellen Gründen erschweren und eine erfolgreiche Therapie verzögern könnten.
4 Notiere eigene Erfahrungen z. B. Arztbesuche im Ausland während eines Urlaubs. Was war trotz der fremden Umgebung gut und/oder welche Schwierigkeiten hast du erlebt?
5 Spekuliere über die Folgen, die sich aus den kulturellen Differenzen ergeben können: für die Patientinnen und Patienten, das behandelnde Personal, das Gesundheitssystem.

M3 Wie kann kultursensitive Medizin gelingen?

Es ist wichtig, dass Mitarbeitende im Gesundheitswesen über transkulturelle Kompetenzen verfügen. Weiterbildung und Forschung findet auch am Medizinischen Institut für Transkulturelle Kompetenz (MITK) in Bielefeld statt, deren ärztliche Leiterin Dr. Solmaz Golsabahi-Broclawski ist.

Der Umgang mit Patientinnen und Patienten aus anderen Kulturkreisen stellt für viele Ärztinnen und Ärzte eine besondere Herausforderung dar. Die Gründe hierfür sind vielfältig. Neben mangelnden Kenntnissen der Sprache des jeweiligen Gegenübers beeinflussen auch individuelle Erfahrungen auf beiden Seiten sowie unterschiedliche Normen, Werte und alltagsweltliche Vorstellungen das Arzt-Patienten-Verhältnis und somit auch das diagnostische und therapeutische Ergebnis. Hinzu kommt, dass das Verständnis von Gesundheit, Krankheit und Tod sowie die Anforderungen und Erwartungen an die medizinische Versorgung und Pflege ebenfalls kulturspezifisch variieren können. […]
Transkulturelle Kompetenz zeichnet sich […] dadurch aus, die Vielfalt der Kulturen und das daraus resultierende Gesundheits- und Krankheitsverständnis anzunehmen. Zugleich gelte es, Gemeinsamkeiten zu erkennen und zu vermitteln […]. „Um die Brücke zu einem Patienten aus einer fremden Kultur schlagen zu können, muss ich mir als Ärztin oder Arzt zunächst die Barrieren in meinem eigenen Kopf bewusst machen", sagt Golsabahi-Broclawski. […] „Nur weil jemand zum Beispiel Muslim ist, muss dies noch lange nicht heißen, dass er an Ramadan fastet oder kein Schweinefleisch isst", erklärt die Psychiaterin. Transkulturelle Medizin erfordere ferner bei der behandelnden Person die Bereitschaft zur Selbstreflexion, macht Golsabahi-Broclawski deutlich. Das heißt: Ärztinnen oder Ärzte sollten sich ihrer eigenen kulturellen Herkunft und Eingebundenheit, ihrer professionellen Rolle sowie ihrer Rolle als Frau oder Mann und Ähnliches mehr im Klaren sein. Das gebe ihnen zugleich das Recht, individuelle Grenzen zu ziehen.

Petra Spielberg

6 Veranschauliche die im Text genannten Herausforderungen an konkreten Beispielen aus dem Alltag.

7 Diskutiere Wirksamkeit und Grenzen von „transkultureller Kompetenz" im medizinischen Alltag, z. B. Sprechstunde, Notaufnahme oder Hausbesuch.

8 Stelle dir vor, du möchtest einmal Ärztin oder Arzt werden. Erstelle einen selbstkritischen Steckbrief über dich selbst, um die „eigenen Barrieren", also Vorurteile und kulturelle Prägung bewusst zu machen. Reflektiere dabei die im Text genannten Punkte. » K1 S. 8

9 Nicht nur Patienten, auch das medizinische Fachpersonal kommt häufig aus einem anderen Kulturkreis. Bereite dich auf einen Besuch bei einer Ärztin oder einem Arzt aus einem anderen Kulturkreis vor. Wie könntest du zu einem zielführenden und kultursensitiven Gespräch beitragen? Berücksichtige dabei die im Text genannten Merkmale transkultureller Kompetenz.

M4 Migration und Gesundheit

Mit der Ausschreibung des Berliner Gesundheitspreises sollten 2017 innovative Ideen für die Integration von migrantischen Menschen im deutschen Gesundheitssystem gefördert werden.

10 Stelle einen Zusammenhang her zwischen der Gestaltung des Schriftzuges und dem Thema der Ausschreibung.

11 Recherchiere nach erfolgreichen Projekten und Initiativen zum Thema Migration und Gesundheit.

Zeig, was du kannst!

Das Wichtigste in Kürze

Medizinethik – Gesundheit – Krankheit – Arzt-Patient-Beziehung – Reproduktionsmedizin – Retter-Geschwister – Patientenautonomie – Prinzip des Wohltuns – kultursensitive Medizin

Ethik der Medizin

Gesundheit ist ein sehr hohes Gut. Was aber „gesund" oder „krank" bedeutet, können wir nicht so einfach bestimmen. Persönliches Empfinden, die Einschätzung Anderer und medizinische Fakten können hierüber durchaus unterschiedlich ausfallen. Dabei sind die Bestimmung und der Umgang mit Krankheiten stark normativ und kulturell bedingt. Die Ethik der Medizin diskutiert Fragen des richtigen medizinischen Handelns und der vertretbaren Entscheidungen. Die Grenzen zwischen dem medizinisch Machbaren und dem ethisch Vertretbaren oder Gebotenen müssen immer wieder ausgehandelt und gesetzlich bindend festgeschrieben werden. Insbesondere zu Beginn und am Ende menschlichen Lebens können existentielle Krisensituationen entstehen. Als ethische Grundlage gelten zwar die Prinzipien des Wohlwollens, des Nichtschadens, der Patientenautonomie und der Gerechtigkeit. Im medizinischen Alltag aber erscheint deren konkrete Umsetzung oft schwierig. Gerade am Beispiel der künstlichen Befruchtung kann eindrucksvoll aufgezeigt werden, dass neue technisch-medizinische Errungenschaften nicht nur individuell schicksalhaft wirken, sondern auch in das sozio-ökonomische Gefüge einer Gesellschaft eingreifen können.

Kompetenz-Check

M Auf dem Weg zu Designerbabys

Es war vor allem eine neue Reproduktionstechnologie, die Behandlung von Kinderlosigkeit durch künstliche Befruchtung, die der Embryonenforschung ganz neue Möglichkeiten eröffnet hat. [...] Durch diese Embryonen wird es auf neue Weise möglich, menschliches Leben in seinen frühesten Entwicklungsstadien zu erforschen, nach Krankheitsursachen zu suchen, Mechanismen pathologischer Entwicklungsverläufe aufzudecken und Therapien für bisher als unheilbar geltende Krankheiten zu entwickeln. Die Befruchtung im Reagenzglas eröffnet auch die Möglichkeit, die befruchtete Eizelle durch die sog. „Präimplantationsdiagnostik" noch vor der Einpflanzung auf Schädigungen hin zu untersuchen oder Embryonen nach bestimmten Kriterien, etwa dem Geschlecht, auszuwählen.

Markus Dederich

1 Skizziere Modelle der Arzt-Patienten-Beziehung.

2 Nenne die Prinzipien medizinethischer Entscheidungen und erkläre an selbstgewählten Beispielen, warum diese miteinander kollidieren können.

3 Erstelle ein Handout zum Thema „Neue Möglichkeiten durch die Reproduktionstechnologie".
» K2 S. 14

4 Begründe, ob du den Einsatz der Präimplantationsdiagnostik zulässig findest, um Embyonen nach bestimmten Kriterien auszuwählen.
» K4 S. 13

Werkstatt

Wie soll ich handeln? – Eine medizinische Frage am Runden Tisch diskutieren

Organisatorisches:

- Das Thema der Diskussion in der Gruppe abstimmen.
- Je nach gewähltem Thema Expertinnen und Experten bzw. Betroffene der Diskussionsrunde zusammensetzen (z. B. Ärzte-, Patienten-, und Angehörigenvertretungen, Krankenkassen, Verbände, etwa Jugendamt, Pro Familia, Behindertenverbände und u.a. Ethik-Kommission und Kirchenvertreter). Dabei darauf achten, dass die wichtigsten Interessengruppen gleichberechtigt, ohne Hierarchiestufen, vertreten sind.
- Rollen in der Lerngruppe verteilen.
- Zuständigkeit für die Moderation und für das Protokoll klären. Dabei darauf achten, dass für einen erfolgreichen Verlauf eine unparteiische Moderation wichtig ist.
- Den zeitlichen Rahmen der Diskussion und weitere Gesprächsregeln in der Runde klären, z. B. ob zum Auftakt eine kurze Einführung durch die Moderation vorgenommen wird oder ob die Beteiligten kurze Statements abgeben sollen. Redezeit, Rednerliste und Ziel der Diskussion vereinbaren: Soll ergebnisoffen oder mit dem Ziel der Entscheidungsfindung diskutiert werden?
- Aufgaben des Publikums klären: Werden nach der Diskussion Fragen oder Beiträge aus dem Publikum zugelassen?

Ablauf:

Die Moderatorin oder der Moderator ist für den strukturierten Ablauf der Diskussion verantwortlich. Für eine zielführende Debatte ist eine gute Vorbereitung (Ablauf, Fragen) entscheidend. Diese können in Arbeitsgruppen vorbereitet werden. Folgende Schritte und zu klärende Fragen könnten hilfreich sein:

- *Situationsanalyse*
  Worum geht es in dem Fall? Was genau ist das ethische Problem?
- *Interessenanalyse*
  Welche Interessen haben die Beteiligten/Betroffenen?
  Welche Werte liegen dem jeweiligen Interesse zugrunde?
  Welche Konflikte ergeben sich aus den unterschiedlichen Interessen?
- *Konsensbildung und Entscheidungsfindung*
  Welche Positionen/Prinzipien stehen in diesem Fall zur Verfügung?
  Welche Interessen und Normen sollen den Vorrang erhalten und warum?
  Zu welchem Urteil kommen die Beteiligten in diesem Fall abschließend?
  Welche Konflikte oder Probleme konnten nicht gelöst werden?
  Welche Interessen bzw. Werte wurden zugunsten einer Lösung verletzt?

Worauf es ankommt

- ☑ Verantwortlichkeiten klären, Regeln vereinbaren und einhalten
- ☑ Gleichberechtigung der Teilnehmenden beachten
- ☑ sachlich argumentieren
- ☑ unterschiedliche Positionen tolerieren
- ☑ angestrebtes Ziel der Diskussionsrunde im Auge behalten und anstreben

Gibt es
ein Schicksal?

Kann ich mich
frei entfalten?

Setzt Schuld
Freiheit voraus?

Die Gedanken sind frei
– aber ist das schon
Freiheit?

Was mache ich aus
meiner Freiheit?

Freiheit und Würde

> Nach Freiheit streben

WERKSTATT

Eine „Wall of Freedom“ gestalten

Die Ostseite der Berliner Mauer – vorher Teil der Grenzanlagen, die 17 Millionen Menschen in der DDR eingesperrt haben – wurde seit 1989 von verschiedenen Künstlern als Gestaltungsfläche benutzt. So entstand die East-Side-Gallery, die wahrscheinlich größte Open-Air-Galerie der Welt. Der in München lebende, aus Indien stammende Jolly Kunjappu gestaltete „Dancing to Freedom“.

Gestalte gemeinsam mit deinen Mitschülerinnen und Mitschülern eine eigene „Wall of Freedom“ mit euren persönlichen Gedanken, Sprüchen, Memes und Bildern zum Thema Freiheit.

Offene Zukunft?

M1 Hellseherei

1 Beschreibe, was auf dem Bild passiert. Formuliere anschließend Ideen dazu, was es mit dem Thema Freiheit zu tun haben könnte.

2 Nenne Dinge, die du gerne wissen würdest, wenn du in die Zukunft schauen könntest.

M2 Der Magier von London

Im Fantasy-Roman „Das Labyrinth von London" verfügt Alex Verus über hellseherische Fähigkeiten und schafft es gefährliche Situationen zu meistern, indem er ahnt, wie andere handeln werden. Aber dabei kommt er an seine Grenzen und muss eingestehen:

Ich kann nur vorhersagen, was vorhersagbar ist. Manche Dinge sind wirklich Zufall, oder zumindest so nah daran, dass es keinen Unterschied macht. Man kann den Ausgang eines Wurfs mit dem Würfel nicht vorhersagen, weil es so viele Dinge gibt, die ihn in die eine oder andere Richtung schubsen können, sodass der Würfel fallen würde, bevor man die richtige Zukunft herausgegriffen hätte. Jedem wirklich komplexen System wohnt zu viel Chaos inne, als dass es leicht vorherzusehen wäre. Es folgt zwar Mustern, doch keinen, die man zuverlässig sehen kann. Daneben gibt es jedoch noch eine weitere Sache, die nicht vorausbestimmt werden kann – und das sind Gedanken. Der freie Wille ist einer der Fälle, in denen die Divinationsmagie [also die Zauberkraft der Hellseherei] versagt. Wenn eine Person keine Entscheidung getroffen hat, dann kann auch keine Magie etwas dahinter erkennen. Man kann Wahrscheinlichkeiten sehen, aber das sind nicht mehr als Vermutungen.

Benedict Jacka

3 Erkläre, welche Dinge Alex Verus nicht voraussagen kann und warum nicht.

4 Nenne (aus deiner eigenen Erfahrung oder aus Filmen und Büchern) Beispiele für eine wichtige Entscheidung, bei denen die Menschen vorher gerne wissen würden, wie sie ihr zukünftiges Leben beeinflusst.

5 Denke an deine Zukunft. Notiere Dinge, die bereits feststehen, und solche, über die du frei entscheiden kannst.

M3 Der Mensch – ein freies Wesen?

Die Frage, wie frei der Mensch ist und wie sehr sein Handeln anderen Mächten unterworfen ist, beschäftigt Philosophinnen und Philosophen seit der Antike. In der Philosophenschule der Stoa, die rund 500 Jahre existierte, gab es dazu verschiedene Antworten.
Die Gründerväter dieser Schule Zenon (ca. 333–262 v. Chr.) und Chrysipp (ca. 280–205 v. Chr.) waren der Ansicht, dass das Schicksal alles in unserem Leben bestimmt, man aber frei sei, wie man damit umgehe. Sie verdeutlichen diese Idee an einem Gleichnis:

Wenn ein Hund, der an einen Wagen festgebunden ist, mitlaufen will, dann wird er einerseits gezogen und andererseits läuft er mit. Er handelt also freiwillig unter Zwang. Will er aber nicht mitlaufen, ist er unausweichlich dem Zwang ausgeliefert. Dasselbe gilt wohl auch für die Menschen. Denn auch wenn sie nicht wollen, werden sie unausweichlich dazu gezwungen, sich dem Schicksal zu fügen.

Epiktet (50–138 n. Chr.), der ehemalige Sklave (eines Leibwächters von Kaiser Nero), gehörte einer späteren Generation der Stoa an. Von ihm ist eine andere Sichtweise auf unsere Willensfreiheit überliefert:

Von den Dingen stehen die einen in unserer Gewalt, die anderen nicht. In unserer Gewalt steht unser Denken, unser Tun, unser Begehren, unsere Abneigung, kurz: alles, was von uns selber kommt. Nicht in unserer Gewalt steht unser Leib, unsere Habe, unser Ansehen, unsere äußere Stellung – mit einem Wort, alles, was nicht von uns selber kommt.

6 Erkläre mit Hilfe des Bildes, was es nach Zenon und Chrysipp für den Hund bedeutet, „freiwillig unter Zwang" mitzulaufen. Übertrage deine Deutung auch auf den Menschen.
7 Nenne Beispiele aus deiner eigenen Erfahrung, in denen du „freiwillig unter Zwang" handelst.
8 Finde konkrete Beispiele für Epiktets Einteilung. Welche Dinge stehen in unserer Gewalt, welche nicht?
9 Überprüfe die Standpunkte der beiden Philosophen zur Frage, ob der Mensch ein freies Wesen ist. » K3 S. 13

M4 Ein verlockendes Angebot?

Unter den App-Angeboten für Smartphones finden sich auch sog. Wahrsage-Apps. Mit ihrer Hilfe lassen sich Tarot-Karten deuten, die einen Blick in die Zukunft ermöglichen sollen. Sie liefern auch Horoskope, Ratschläge für aktuelle Lebenssituationen und geben sogar Beziehungstipps.

10 Formuliere Vorhersagen und Ratschläge, die von der App stammen könnten.
11 Stell dir vor, eine Freundin oder ein Freund möchte sich eine solche App downloaden. Formuliere dazu deine Gedanken.

Eingeschlossen und doch frei

M1 Tun, was man will

1. Formuliere für die Person auf dem Bild eine Sprechblase.
2. Nenne Beispiele für Dinge, die du gerne tun willst, aber nicht kannst.

M2 Schmetterling und Taucherglocke

Jean-Dominique Bauby, ein erfolgreicher Journalist, war nach einem Schlaganfall gelähmt. Die Ärzte diagnostizierten das „Locked-in-Syndrom" – „in sich selbst eingesperrt": Nur durch Bewegungen seines Augenlids diktierte Bauby den Text für das Buch „Schmetterling und Taucherglocke", das auch verfilmt wurde.

Mir tun die Fersen weh, mein Kopf dröhnt wie ein Amboss, und eine Art Taucheranzug schließt meinen ganzen Körper ein. Mein Zimmer tritt langsam aus dem Halbdunkel. Ich betrachte ausführlich die Fotos meiner Lieben, die Kinderzeichnungen und Poster, [...] und den Galgen über dem Bett, in dem ich seit sechs Monaten eingekapselt liege wie ein Einsiedlerkrebs auf seinem Felsen. Ich brauche nicht lange nachzudenken, um zu wissen, wo ich bin, und um mich zu erinnern, dass mein Leben am Freitag, den 8. Dezember 1995 aus den Fugen geraten ist. [...] Früher wurde das „Hirnschlag" genannt, und man starb ganz einfach daran. Der Fortschritt der Reanimationstechnik hat die Strafe verfeinert. Man übersteht es, aber in einem Zustand, den die angelsächsische Medizin so treffend *locked-in syndrome* getauft hat: Von Kopf bis Fuß gelähmt, ist der Patient mit intaktem Geist in sich selbst eingesperrt, und das Schlagen des linken Augenlids ist sein einziges Kommunikationsmittel. Natürlich erfährt der Hauptbetroffene als letzter von seinem Glück. Was mich betrifft, so hatte ich Anspruch auf zwanzig Tage Koma und einige Wochen Nebel, bevor ich das Ausmaß der Schäden wirklich erfasste. [...] Um etwas gegen die Gelenksteife zu tun, löse ich eine Reflexbewegung aus, die Arme und Beine um einige Millimeter dehnt. Das reicht oft, um ein schmerzendes Glied zu entlasten. Der Taucheranzug wird weniger drückend, und der Geist kann wie ein Schmetterling umherflattern. Es gibt so viel zu tun. Man kann davonfliegen in den Raum oder in die Zeit, nach Feuerland oder an den Hof von König Midas [...] Ich will ein Tagebuch meiner Reise auf der Stelle verfassen und muss mir den Anfang ausdenken.

Jean-Dominique Bauby

3. Erkläre, welche Bedeutung das Verfassen des Buchs für den Ich-Erzähler hatte.
4. Deute den Titel des Buches: „Schmetterling und Taucherglocke".
5. Nimm Stellung zu der Frage, ob du den Ich-Erzähler als „frei" bezeichnen würdest.

M3 Unser Wille ist frei

Der Münchner Philosoph Christian List (geb. 1973) erläutert in einem Interview seine Gedanken zur Freiheit.

Ich denke darüber nach, wie unsere menschliche Handlungsfähigkeit in eine von Naturgesetzen bestimmte Weltordnung passt. Haben wir Menschen tatsächlich einen freien Willen, so wie wir das im Alltag empfinden? Heute Morgen zum Beispiel habe ich gefrühstückt und hatte das Gefühl, mich frei entscheiden zu können, ob ich Kaffee oder Tee trinke. Genauso glauben wir auch in den großen Lebensfragen, uns frei entscheiden zu können: Welchen Beruf wollen wir ergreifen, wen wollen wir heiraten, welche politische Partei wollen wir unterstützen? Ich scheine also zumindest in begrenztem Rahmen bestimmen zu können, auf welchem von mehreren möglichen Wegen die Welt sich entwickelt. [...] Ich glaube: Ja, wir haben einen freien Willen, in einem ganz robusten Sinne. Und ich glaube, dass man diese Tatsache in Einklang bringen kann mit sogar deterministischen [d. h. alle Ereignisse vorherbestimmenden] Naturgesetzen. Voraussetzungen für einen freien Willen sind drei Zutaten: Erstens müssen wir alternative Handlungsmöglichkeiten haben. Zweitens müssen wir intentional [mit Absicht] handeln können – nur solche Systeme und Organismen, die absichtsvoll handeln, können über einen freien Willen verfügen. Ein Kühlschrank oder eine Kaffeemaschine kann das nicht. Und drittens müssen wir auch die Kontrolle über unsere Handlungen haben. Ich glaube, dass diese drei Aspekte, die zusammen Willensfreiheit ausmachen, nicht nur in ein wissenschaftliches Weltbild passen, sondern dass sie sogar – korrekt verstanden – aus einem solchen Weltbild folgen! Zugespitzt könnte man sagen, dass die Wissenschaft zeigt: Unser Wille ist frei.

Christian List/Lars Weisbrod

6 Fasse in eigenen Worten zusammen, warum Christian List der Überzeugung ist, dass wir Menschen einen freien Willen haben.

7 Prüfe, ob die „drei Zutaten" für einen freien Willen auch auf Jean-Dominique Bauby (M2) zutreffen.

8 Formuliere eine ethische Frage, die sich aus dem Begriff „Freiheit" ergibt, und erkläre ihre Bedeutung.
» K2 S. 10

M4 Mario und der Zauberer

In diesem Ausschnitt aus der Novelle von Thomas Mann (1875–1955) versetzt Cipolla, ein zwielichtiger Show-Hypnotiseur, Mario, einen jungen Mann aus dem Publikum, in Trance und gaukelt ihm vor, er sei seine geliebte Silvestra.

Es war greulich, wie der Betrüger sich lieblich machte, die schiefen Schultern kokett verdrehte, die Beutelaugen schmachten ließ und in süßlichem Lächeln seine splittrigen Zähne zeigte. Ach, aber was war während seiner verblendenden Worte aus unserem Mario geworden? Es wird mir schwer, es zu sagen, wie es mir schwer wurde, es zu sehen, denn das war eine Preisgabe des Innigsten, die öffentliche Ausstellung verzagter und wahnhaft beseligter Leidenschaft. [...] Gewiss traute er vor Glück seinen Augen und Ohren nicht und vergaß eben nur das eine dabei, dass er ihnen wirklich nicht trauen durfte. „Silvestra!" hauchte er überwältigt, aus tiefster Brust. „Küsse mich!" sagte der Bucklige. „Glaube, dass du es darfst! Ich liebe dich. Küsse mich hierher", und er wies mit der Spitze des Zeigefingers, Hand, Arm und kleinen Finger wegspreizend, an seine Wange, nahe dem Mund. Und Mario neigte sich und küsste ihn. Es war recht still im Saale geworden.

Thomas Mann

9 Schreibe eine Fortsetzung. Wie reagiert Mario, als er aus der Hypnose erwacht?

10 Beziehe Stellung zur Frage: Wen würdest du als freier bezeichnen: einen Locked-in-Patienten wie Jean-Dominique Bauby oder eine manipulierte, aber körperlich gesunde Person wie Mario?

11 Bewerte vor dem Hintergrund der beiden Geschichten über Bauby und Mario folgendes Sprichwort: „Wo ein Wille ist, da ist auch ein Weg". Stimmst du dieser Aussage zu?

Kann ich mich ändern?

M1 Big Five

Von Psychologen wurde ein Modell zur Beschreibung der menschlichen Persönlichkeit entworfen. Dabei werden fünf verschiedene Dimensionen berücksichtigt.

neugierig, macht verrückte Sachen	**Offenheit**	vorsichtig, mag Rituale und Gewohnheiten
pflichtbewusst, organisiert, zielstrebig, zuverlässig	**Gewissenhaftigkeit**	improvisiert, nachlässig, spontan, unachtsam
gesellig, sucht Anregung von außen, redet viel, handelt spontan	**Extraversion**	zurückhaltend, kann sich selbst beschäftigen, ernst, schüchtern
kooperativ, gutmütig, mitfühlend	**Verträglichkeit**	wettbewerbsorientiert, stur, rau im Umgangston
besorgt, ängstlich, schnell gestresst, leicht verletzt	**Neurotizismus**	entspannt, ungezwungen, selbstsicher

1 Entscheide für jeden Bereich, ob du dich eher links oder eher rechts einordest.

2 Zeige an Beispielen, welche Stärken und Schwächen sich aus den linken und den rechten Eigenschaften ergeben können.

M2 Tanja kann nicht aus ihrer Haut

Jeder hat die Macht, sich zu ändern, versichern uns Ratgeber und Influencer. Die Autorin Tanja Bernsau sieht das anders.

„Tanja müsste sich mehr melden und in der Gruppe mitarbeiten" – So und so ähnlich stand es in meinen ersten Schulzeugnissen. Ich hatte mich so auf Schule und aufs Lernen gefreut. Aber aufgerufen werden, oder noch schlimmer: sich selbst melden – das war nichts für mich. […] Erst relativ spät habe ich realisiert, dass ich das auch wirklich nicht kann. Als Introvertierter fällt es einem einfach wahnsinnig schwer, bei Teamsitzungen den Mund aufzumachen […]. Der Kampf, anders sein zu wollen, hat mich unendlich Kraft gekostet. […] Heute habe ich mein Sprachrohr in den „Neuen Medien" gefunden. In der schriftlichen Kommunikation auf der Webseite, LinkedIn und Co. kann ich soviel besser meine Gedanken ausdrücken. […] Hier freue ich mich sogar über Interaktion und den Austausch – was mir bei live-Gruppen nicht immer leicht fällt.

Tanja Bernsau

3 Vollziehe nach, warum Tanja am liebsten über „Neue Medien" mit anderen kommuniziert. » K2 S. 8

4 Erläutere, mit welcher Dimension der „Big Five" (M1) Tanjas Erfahrungen erfasst werden.

5 Äußere Vermutungen, ob man seinen Charakter ändern kann.

M3 „Es wäre schlimm, wenn wir alle gleich wären"

meint die Psychologin Cornelia Wrzus in einem Interview.

Gibt es in unserer Gesellschaft einen großen Druck, in einer bestimmten Weise sein zu müssen?

Cornelia Wrzus: Selbstoptimierung ist für viele Menschen ein wichtiges Thema. Dazu gehört das Gefühl, man müsse gewisse Eigenschaften haben, jede Abweichung sei schlecht. Wir sollten uns dabei jedoch zwei Dinge bewusst machen: Die ideale Persönlichkeit gibt es nicht. Und die Vielfalt der Menschen ist wichtig. Es wäre geradezu schlimm, wenn wir alle gleich wären. [...]

Wie gut stehen die Chancen, sich zu verändern?

Cornelia Wrzus: Es gibt einen Spielraum, aber keinen unbegrenzten. Ich erkläre das Studierenden gerne so: Man hat einen bestimmten Bereich, wie man sich typischerweise verhält. Und darum herum sind momentane Schwankungen oder Veränderungen möglich. Jemand, der sehr schüchtern ist, wird in den seltensten Fällen ein Partylöwe. Und jemand, der sehr ordentlich und kontrolliert ist, bei dem wird unter normalen Umständen kaum komplettes Chaos ausbrechen. Um etwas an sich zu ändern, braucht es viel Zeit und die richtige Methode. [...] Wir gehen davon aus, dass tägliche Erfahrungen die Persönlichkeit langfristig prägen können. [...] Nutzen wir immer wieder Gelegenheiten, in denen wir eine neue Seite von uns zeigen können, und erhalten wir dafür eine positive Rückmeldung von anderen oder bewerten das selbst positiv, dann kann das mit der Zeit dazu führen, dass sich unsere Persönlichkeit wandelt. Dazu müssen wir jedoch über die Veränderung nachdenken und neue Gewohnheiten entwickeln.

Liesa Bauer/Steve Ayan

6 Fasse zusammen: Haben wir nach Ansicht der Psychologin die Freiheit, unseren Charakter zu ändern?
7 Nenne Gründe, warum es so schwierig ist, sein gewohntes Verhalten zu ändern.
8 Berichte über Erfahrungen, bei denen du oder jemand anderes eine „neue Seite" an sich entdeckt.

M4 An Alltagssituationen wachsen

Der Sozialpsychologe Peter Gollwitzer (geb. 1950) gibt Menschen, die sich ändern wollen, den Rat, möglichst konkrete Pläne zu machen.

„Ein Ziel ist noch lange kein Plan", erklärt Peter Gollwitzer, Sozialpsychologe an der Universität Konstanz und der New York University. „Entscheidend ist, dass man nicht nur das gewünschte Ergebnis festlegt, sondern auch einen Plan macht, wie sich dieses Ergebnis erreichen lässt, also überlegt, wie sich das Ziel konkret umsetzen lässt." Das kann zum Beispiel mit Hilfe von Wenn-dann-Plänen erfolgen. Wer extravertierter werden möchte, nimmt sich dabei nicht einfach vor, mehr auf andere Menschen zuzugehen, sondern formuliert einen konkreten Vorsatz für bestimmte Situationen, etwa: „Wenn ich morgen an der Bushaltestelle stehe, dann stelle ich einem Fremden eine Frage."

Corinna Hartmann

9 Erkläre in eigenen Worten, warum ein Ziel noch lange kein Plan ist, wie Peter Gollwitzer sagt.
10 „Ordne die Apps auf deinem Smartphone!" – Erkläre, für welchen Persönlichkeitstyp (M1) das eine Challenge wäre.
11 Notiere geeignete Challenges (also konkrete Veränderungsziele) für verschiedene Persönlichkeitstypen.

Schuldig oder nicht?

M1 Das Böse in uns

1 Äußere deine Gedanken zu diesem Bild.

2 Trifft dieses Bild auf jeden Menschen zu? Begründe deine Meinung.

M2 Die Tat

Im Roman „Vergitterte Welt" geht es um Patrick Caspari, Spitzname „Juli". Alkohol, Vernachlässigung und Gewalt bestimmten seit jeher den Alltag seiner Familie. Dennoch schien sich sein Leben zum Guten zu wenden: Er hat Mia getroffen und sich verliebt. Aber er will nicht, dass sie etwas von seiner Vergangenheit erfährt.

Wladimir hatte die Macht, mir alles kaputtzumachen. [...] Und dann stürzte ich plötzlich los. Ich würde mit Wladimir reden. Ich würde ihn bitten, Mia nichts über mich zu erzählen. Ich schaltete meine Anlage aus und verließ entschlossen die Wohnung. Dann lief ich zum Jugendtreff bei der Halfpipe, wo Wladimir und Malte abends oft waren. Und ich hatte Glück, sie waren da. „Na, wen haben wir denn da?", rief Wladimir sofort, als er mich sah. „Ich ...", begann ich und verlor den Faden. Was sollte ich sagen? Es war doch alles völlig sinnlos. Wladimir würde niemals etwas für mich tun. „Lass die Finger von Mia Kirberg, du Stück Scheiße", sagte er dann auch und kam mit seinem Gesicht nah vor meines. Ich schwieg. „Hast du denn deiner feinen Braut mal erzählt, dass deine Mutter eine Trinkerin ist und dass sie dich schon mal eingebunkert haben?" In den Taschen meiner Jeans ballte ich meine Hände zu Fäusten. Ich spürte heißen Schweiß auf meinem Rücken, obwohl es kalt war. Ich hörte Wladimirs Worte kaum noch. Mein Kopf fühlte sich plötzlich an, als wäre er mit Watte gefüllt. Dann fühlte ich gar nichts mehr. Aus weiter Ferne hörte ich noch einmal Maltes Stimme, die warnend rief: „Pass auf, Wladi, der Caspari dreht gleich durch ..." Und dann passierte es. Eigentlich komisch, dass ich vorhin das Springmesser in die Tasche meiner Lederjacke gesteckt hatte, einfach so.

Jana Frey

3 Formuliere ein mögliches Ende der Begegnung von Juli und Wladimir.

4 Stelle dar, wie Juli mit dem Konflikt besser hätte umgehen sollen. ≫ K3 S. 13

5 Nenne mögliche Gründe, warum Juli in der Situation ausrastet.

6 Stelle einen Zusammenhang zwischen der Geschichte und dem Thema „Schuldig oder nicht?" her.

M3 Kannst du nicht anders oder willst du nicht?

Gibt es angeborene Charaktereigenschaften, die Menschen in ihrer Selbstbestimmung d. h. ihrer Entscheidungsfreiheit behindern? Sollten die Veranlagungen eines Menschen mit in eine Urteilsfällung einbezogen werden? Der Neurowissenschaftler Gerhard Roth und der Philosoph Geert Keil melden sich dazu zu Wort:

Menschen können im Sinne eines persönlichen Verschuldens nichts für das, was sie wollen und wie sie sich entscheiden, und dies gilt unabhängig davon, ob ihnen die einwirkenden Faktoren bewusst sind oder nicht, ob sie sich schnell entscheiden oder lange hin und her überlegen. Sie werden in dem jeweils einen oder anderen Fall eventuell völlig unterschiedliche Dinge tun, aber sie tun dies nicht frei. Die Gene, die vor- und nachgeburtlichen Entwicklungen und Fehlentwicklungen, die frühkindlichen Erfahrungen und Traumatisierungen, die späteren Erfahrungen und Einflüsse aus Elternhaus, Freundeskreis, Schule und Gesellschaft – all dies formt unser emotionales Erfahrungsgedächtnis, und dessen Auswirkungen auf unser Handeln unterliegen nicht dem freien Willen. Dies gilt selbstverständlich auch für Personen, die Straftaten begehen.

Gerhard Roth

Einer aggressiv veranlagten Person wird es schwerer fallen als einer sanftmütigen, unter bestimmten Bedingungen keine Kneipenschlägerei zu beginnen. Sie muss sich also mehr anstrengen als andere, um keine Körperverletzung zu begehen. Warum sollte dieser Unterschied die moralische oder rechtliche Beurteilung ändern? [...] Wem eine gebotene Handlung oder Unterlassung aufgrund seiner angeborenen oder erworbenen Dispositionen [Verhaltenstendenzen] schwerer fällt als anderen, der muss gegebenenfalls trainieren, kompensatorische [entgegenwirkende] Gewohnheiten ausbilden oder bestimmte Situationen meiden. Wir erwarten mit Recht voneinander, ungünstigen Dispositionen [Verhaltenstendenzen] entgegenzuwirken.

Geert Keil

7 Fasse die jeweiligen Standpunkte der beiden Wissenschaftler zusammen.

8 Welche Sicht hat dich eher überzeugt? Begründe deine Meinung.

9 Erläutere, warum eine unterschiedliche Auffassung von Freiheit zu einer unterschiedlichen Bewertung von (Straf-)Taten führt.

M4 Das Urteil

Im Roman „Vergitterte Welt“ muss sich Juli vor Gericht verantworten:

Es kam wie es kommen musste. Weil Wladimir ziemlich stark verletzt gewesen war und weil ich das Messer schon von zu Hause mitgenommen hatte, [...] verurteilten sie mich zu einem Jahr Jugendgefängnis ohne Bewährung.

Jana Frey

10 Stell dir vor, dass du im Prozess gegen Juli dabei bist. Suche dir eine Seite aus: Anklage oder Verteidigung. Formuliere eine mögliche Gerichtsrede – ein Plädoyer – der Anklage oder der Verteidigung.

11 Stell dir vor, du bist Gerichtsreporterin oder -reporter. Verfasse aus deiner Kenntnis des Falls (M2) und der philosophischen Meinungen zum Thema Schuld (M3) einen Zeitungskommentar.

Freiheit – mach was draus!

M1 Pressefreiheit international

Die Organisation für Pressefreiheit „Reporter ohne Grenzen" veröffentlicht am Ende jeden Jahres eine Statistik über Medienschaffende, die im Verlauf des Jahres entführt, verhaftet, oder gar getötet wurden. 2023 sah die Bilanz so wie auf der Grafik links aus:

1 Beschreibe, was du angesichts dieser Statistik denkst und fühlst.
2 Nenne Gründe dafür, warum Journalistinnen und Journalisten in vielen Ländern verfolgt und sogar ermordet werden.
3 Diskutiere, ob man (manche) Journalistinnen und Journalisten als Freiheitskämpfer bezeichnen kann.

M2 „Jelena, du schreibst hier zu viel"

sagten maskierte Männer zu Jelena Walerjewna Milaschina, einer russischen Reporterin. Sie berichtete in Tschetschenien über einen Gerichtsprozess gegen eine Regimegegnerin:

Maskierte Unbekannte hatten die oppositionelle Investigativreporterin nach ihrer Ankunft in Grosny, Tschetschenien entführt, misshandelt und kahl geschoren. [...] Der Reporterin seien Finger gebrochen worden, sie sei kahl geschoren und mit einem grünlichen Desinfektionsmittel übergossen worden, berichtete auch die Menschenrechtsorganisation Memorial über den Vorfall. [...] Die Nachricht, die die Angreifer übermitteln wollten, sei jedoch klar: [...] „Du wirst nicht mehr schreiben über Tschetschenien." Milaschina wolle sich davon aber nicht einschüchtern lassen. [...] „Jelena ist eine unglaublich starke Person, mit einem unbeugsamen Willen. Trotz dieses entsetzlichen Überfalls will sie wieder nach Tschetschenien reisen und über den Gerichtsprozess berichten. Sie ist ein Prinzipienmensch".

Katja Mitic

4 Fasse zusammen, was der Reporterin Jelena Milaschina in Grosny geschehen ist.
5 Äußere deine Vermutungen, wem gegenüber sich die russische Reporterin verpflichtet fühlt. Notiere auch, ob es etwas gibt, wofür du dich unerschrocken einbringen würdest bzw. ob es eine Verpflichtung gibt, aufgrund derer du handeln würdest.
6 Begründe, warum die Arbeit von Journalistinnen und Journalisten, die sich nicht einschüchtern lassen, wichtig ist.

M3 Freiheit heißt: gegen den Strom schwimmen können

Frei sein heißt auch, von seiner Freiheit Gebrauch zu machen, sich zu engagieren.

Wir sind nicht unabhängig im Bezug auf die Zeit. Niemand kann sich die Epoche aussuchen, in der [er] lebt, ebenso wenig wie sein Leben selbst. Wir sind nicht unabhängig im Bezug auf unsere Kultur und unsere Sprache. Unsere Erfahrung von Freiheit konstituiert [zeigt] sich in einem konkreten Kultur- und Sprachraum. Wir sind nicht unabhängig im Bezug auf unsere Familie, ihre Tradition, ihre Religion und ihre Verhältnisse. Wir sind auch nicht unabhängig von den Schlägen des Schicksals. So, wie wir keinen Einfluss auf die Zeit unseres Lebens und auf unsere Familie haben, so haben wir auch keine Macht über das Schicksal. Freiheit ist kein absoluter Begriff. Sie vollzieht sich immer in einer konkreten Situation. Solange wir frei sind, können wir unsere Situation jedoch aktiv beeinflussen. Eben dadurch unterscheidet sich der freie Mensch vom Objekt. Ein Stück Holz, das in einen Fluss geworfen wird, muss mit dem Strom schwimmen. Der Mensch kann, wenn er es möchte, gegen den Strom schwimmen. […] Diese Unabhängigkeit in ihren unterschiedlichen Formen der Abhängigkeit bedeutet für uns gleichzeitig eine Verpflichtung. Eine Verpflichtung gegenüber unserer Epoche, unserer Heimat, unserer Kultur, unserer Sprache, unserer Familie […] – und schließlich gegenüber unserem eigenen Leben.

Tadeusz Gadacz

7 Fasse mit eigenen Worten zusammen, warum wir in unserem Leben sowohl abhängig als auch frei sind.

8 Erkläre, inwiefern die Arbeit vieler mutiger Journalistinnen und Journalisten als „gegen den Strom schwimmen" beschrieben werden kann.

9 Berichte von Erfahrungen damit, „gegen den Strom zu schwimmen". Das können eigene Erfahrungen sein oder die, die eine andere Person gemacht hat.

10 Entwickle ein Projekt, bei dem du die Zeit, in der du lebst, „aktiv beeinflusst" (z. B. kreative politische Aktionen, soziales Engagement für Kinder oder ältere Menschen usw.). Erkläre auch, warum du dich verpflichtet fühlst, dich für das Thema deines Projekts zu engagieren und wie du mit Hindernissen umgehen würdest. » K2 S. 16

M4 Andersdenken

Die Wirtschaftswissenschaftlerin und Politikerin Rosa Luxemburg (1871 – 1919) ging für ihre Überzeugungen ins Gefängnis. Später bezahlte sie auch mit ihrem Leben dafür. Von ihr stammt der bekannte Ausspruch, *„Freiheit ist immer die Freiheit der Andersdenkenden"*.

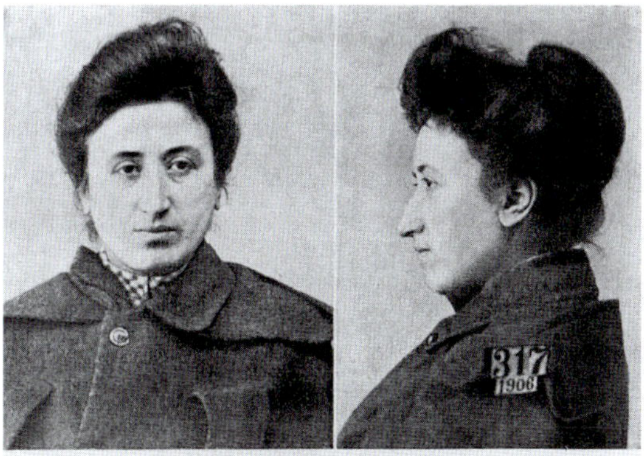

ROSA LUXEMBOURG
(Fiche anthropométrique de la prison de Varsovie)

11 Gestalte auf einem Blatt eine Gedankenblase: Was könnte Rosa Luxemburg gedacht haben, als von ihr dieses Gefängnisfoto gemacht wurde?

12 Erkläre, wie du den Spruch verstehst.

13 Verdeutliche an einem Beispiel, warum dieser Spruch auch heute noch aktuell ist.

14 Recherchiere, wer Rosa Luxemburg war, wie sie starb und warum sie von vielen als Freiheitskämpferin verehrt wird.

Zeig, was du kannst!

Das Wichtigste in Kürze

Schicksal – Entscheidungen – offene Zukunft – (un)schuldige Straftäter – Willensfreiheit – Handlungsfreiheit – Charakter – Gewohnheiten – Freiheit als Menschenrecht – Engagement und Verantwortung

Über Schicksal, Bewegungsfreiheit, Persönlichkeit, Schuld, Engagement

Freiheit verschwindet, wenn man bestimmte Ansichten teilt. Glaubt man etwa, dass Hellseherei möglich ist oder das Leben durch ein Schicksal vorherbestimmt ist, dann stehen die Entscheidungen einer Person bereits fest und die Existenz eines freien Willens wird fragwürdig. Ähnlich ist es, wenn man annimmt, dass durch die Veranlagungen und die Erfahrungen vollständig festgelegt ist, wie sich eine Person verhält. Dann wäre niemand mehr schuld an irgendetwas. Man konnte ja nicht anders handeln. Aber Schuld setzt voraus, dass man auch anders hätte handeln können.

Als Minimalbedingung für Freiheit gilt: Man muss mehrere Handlungsmöglichkeiten haben, in der Lage sein, absichtlich zu handeln und die Kontrolle über seine Handlungen haben. Bei Menschen, die in ihrer Bewegungsfreiheit völlig eingeschränkt sind, wie die sogenannten Locked-In-Patienten, stellt sich die Frage, ob sie in diesem Sinne als frei bezeichnet werden können. Viele Menschen wollen wissen: Haben wir die Freiheit uns bzw. unseren Charakter zu ändern? Aus Sicht der Psychologie ist das, wenn überhaupt, nur unter großen Anstrengungen möglich. Verantwortung für das, was wir tun und was wir aus unserem Leben machen, tragen wir nur, wenn wir frei entscheiden können, was wir tun. Besonders frei wirken Menschen, die sich trotz größter Widerstände und persönlicher Opfer für Freiheitsrechte wie die Pressefreiheit engagieren.

Kompetenz-Check

M Sprüche und Zitate

- „Jeder hat das Recht auf die freie Entfaltung seiner Persönlichkeit, soweit er nicht die Rechte anderer verletzt ..." (§2 Grundgesetz für die Bundesrepublik Deutschland)
- „Die Freiheit ist ein wundersames Tier und manche Menschen haben Angst vor ihr. Doch hinter Gitterstäben geht sie ein, denn nur in Freiheit kann die Freiheit Freiheit sein." (Aus einem Song des österreichischen Liedermachers Georg Danzer, 1946 – 2007)
- „Ich hoffe nichts, ich fürchte nichts, ich bin frei." (Inschrift auf dem Grabstein des griechischen Schriftstellers Nikos Kazantzakis, 1883 – 1957)
- „Des Menschen Wille ist sein Himmelreich." (Sprichwort)

1 Stelle Argumente zusammen. Bist du der Meinung, dass wir in unserem Leben frei sind oder nicht?

2 Beurteile, ob man nur Schuld haben kann, wenn man die Möglichkeit hat frei zu entscheiden. Kläre dabei auch, was es bedeutet, frei zu handeln.

3 Formuliere eine ethische Frage, die sich aus einem der Zitate ergibt, und erkläre ihre Bedeutung. » K2 S. 10

4 Vollziehe nach, warum der griechische Schriftsteller Kazantzakis diesen Spruch auf seinen Grabstein schreiben ließ. » K2 S. 8

Werkstatt

Eine Mauergalerie der Freiheit

Gestalte gemeinsam mit deinem Kurs eine „Wall of Freedom“ mit persönlichen Gedanken, Sprüchen und Bildern zum Thema „Freiheit“.

- Einige dich mit den anderen im Kurs, ob die „Wall of Freedom“ digital mit Hilfe einer App oder als großes Plakat im Klassenzimmer gestaltet werden soll.
- Sammle, notiere oder fotografiere Dinge, die für dich mit „Freiheit“ in Zusammenhang stehen, z. B.:
  - Du erinnerst dich an eine Situation, die du als besonders unfrei oder frei empfunden hast? Zeichne oder beschreibe sie.
  - Du siehst etwas, das dich spontan an frei oder unfrei sein erinnert? Mach ein Foto.
  - Dir kommt ein Gedanke zum Thema Freiheit? Schreib ihn auf.
  - Du liest eine Nachricht oder findest im Internet einen Bericht über Menschen, denen Freiheit wichtig ist? Mach einen Screenshot.
  - Du kennst einen Spruch, ein Meme oder etwas anderes zum Thema? Bringe es auf eure „Wall of Freedom“.

- Stelle an einem vorher festgelegten Tag deinen Beitrag vor.
- Kommentiere die Beiträge deiner Mitschülerinnen und Mitschüler.
- Diskutiere mit ihnen darüber, was „Freiheit“ bedeutet.

Worauf es ankommt

- ☑ ausdrucksstarke Sprüche, Geschichten, Bilder usw., die für dich Freiheit symbolisieren sammeln
- ☑ die wichtigsten Sprüche etc. auf euerer gemeinsamen „Wall of Freedom“ platzieren
- ☑ anderen deine Sprüche, Geschichten und Bilder erläutern
- ☑ über deine Vorstellung von Freiheit und die der anderen diskutieren

Warum werden Menschen heimatlos?

Sind Grenzen wirklich notwendig?

Wie fühlt sich Heimat an?

Schützen uns Grenzen oder sperren sie uns ein?

Gibt es nur eine Heimat?

Freiheit und Würde

> Heimat finden

WERKSTATT

Die Heimat? Eine Heimat? Viele Heimaten? – Heimat in der globalisierten Welt

Was ist für dich Heimat? Die Antwort auf diese Frage kann sehr unterschiedlich sein. Was Heimat für uns bedeutet, kann sich im Laufe des Lebens auch immer wieder verändern. Es ist schwer in Worte zu fassen, was wir mit Heimat meinen – manchmal verbinden wir damit einen Ort, ein Gefühl oder eine Erinnerung.

Gerade, weil es sich um etwas sehr persönliches und emotionales handelt, kann es spannend sein zu erfahren, was andere unter Heimat verstehen.

Organisiere mit deinem Ethikkurs eine Ausstellung zum Thema Heimat und finde einen geeigneten Platz für die Präsentation der Ergebnisse. Stimme gemeinsam in der Gruppe darüber ab, wer sich am Projekt beteiligen soll, z. B. die ganze Schule oder nur der Kurs. Entscheide im Team auch, welche Kreativbeiträge die Mitschülerinnen und Mitschüler zum Thema einreichen sollen (z. B. Foto, Video, Text).

Heimatsgefühle

M1 Sehnsucht: Heimat.

1 Beschreibe und deute das Plakat zur Ausstellung „Heimat. Eine Suche." Beachte insbesondere die gestalterischen Mittel
2 Formuliere deine Erwartungen an die Ausstellung in Bezug auf dieses Plakat. Vervollständige die Sätze:
Die Ausstellung würde mir gefallen, wenn ....
Ich wäre von der Ausstellung enttäuscht, wenn ...
3 Formuliere Vermutungen, warum seit einigen Jahren so viele Ausstellungen zum Thema „Heimat" gezeigt werden. Ist das Thema wichtiger geworden?
4 Berichte darüber, wie du dir deine Heimat in der Zukunft vorstellst.

M2 Heimat ist ...

Heimat kann vieles bedeuten. Deshalb wurden in der Ausstellung „Heimaten" die Besucher gebeten, sich an einer Umfrage zu beteiligen. Ihre Antworten wurden in der Ausstellung direkt an die Wand projiziert.

Am meisten vermisste der italienische Astronaut Luca Parmitano auf der Internationalen Raumstation ISS eine gute Tasse Kaffee. Seine Nachfolgerin, Samantha Cristoforetti, bekam deshalb eine italienische Espressomaschine und eine spezielle Tasse ins All geschickt.

Anna Wilhelm

Ist deine Heimat ein Ort?

Ist deine Heimat eine Gemeinschaft?

Ist Heimat etwas Sinnliches?

Ist deine Heimat ein Grund zur Sorge?

Ist deine Heimat ein Staat?

Ist deine Heimat etwas Neues?

Ist deine Heimat mit Verlust verbunden?

5 Stell dir vor, auch deine Antworten würden in der Ausstellung direkt an die Wand projiziert werden. Beantworte die Fragen in kurzen Sätzen möglichst spontan.
6 Verfasse mit diesen Fragen ein fiktives Interview mit der italienischen Astronautin auf der ISS. Wie würde sie wohl diese Fragen passend zum Bild beantworten?
7 Der Astronaut Luca Parmitano vermisste auf der ISS eine gute Tasse Kaffee. Nenne Dinge, die du in der Fremde am meisten aus deiner Heimat vermissen würdest.

M3 Heimat ist offen – aber nicht beliebig

Der Bundespräsident Frank Walter Steinmeier sprach in einer Rede zum Tag der Deutschen Einheit auch darüber, was Heimat in einer offenen Gesellschaft bedeutet.

Denn verstehen und verstanden werden – das will jeder und das braucht jeder, um sein Leben selbstbewusst zu führen. Verstehen und verstanden werden – das ist Heimat.

Ich bin überzeugt, wer sich nach Heimat sehnt, der ist nicht von gestern. Im Gegenteil, je schneller die Welt sich um uns dreht, desto größer wird die Sehnsucht nach Heimat. Dorthin, wo ich mich auskenne, wo ich Orientierung habe und mich auf mein eigenes Urteil verlassen kann. Das ist im Strom der Veränderungen für viele schwerer geworden.

Diese Sehnsucht nach Heimat dürfen wir nicht denen überlassen, die Heimat konstruieren als ein „Wir gegen die"; als Blödsinn von Blut und Boden; die eine heile deutsche Vergangenheit beschwören, die es so nie gegeben hat. Die Sehnsucht nach Heimat – nach Sicherheit, nach Entschleunigung, nach Zusammenhalt und vor allen Dingen Anerkennung –, diese Sehnsucht dürfen wir nicht den Nationalisten überlassen.

Ich glaube, Heimat weist in die Zukunft, nicht in die Vergangenheit. Heimat ist der Ort, den wir als Gesellschaft erst schaffen. Heimat ist der Ort, an dem das „Wir" Bedeutung bekommt. So ein Ort, der uns verbindet – über die Mauern unserer Lebenswelten hinweg –, den braucht ein demokratisches Gemeinwesen […]. Wo Heimat ist, da gibt es viel zu erzählen. [Wir] sollten […] wieder lernen, einander zuzuhören: wo wir herkommen, wo wir hinwollen, was uns wichtig ist.

Frank Walter Steinmeier

8 Notiere in zwei Spalten, (links) welcher Begriff von Heimat im Text abgelehnt wird und (rechts) was der Autor unter Heimat versteht.

9 Formuliere eine ethische Frage zum Heimatbegriff. Warum ist es wichtig für unser Zusammenleben in der Gesellschaft, welches Verständnis wir von Heimat haben? Begründe deine Meinung. » K2 S. 10

M4 Keine Heimat, eine Heimat, viele Heimaten?

„Es kann ja sein, dass man durch seine Heimat die Welt versteht, aber man versteht sich selbst erst, wenn man in der Fremde ist", dachte er und betrachtete vom Flugzeug das dichte, grüne Feld der Dattelbäume, bis es aus seinem Blickfeld verschwand. Er hatte das Gefühl, seine Heimat zweimal verloren zu haben: Das erste Mal, als er fliehen musste, und das zweite Mal, als er sie wiedersah.

Usama Al Shahmani

„Mir hüpft das Herz in der Brust, wenn ich in Istanbul den Bosporus wiedersehe. Und auf dem Rückweg nach Berlin hüpft mir das Herz, wenn ich den Fernsehturm wiedersehe." […] Heimat gibt es auch im Plural. Ein Mensch kann mehr als eine Heimat haben und neue Heimat finden.

Seyran Ateşi

10 Es gibt viele Menschen, die ihr Leben nicht an einem Ort verbringen. Vergleiche die beiden Aussagen und nimm dazu Stellung. Kann man sich an mehreren Orten heimisch fühlen? Berichte auch von eigenen Erfahrungen.

11 Der Autor Usama Al Shahmani spricht von seiner Entfremdung von seiner einstigen Heimat. Diskutiere, welche Gründe es haben kann, sich in der alten Heimat fremd zu fühlen.

Warum Menschen ihre Heimat verlassen

M1 Was nun?

1 Deute das Bild. Gehe dabei auch auf den Titel ein.

2 Stell dir vor, du stehst vor einer solchen Mauer. Formuliere Fragen oder Gedanken, die dir durch den Kopf gehen könnten.

M2 Was treibt Menschen in die Flucht?

Wissenschaftler erforschen die Ursachen und Bedingungen von Flucht und Migration, um diese Bewegungen besser zu verstehen und gute Lösungen zu finden.

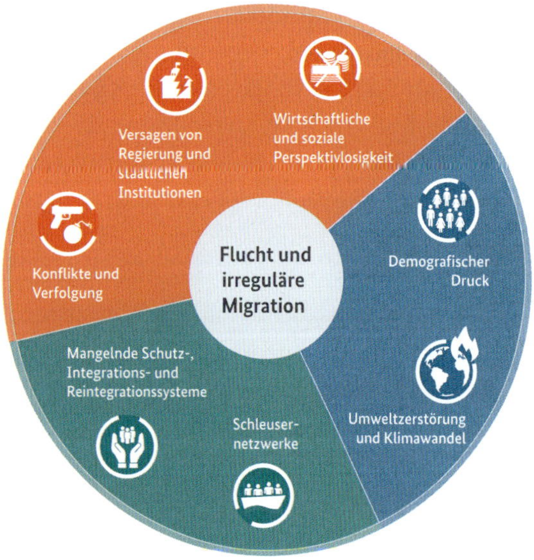

3 Diskutiere mit Hilfe des Schaubildes, welche Ursachen Flucht und irreguläre Migration (ungeordnet, rechtlich ungeregelt) haben kann. Kläre in der Gruppe Begriffe und formuliere Verständnisfragen.

4 Es wird im Schaubild zwischen direkten und indirekten Ursachen unterschieden. Überprüfe die genannten Ursachen und erkläre diese Unterscheidung.

5 Es werden bei den Ursachen von Migration Push- und Pull-Faktoren unterschieden. Übersetze die beiden Begriffe und ordne diese im Schaubild ein. Welche Rolle spielen die Abwanderungsstaaten und welche die Zielstaaten?

M3 Migration – ein schwieriger Begriff

Anhand der Gründe, warum Menschen ihre Heimat verlassen, kann man grob zwischen *Flüchtlingen* und *MigrantInnen* unterscheiden.

Als *Flüchtlinge* bezeichnet man Menschen, die ihre Heimat verlassen, weil ihnen dort Gefahr droht. Das ist beispielsweise der Fall, wenn sie aufgrund ihrer Zugehörigkeit zu einer Volksgruppe, einer Religionsgemeinschaft, einer sozialen Gruppe, ihrer Nationalität oder politischen Überzeugung verfolgt werden. Auch Menschen, die vor Krieg und Gewalt flüchten, werden meist als Flüchtlinge anerkannt. [...]

Es gibt aber auch andere Gründe, wieso Menschen ihre Heimat verlassen: Weil sie auf der Suche nach Arbeit sind, im Ausland studieren möchten oder dort Familienangehörige oder Freunde leben. In diesen Fällen sprechen wir von *Migration*. MigrantInnen werden in ihrer Heimat nicht verfolgt und können jederzeit wieder in ihre Heimat zurückkehren. [...]

Oft ist es schwierig, zwischen Flucht und Migration, Flüchtlingen und MigrantInnen zu unterscheiden. In vielen Fällen verschwimmen die Grenzen. Gemeinsam ist den betroffenen Menschen, dass sie die Hoffnung haben, anderswo ein besseres Leben zu finden.

www.demokratiewebstatt.at

Hörtext zu M3

Mediencode: 20087-06

6 Fasse die verschiedenen Formen der Zuwanderung im Text zusammen.

7 Erstelle in der Gruppe ein Plakat zum Thema Ursachen und Formen von Flucht und Migration. Füge deine Ergebnisse aus M2 und M3 zusammen und ergänze sie gegebenenfalls durch zusätzliche Kenntnisse in der Gruppe. » K2 S. 14

8 Finde Gründe, warum die Unterscheidung zwischen Flucht und Migration oft schwierig ist. Veranschauliche das Problem an Beispielen.

M4 Nicht vergessen!

In einem Kunstprojekt mit der Bildhauerin Brele Scholz schnitzten geflüchtete Männer aus Syrien und dem Irak ein Mahnmal und stifteten es der Gemeinde Thomas Morus in Bonn.

Bei der feierlichen Übergabe sagte einer der am Projekt beteiligten Männer Folgendes:

Mein Name ist Ibrahim Mahmoud.

Ich bin von Syrien nach Deutschland gekommen.

Bitte, ich bin jetzt hier. Ich bin nicht mehr Flüchtling.

Ich bin in Freiheit. Und ich bin Mensch.

Bitte, nennt mich nicht Flüchtling, sondern nennt mich bei meinem Namen, Ibrahim.

9 Deute das Werk und informiere dich über das Projekt.

10 Stell Vermutungen darüber an, welche Bedeutung die Mitarbeit an diesem Projekt für die Geflüchteten hatte.

11 Deute die Ansprache von Ibrahim Mahmoud. Warum möchte er nicht als Flüchtling bezeichnet werden?

Über Grenzen

M1 Grenzgebiete

1 Erstelle mit der Blitzlichtmethode einen Worthaufen mit dem Begriff „Grenze". Beziehe dich auch auf die Bilder.

2 Verfasse ein kurzes Gedicht (Vierzeiler) zu den Bildern.

M2 Hier sind wir – dort sind die anderen

Menschen suchen Nähe, brauchen aber auch Abstand voneinander. Bereits in der Jungsteinzeit waren Behausungen von Siedlern mit Rutengeflecht umgeben und noch heute sind Gartenzäune aus Wohngebieten nicht wegzudenken. Am Arbeitsplatz werden eifrig Schutzwälle aus Topfpflanzen, Linealen oder Kugelschreibern gebaut und in den öffentlichen Verkehrsmitteln helfen Zeitungen oder Aktenmappen beim alltäglichen Errichten von Bollwerken.

Was im Kleinen gilt, gilt auch im Großen. Betrachtet man den Staat als Zweckverband, zu dessen wichtigsten Aufgaben der Schutz des Zusammenlebens von Menschen gehört, ist es nicht verwunderlich, dass schon früh durch Verträge oder stillschweigende Übereinkünfte Scheidelinien zwischen Territorien festgelegt wurden. Oft dienten Berge, Flüsse oder Wälder als Grenzen.

Volker Eklkofer

3 Erläutere mit Hilfe des Textes, warum Menschen Grenzen errichten.

4 Beschreibe, welche Formen der Abgrenzung du in deinem Alltag kennst und welche du selber einsetzt.

5 Beschreibe, welche Gefühle bei dir solche Grenzen auslösen.

M3 Abschottung und Ausgrenzung – über Sinn und Zweck von Mauern

Es gibt politisch-ideologische, ethnisch-kulturelle und ökonomische Gründe, Mauern zu bauen und Grenzen zu befestigen. Schutzwälle sollen Feinde oder Terroristen abhalten und verhindern, dass Fremde ins Land kommen. Nach innen sollen sie ein Gefühl der Sicherheit vermitteln, den Menschen außerhalb klarmachen, dass sie keinesfalls „dazugehören". Manchmal sollen Mauern auch das eigene Volk daran hindern, ihrer Heimat den Rücken zu kehren. Mauerbau scheint verlockend einfach zu sein. Regierungen, die Schutzwälle errichten, zeigen ihrer Bevölkerung, dass sie „etwas tun". […] Mittelfristig können Mauern politische Systeme festigen (siehe DDR nach dem Mauerbau) und Angstgefühle verstärken (siehe Furcht vieler Europäer vor Wirtschaftsmigranten aus Afrika). Doch auf lange Sicht sind Mauern und Grenzen keine Problemlöser. Sie manifestieren Feindbilder und schaffen ein trügerisches Gefühl der Sicherheit. Wer derzeit die Zäune um Europa immer höher zieht, sollte daran denken, dass die meisten historischen Mauern überrannt oder eingerissen wurden.

Volker Eklkofer

6 Beschreibe das Bild und erstelle einen Zusammenhang zum Text.

7 Diskutiere in der Gruppe über die Aussage, dass Mauern und Grenzen keine Problemlöser sind. Begründe deine Ansicht mit guten Argumenten. » K4 S. 13

8 Deute das Bild. Berücksichtige dabei, dass dieses Graffiti auf die Berliner Mauer aufgetragen wurde. Spielt diese Tatsache für die Bildaussage eine Rolle?

M4 Unsichtbare Mauern der Gesellschaft

In seiner Rede sprach der Bundespräsident, Frank Walter Steinmeier über Mauern, die quer durch die Gesellschaft, zwischen den Menschen verlaufen.

Die große Mauer quer durch unser Land ist weg. […] Es sind andere Mauern entstanden, weniger sichtbare, ohne Stacheldraht und Todesstreifen […].
Ich meine die Mauern zwischen unseren Lebenswelten: zwischen Stadt und Land, online und offline, Arm und Reich, Alt und Jung – Mauern, hinter denen der eine vom anderen kaum noch etwas mitbekommt.
Ich meine die Mauern rund um die Echokammern im Internet; wo der Ton immer lauter und schriller wird und trotzdem Sprachlosigkeit um sich greift, weil wir kaum noch dieselben Nachrichten hören, Zeitungen lesen, Sendungen sehen.
Und ich meine die Mauern aus Entfremdung, Enttäuschung oder Wut, die bei manchen so fest geworden sind, dass Argumente nicht mehr hindurchdringen.

Frank Walter Steinmeier

9 Finde Beispiele aus deinem Alltag zu den im Text genannten Mauern. Wie erlebst du die Mauern zwischen den Lebenswelten?

10 Diskutiere Gründe, warum diese Mauern in unserer Gesellschaft entstehen, und überlege, wie man diese abbauen könnte.

Globale Bewegungsfreiheit für jeden. Geht das?

M1 „Menschen haben Beine, keine Wurzeln"

Paul Klee (1879–1940): Revolution des Viadukts, 1937

1 Beschreibe und deute das Bild. Achte insbesondere auf die formalen Gegensätze im Bild (z. B. Stabilität und Mobilität bzw. Füße und Brücke/Viadukt oder Individuum und Masse).
2 Übertrage die Bildaussage auf die Themen Flucht und Migration.
3 Erläutere, welche Ähnlichkeiten zwischen Flucht bzw. Migration und Revolution bestehen könnten.

M2 Migration und Menschenrechte

Artikel 13 – Jede/r darf sich frei bewegen.
Jede/r hat das Recht, sich innerhalb eines Staates frei zu bewegen und seinen Aufenthaltsort frei zu wählen. Jeder hat das Recht, jedes Land, einschließlich seines eigenen, zu verlassen und in sein Land zurückzukehren.

Artikel 14 – Recht auf Asyl.
Jede/r hat das Recht, in anderen Ländern Schutz vor Verfolgung zu suchen und zu bekommen. Das Asylrecht kann nicht in Anspruch genommen werden, wenn jemand wegen eines nichtpolitischen Verbrechens verfolgt wird oder gegen die Ziele und Grundsätze der Vereinten Nationen verstößt.

Artikel 15 – Jede/r hat das Recht auf eine Staatsangehörigkeit.
Niemandem darf seine Staatsangehörigkeit willkürlich entzogen oder das Recht versagt werden, seine Staatsangehörigkeit zu wechseln.

Die Allgemeine Erklärung der Menschenrechte

4 Finde Gründe, warum diese Rechte in die Allgemeine Erklärung der Menschenrechte aufgenommen worden sind.
5 Die Menschenrechte formulieren nicht nur Rechte, sondern indirekt auch Verpflichtungen. Erkläre, auf welchen Grundsatz der Menschenrechte das Plakat sich berufen kann.
6 Menschenrechte sind zwar universell, d. h. sie gelten überall, werden aber leider nicht immer eingehalten. Finde Beispiele für Verletzungen der hier genannten Paragraphen.

M3 Weltweite Migration – Chance oder Bedrohung?

Flucht und Vertreibung stellen für die Betroffenen schon immer eine menschliche Katastrophe und fundamentale Zäsur dar. Die ihnen zugrunde liegenden Ursachen sollten deshalb nach Möglichkeit reduziert werden. Migration kann hingegen für die **Betroffenen selbst** und für die **Herkunfts-** und **Aufnahmeländer** positive und negative Wirkungen haben.

Positiv sind die Wirkungen insbesondere dann, wenn selbstbestimmte Migration auf fairen Abkommen zwischen Herkunfts- und Aufnahmeländern beruht und die Rechte der Migrantinnen und Migranten geachtet werden. So kann sie eine wichtige Triebkraft für individuelle und gesellschaftliche Entwicklung darstellen. Aus- und Rückwanderungen können zum interkulturellen Verständnis und zum Wissenstransfer beitragen, Geldtransfers von Migrantinnen und Migranten zur Entwicklung der Herkunftsländer. Gut geregelte Migration kann nicht zuletzt dazu beitragen, dass Länder wie Deutschland, die aus demografischen Gründen auf Zuwanderung angewiesen sind, ihr Wohlstandsniveau halten können.

Negative Effekte treten vor allem dann auf, wenn Migration auf irregulärem, ungeordnetem und unsicherem Wege geschieht. Irregulären Migrantinnen und Migranten drohen ebenso wie Flüchtlingen Menschenrechtsverletzungen, Folter oder gar Tod. Herkunftsländer verlieren leistungsfähige Mitglieder ihrer Bevölkerung. Aufnahmeländer blicken mit Sorge auf eine mögliche Überlastung ihrer Institutionen und Risiken für den gesellschaftlichen Zusammenhalt, insbesondere wenn Migration (gefühlt oder tatsächlich) ungeordnet und schnell ansteigt.

Daher ist es sowohl im Interesse der Menschen, die sich auf einen häufig unsicheren und gefährlichen Weg machen müssen, als auch im Interesse der internationalen Gemeinschaft, die Ursachen von Flucht und irregulärer Migration präventiv weitestgehend zu reduzieren.

Bericht der Fachkommission Fluchtursachen der Bundesregierung

7 Erarbeite Vor- und Nachteile von Migration und stelle diese gut strukturiert in einem Schaubild dar. Für wen hat welche Form der Migration welche Folgen?

8 Entwirf mit Hilfe des Textes deine Vision von einer zukünftigen Gesellschaft. Wie stellst du dir das Zusammenleben in einer solchen Gemeinschaft vor? » K4 S. 17

9 Deute den häufig zitierten Satz „Wir riefen Arbeitskräfte, und es kamen Menschen." (Max Frisch, Schweizer Schriftsteller) Reicht eine geregelte Migration für die positiven Wirkungen für alle Betroffenen? Mache weitere Vorschläge.

M4 Zufälliges Glück – ist das fair?

Der Ort, an dem wir auf die Welt kommen, bestimmt wesentlich unsere Lebenschancen. Das ist nicht fair. Mit welchem Recht blockieren Staaten also die Bewegungsfreiheit und gießen das zufällige Glück des Geburtsortes in Beton? Das gedankliche Experiment lautet [...]: Wenn wir nicht wüssten, ob wir in Lagos oder Stockholm zur Welt kommen, würden wir dann für abgeriegelte Grenzen oder für das Recht auf globale Bewegungsfreiheit plädieren?

Stefan Reinecke

10 Führe das Gedankenexperiment durch und nimm begründet Stellung.

11 Es gibt auch Migration in die andere Richtung. Pro Jahr verlassen über 1 Millionen Menschen Deutschland, darunter etwa 200.000 Deutsche. Recherchiere nach Gründen, Zielen und Lebensbereichen.

Fluchtgeschichten. Was wäre, wenn …?

M1 Wenn bei uns Krieg wäre. Wohin würdest du gehen?

Ein Gedankenexperiment, das den Spieß umdreht. Die dänische Schriftstellerin Janne Teller erzählt in ihrem Werk vom Krieg, von Flucht und Vertreibung aus einer umgekehrten Perspektive. (Un)vorstellbar?

Wenn durch die Bomben der größte Teil des Landes, der größte Teil der Stadt in Ruinen läge? Wenn das Haus, in dem du und deine Familie lebt, Löcher in den Wänden hätte? […] Deine Mutter hat Bronchitis, und bald wird sie wieder eine Lungenentzündung bekommen. Dein großer Bruder hat schon früh bei einem Vorfall mit einer Mine drei Finger der linken Hand verloren und unterstützt gegen den Willen deiner Eltern die Milizia.

Deine kleine Schwester wurde von Granatsplittern am Kopf verletzt, sie liegt in einem Krankenhaus, dem es an allem fehlt. Deine Großeltern starben, als eine Bombe ihr Pflegeheim traf. Du bist noch unversehrt, aber du hast Angst. Morgens, mittags, abends, nachts. […] Jedes Mal, wenn es irgendwo kracht, zuckst du zusammen. Wie viele deiner Freunde wurden dieses Mal getroffen?

Janne Teller

1 Beschreibe die Stimmung, die der Text in dir weckt, und stelle Vermutungen über den weiteren Verlauf der Geschichte an. Berücksichtige auch das Buchcover.

2 Beantworte die Frage im Titel. Wohin würdest du gehen, wenn in Deutschland Krieg wäre? Wie würdest du handeln?

M2 Geflüchtet aus der Heimat

Eure Familie ist zu einer Zahl geworden. Fünf! Es gibt kein Land, das weitere fünf Flüchtlinge haben will. Flüchtlinge, die die Sprache nicht beherrschen, die nicht wissen, wie man sich in einer klassischen Kulturgesellschaft benimmt, dass man seinen Nachbarn respektiert, den Gast höher stellt als sich selbst und die Tugend einer Frau achtet. Flüchtlinge, die nicht wissen, wie man in der Hitze lebt. Nein, es gibt kein Land, das die dekadenten Menschen aus dem Norden aufnehmen will. Freidenker, die nur den Lebensstil der Rechtgläubigen verderben wollen. Arbeiten können sie auch nicht. Sie können kein Arabisch, und sie sind es nicht gewöhnt zuzupacken. Flüchtlinge aus Europa können nichts anderes als in Büros sitzen und Papiere umdrehen. Das braucht man nirgends! So heißt es in der arabischen Welt, der nächstgelegenen Region, in der Frieden herrscht und die Möglichkeiten für eine Zukunft bietet. Wohin dann?

Janne Teller

3 Die Autorin spielt an die gängigen Vorurteile an, mit denen Geflüchtete in Deutschland konfrontiert werden. Beschreibe in Ich-Form, welches Bild die Einheimischen im Text von dir haben.
Z. B. *Sie meinen, wir sind respektlos …*

4 Fremde werden oft als Bedrohung wahrgenommen. Fasse in Ich-Form zusammen, welche Ängste dir gegenüber im Text formuliert werden.
Die Einheimischen haben Angst, dass ich/wir …

M3 Entwurzelt in der Fremde

Du hast dein Tagebuch mitgenommen. Das soll dich daran erinnern, dass es ein Leben vor dem Krieg gab: Damals waren die Deutschen ein bunt gemischtes Volk, Menschen, die unterschiedliche Ansichten zu allem haben durften. […] Daran willst du dich unbedingt erinnern. […] Dass Deutschland nicht immer Kälte und Angst und Misstrauen und Hass war. […] Dass Griechen und Spanier und Franzosen nicht immer auf dich und die Deinen geschossen haben. […] Zwei Jahre später bekommt ihr Asyl. Befristet, aber immerhin. […] Viele andere werden zurückgeschickt. Ägypten hat keinen Platz für noch mehr Flüchtlinge. Es herrscht sowieso schon Mangel an Wohnungen. An Wasser. An Geld. Du solltest dankbar sein. […] Das Leben ist schwer. Alles ist anders als zu Hause. […] Auf der Straße rufen dir die Leute oft etwas hinterher, sie verkaufen dir auf dem Markt das schlechteste Gemüse und lassen dich in der Kaffeebar besonders lange warten. Auch wenn du dunkle Haare hast und leicht braun wirst, du kannst deine blauen Augen nicht verstecken. […]

Als der Krieg schließlich ein Ende hat, ist Deutschland nicht mehr dasselbe Land. […] Ägypten will keine weiteren Flüchtlinge aus Europa aufnehmen. Jetzt ist Frieden, und wir können keinen mehr nehmen, heißt es. Außerdem sind die Europäer unzüchtige Heiden, die die Gesellschaft korrumpieren, in die sie sich einschleusen. Die Europäer denken, sie seien jedem ebenbürtig, sie haben keine Disziplin, und besonders die Frauen sind schlecht erzogen und geben in jeder Hinsicht Anlass zur Unruhe, egal wie oft man sie über die Sitten und Gebräuche ihres Gastlands belehrt.

Janne Teller

5 Verfasse einen Tagebucheintrag. Was würdest du am meisten von deinem jetzigen Leben vermissen, wenn du aus Deutschland fliehen müsstest?

6 Tausche dich in der Gruppe über eure persönlichen Erfahrungen aus. Wie fühlt es sich an, unerwünscht oder fremd zu sein? Was macht das mit einem?

7 Vergleiche die Beschreibung des Lebens als Geflüchtete in einem neuen Land mit deiner Wahrnehmung des Zusammenlebens von Einheimischen und Zugewanderten. Überprüfe, was deine aktuelle Einschätzung beeinflusst und inwiefern sich diese durch einen Perspektivenwechsel verändert. » K1 S. 8

M4 Angekommen oder nur geblieben?

Ihr habt für euer neues Land eine unbefristete Aufenthaltserlaubnis bekommen. Eure Kinder werden als Ägypter geboren. Ihre erste Sprache ist Arabisch, und auch wenn sie Christen sind, kennen sie den Koran besser als die Bibel. In der Kaffeebar nebenan spricht man dich mit Vornamen an, du bist mit dem Schuhmacher befreundet und mit dem Sohn des Autohändlers, und auf dem Markt werden dir die besten Waren angeboten. Trotzdem bist du ein Fremder. Trotzdem denkst du jeden Tag daran, wann du nach Hause zurückkehren kannst. Nach Hause. Nach Hause?

Janne Teller

8 Vergleiche den Abschnitt mit dem in M3. Wie hat sich der Alltag verändert?

9 Deute die Zeilen über die Heimat. Was deutet das Fragezeichen an?

Zeig, was du kannst!

Das Wichtigste in Kürze

Heimat – Sehnsucht – Migration – Flucht – Grenze – Abschottung – Mauerfall – Asyl – Staatsangehörigkeit – Herkunftsland – Aufnahmeland – entwurzelt

Fremde Heimat

Der Begriff „Heimat" kann insbesondere in der heutigen globalisierten Welt sowohl positiv als auch negativ besetzt sein. Wie bedeutsam sie für uns sein kann, erfahren wir oft erst, wenn wir sie (freiwillig oder unfreiwillig) verlassen oder verlieren. Erst dann zeigt sich, wie verwurzelt wir mit der Heimat sind, was wir mit ihr an Menschen, Gewohnheiten und Empfindungen verbinden.

Die Gründe, warum Menschen ihre Heimat verlassen, können vielfältig sein: Perspektivlosigkeit, Flucht und Verfolgung, bessere Lebenschancen oder Neugier. Hierbei müssen oft politische, gesellschaftliche oder kulturelle Grenzen überwunden werden, die von Menschen und Staaten häufig aus Angst, Rivalität oder Unkenntnis errichtet werden. Sind einmal diese Grenzen überwunden, erfahren wir häufig, wie positiv und bereichernd für uns alle die Begegnung und der Austausch mit dem bis dahin Unbekannten sein kann. Ob wir Migration als Chance oder Bedrohung wahrnehmen, es sollte uns immer bewusst bleiben, dass unser Anspruch auf Bewegungsfreiheit, auf Staatsangehörigkeit und auf Asyl ein sehr hohes Gut ist, das uns allen zusteht und deshalb zurecht durch die allgemeinen Menschenrechte geschützt ist.

Kompetenz-Check

M Grenzenlose Ressourcen?

Wir lassen Billig-Kleidung ins Land, nicht aber die Textilarbeiter aus Bangladesch. Wir zerstören die Märkte in Afrika, riegeln aber die Grenzen ab, wenn entwurzelte afrikanische Bauern Zuflucht bei uns suchen. Sie sind die Opfer der boomenden Marktwirtschaft in den Industrieländern, sie sind die Verlierer der Globalisierung. Denn die mag zwar grenzenlos sein – die Welt aber ist es nicht.

www.br.de

1 Erstelle eine Mindmap zum Thema „Heimat".

2 Liste auf, aus welchen Gründen Mauern und Grenzen errichtet werden, und bewerte, inwiefern diese sinnvoll oder notwendig sind.

3 Gib in eigenen Worten die im Text formulierte Kritik wieder und formuliere eine ethische Frage, die sich daraus ergibt. » K2 S. 10

4 Migration wird oft als Bedrohung unseres Wohlstands wahrgenommen und es wird behauptet, Migranten würden „auf unsere Kosten" hier leben wollen. Überprüfe kritisch diese Wahrnehmung vor dem Hintergrund des Textes. In welchem Verhältnis werden Fluchtursachen und boomende Marktwirtschaft in den Industrieländern gesehen? » K1 S. 8

Werkstatt

Eine Ausstellung zum Thema Heimat

Du hast in diesem Kapitel viel über den Begriff der Heimat, über Ursachen und Auswirkungen von Heimatlosigkeit und über Sinn(losigkeit) und Zweck von Grenzen und Mauern erfahren. Manche von euch haben womöglich eigene Erfahrungen mit Flucht, Verlust der Heimat oder fühlen sich in mehreren Kulturen gleichzeitig beheimatet. Andere wiederum erleben vielleicht ihre aktuelle Heimat einengend und würden lieber das Weite suchen. Organisiere mit deinen Mitschülerinnen und Mitschülern eine Ausstellung zum Thema Heimat.

Worauf es ankommt

- ☑ Idee und Konzept der Ausstellung gut durchdenken
- ☑ To-Do-Listen erstellen und Aufgaben verteilen
- ☑ das Projekt bekannt machen und dafür werben
- ☑ die Ausstellung ansprechend gestalten
- ☑ Abbau und Nachbereitung organisieren

Vorbereitung und Ankündigung

Einige dich in der Gruppe über die inhaltlichen und organisatorischen Einzelheiten der Ausstellung. Entscheidet, wer sich alles beteiligen soll und wie diese von dem Projekt erfahren sollen: z.B. nur der Ethik-Kurs, dein Jahrgang oder die ganze Schülerschaft? Aufruf durch einen Flyer, Schülerzeitung, SV etc.? Formuliere einen Text für die Ausschreibung mit den nötigen Informationen: genaues Thema (Titel der Ausstellung), Einreichungsfrist, Form und Art der Beiträge (z.B. nur Fotos oder verschiedene Medien wie Video, Malerei, Text).

Organisatorisches zur Ausstellung

Finde in Absprache mit allen Beteiligten (deine Lerngruppe, Schulleitung, Hausmeister etc.) einen geeigneten Raum für die Ausstellung und hole dafür alle nötigen Erlaubnisse ein.

Entscheide in der Gruppe:

- Wie werden die eingereichten Beiträge ausgestellt (Stellwände, Projektoren, Tische, Bilderrahmen etc.)?
- Wann soll die Ausstellung eröffnet werden und wie lange soll sie dauern?
- Wie wird die Ausstellung beworben bzw. bekannt gegeben (Plakate, Flyer, Schulradio oder Schulzeitung)?
- Wie wird die Ausstellung eröffnet? Eine kleine Feierlichkeit ist toll, macht aber viel Arbeit! Oft reicht auch, wenn z.B. in der Aula alle die Möglichkeit haben, die Ausstellung zu besichtigen.
- Wer ist für den Abbau der Ausstellung zuständig und wie wird er organisiert?
- Was geschieht mit den eingereichten Beiträgen (wie und wann können diese abgeholt bzw. zurückgegeben werden)?

Und was noch wichtig ist

Lass dich beraten und hole Unterstützung z.B. in der Kunstfachschaft, vom Hausmeister, von der SV. Gehe im Team arbeitsteilig vor, kläre wer wofür verantwortlich ist und arbeite möglichst in Gruppen.

Setze die Termine nicht zu eng, damit genug Zeit für die Erstellung der Beiträge bleibt und auch damit die Organisation für euch nicht zu stressig wird.

Wie zeigt sich der Glaube im Alltag?

Wozu Religion?

Glauben. An was?

Ist Religion bloß eine Privatangelegenheit?

Wie kann man sich Gott vorstellen?

Religionen, Weltbilder und Kulturen

> Nach Gott fragen

Rat der Religionen:
Eine Welt, viele Religionen – ein Grundsatzprogramm

In seiner Schrift „Projekt Weltethos“ entwickelte Hans Küng im Jahr 1990 die Idee eines Weltethos und hob die Gemeinsamkeiten der Religionen hervor. Davon angeregt verabschiedete 1993 das Parlament der Weltreligionen in Chicago die „Erklärung zum Weltethos“. Erstmals in der neueren Geschichte der Religionen verständigten sich damit Vertreterinnen und Vertreter aller Weltreligionen auf Kernpunkte eines gemeinsamen Ethos. Sie verpflichteten sich auch auf „vier unverrückbare Weisungen“. […] Es ist gegen niemanden gerichtet, sondern lädt alle ein, Gläubige wie Nichtgläubige, sich dieses Ethos zu eigen zu machen und entsprechend zu handeln.

Vier unverrückbare Weisungen:

1. Verpflichtung auf eine Kultur der Gewaltlosigkeit und der Ehrfurcht vor dem Leben
2. Verpflichtung auf eine Kultur der Solidarität und eine gerechte Wirtschaftsordnung
3. Verpflichtung auf die Kultur der Toleranz und ein Leben in Wahrhaftigkeit
4. Verpflichtung auf eine Kultur der Gleichberechtigung und die Partnerschaft von Mann und Frau

Hans Küng/Karl-Josef Kuschel

Die Schülervertretung setzt sich für ein respektvolles Miteinander an deiner Schule ein. Sie gründet den Rat der Religionen und ruft die Schülerschaft auf, an einem Grundsatzprogramm mitzuarbeiten. Diskutiere in der Gruppe, welches Grundsatzprogramm für deine Schule passen würde, und entwickle in der Gruppe solche Vorschläge. Wie könnten die vier Weisungen der „Erklärung zum Weltethos“ im Alltag deiner Schulgemeinschaft konkret umgesetzt werden? Formuliere passende Handlungsanweisungen für das Zusammenleben in der Schule.

Buddhismus

M1 Die Vier Edlen Wahrheiten

Die Vier Edlen Wahrheiten sind die Grundlage der buddhistischen Lehre. Sie stammen aus Buddhas erster Rede.

- Das Leben selbst ist Leiden.
- Das Leid entsteht durch das Verlangen oder die Gier nach Reichtum, Macht, Vergnügungen, durch falsche Ansichten und Unwissenheit.
- Das Leid erlischt, wenn wir das Wünschen und Begehren aufgeben.
- Das Leid kann nur mit Hilfe des „Edlen Achtfachen Pfads" überwunden werden. Eine Lebensweise auf dem Weg der vernünftigen Mitte zwischen Luxus und Askese.

1 Wähle die Edle Wahrheit, die dich am meisten anspricht. Begründe deine Wahl.

2 Nimm Stellung zu der Überzeugung, dass die Ursache vom Leid in der Gier des Menschen liegt.

M2 Alltag im buddhistischen Kloster

Meditation gehört vom Frühmorgen an zum Tagesablauf.

Jede tägliche Handlung gilt als Übung in den buddhistischen Vorsätzen wie z. B. Achtsamkeit.

Nahrung erhalten die Mönche auf dem täglichen Bettelgang mit der Almosenschale.

Man übt sich in den Unterweisungen, z. B. im gewaltlosen Umgang mit allen Lebewesen.

3 Eltern geben ihre Kinder häufig für eine gewisse Zeit ins Kloster. Stell dir vor, sie möchten sich vorher darüber informieren. Entwirf mit Hilfe der Bilder eine Seite für die Homepage eines Klosters. Schildere das Klosterleben aus der Sicht der beiden Jugendlichen. Nach welchen Regeln und Grundsätzen leben sie dort? Was nehmen sie für das Leben nach dem Klosteraufenthalt mit? » K2 S. 14

4 Beschreibe, wie sich die Vier Edlen Wahrheiten im klösterlichen Leben zeigen.

M3 Buddhistisches Leben in der Fremde

Durch Einwanderung und Flucht leben heute viele asiatische Buddhisten unterschiedlicher Ausrichtung auch in Europa. In Deutschland sind es schätzungsweise 250.000 bekennende Buddhisten.

Viele […] beginnen den Tag mit Meditation oder einer *puja* (Andacht) mit Räucherstäbchen vor der Buddha-Statue im Hausaltar. […] [D]er Buddhist bzw. die Buddhistin [ist] stets bemüht, die ethischen Vorsätze […] in jeglicher Handlung und Beziehung umzusetzen. Unstimmigkeiten und Streit sollen nach Möglichkeit nicht aufbrausend und mit Zorn ausgetragen werden, sondern geprägt von rechter Rede und einem Bemühen, den Standpunkt des Gegenübers zu verstehen. […] Auch den Kindern ist mit Respekt zu begegnen und ihre Talente sind zu fördern. Kinder sollen nicht nach einem bestimmten Ideal geformt werden, sondern ihre je eigenen Fähigkeiten entwickeln dürfen. Ganz sachte soll versucht werden, den Kindern grundlegende buddhistische Gedanken wie Liebe und Mitgefühl allen „lebenden Wesen" gegenüber zu vermitteln, beispielsweise im Umgang mit Haustieren oder den Geschwistern. Das Heranwachsen […] in einer nicht-buddhistischen, weitgehend weltlichen Gesellschaft führt jedoch oft zu familiären Spannungen. […] In „jung-buddhistischen Familien" versuchen die Jugendlichen, westlich-moderne und asiatisch-kulturelle Werte und Sichtweisen miteinander zu verbinden und innovativ zu kombinieren.

Willi Bühler/Benno Bühlmann/Andreas Kessler

5 Fasse zusammen, worin sich eine buddhistische Lebenseinstellung im Alltag zeigt.

6 Wenn die traditionelle buddhistische Sichtweise der Eltern und die „moderne" Auffassung der Jugendlichen aufeinanderprallen, können Spannungen entstehen. Finde Beispiele für solche Konfliktsituationen im Alltag.

7 Entwickle einen Dialog zu einem der Beispiele. Beachte dabei die buddhistischen Vorsätze der Eltern und mögliche Einwände der Jugendlichen.

M4 Religion als Lifestyle?

Auch in Deutschland suchen immer mehr Menschen Orientierung in der buddhistischen Lehre. Er gilt als eine sanfte Trendreligion des 21. Jahrhunderts. Rituale und Meditationstechniken als Stressbewältigung fürs Wohlbefinden und Selbstfindung. Ist das noch Wellness oder schon Religion?

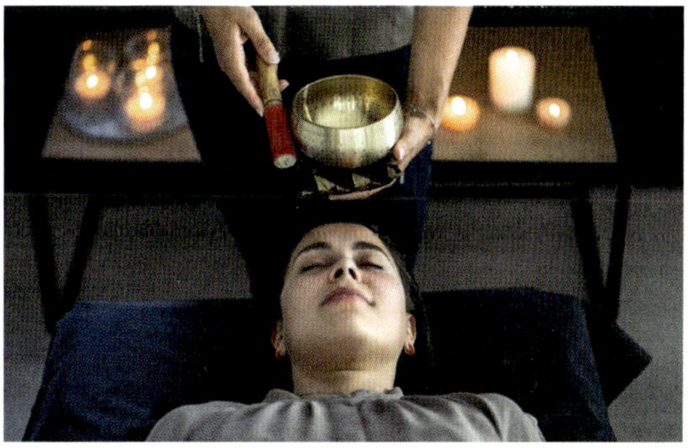

8 Finde mit Hilfe der Abbildungen Gründe dafür, warum in den heutigen erlebnis- und konsumorientierten Gesellschaften Buddhismus zu einer Trendreligion wurde. Informiere dich, wenn nötig.

9 Informiere dich über buddhistische Klöster oder Zentren in Deutschland und wähle anschließend eine Stätte aus, die du der Klasse vorstellst.

Was ist Religion? Merkmale und Funktionsweisen

M1 Welche Bedeutung hat Religion für mich?

Jugendliche zwischen 15 und 19 Jahren erzählen, was Religion für sie bedeutet:

1 Das ganze Leben mit Schule und Arbeit und Konsum, das kann doch nicht alles sein. Ich bin sicher, dass es noch was anderes gibt. Und darauf weisen die Religionen hin. Hat nicht jeder so eine Sehnsucht nach etwas Größerem?

2 Mir gibt meine Religion vor allem Hoffnung – besonders in schwierigen Lebenslagen.

3 Irgendwo muss ja festgelegt sein, was gut ist und was schlecht, sonst hat man gar keine Orientierung.

4 Für mich ist meine Religion auch eine Art Heimat.

5 Manchmal denke ich, es gibt überall so viel Leid und Ungerechtigkeit, irgendwie ist doch alles sinnlos, und dann wissen wir auch noch, dass wir sterben müssen. Für mich lässt sich das nur mit meiner Religion aushalten.

1 Beschreibe, was Religion für dich bedeutet – und wenn du in keiner Weise religiös bist, erkläre, wieso du keine Religion brauchst.
2 Notiere für jede Aussage einen Schlüsselbegriff. Welche Funktion erfüllt die Religion im Leben der Person?
3 Beurteile mit Hilfe eigener Erfahrungen oder Beobachtungen, inwiefern Religion eine Heimat schaffen kann.

M2 Grundfunktionen der Religion

Religionen erheben den Anspruch auf allgemeine Gültigkeit. Deren tiefgreifender Sinn durchdringt den einzelnen Menschen wie auch die menschliche Gemeinschaft insgesamt. In ihren übergreifenden Lehren und Dogmen, Symbolen und Gebeten, Riten und Festen kommt ein Autoritätsanspruch zum Ausdruck, der den Menschen in vielen Lebensbereichen Orientierung bietet.

- Religion vermag eine spezifische Tiefendimension, einen umfassenden Deutungshorizont angesichts auch von Leid, Ungerechtigkeit, Schuld und Sinnlosigkeit und einen letzten Lebenssinn auch angesichts des Todes zu vermitteln: das *Woher und Wohin unseres Daseins*.
- Religion vermag oberste Werte, unbedingte Normen, tiefste Motivationen und höchste Ideale zu garantieren: das *Warum und Wozu unserer Verantwortung*.
- Religion vermag durch gemeinsame Symbole, Rituale, Erfahrungen, Ziele ein Zuhause des Vertrauens, des Glaubens, der Gewissheit, Ich-Stärke, Geborgenheit und Hoffnung zu schaffen: eine *geistige Gemeinschaft und Heimat*.
- Religion vermag Protest und Widerstand gegen Unrechtsverhältnisse zu begründen: die schon jetzt wirksame, unstillbare *Sehnsucht nach dem „ganz Anderen"*.

Hans Küng

4 Stelle in einem Schaubild die wichtigsten Informationen des Textes dar.
5 Ordne die Aussagen aus M1 den passenden Funktionen zu. Begründe deine Zuordnung.
6 Ergänze dein Schaubild durch eigene Überlegungen. Kann Religion noch weitere Funktionen erfüllen?

M3 Wirkungsweisen von Religion

Die Auswirkungen der Religion sind mehrschichtig. Je nach Betrachtungsweise werden positive oder negative Aspekte hervorgehoben.

Weltanschaulich: Religionen können dem Menschen eine grundlegende Orientierung vermitteln, aber sie können auch bewirken, dass sich der Gläubige in ein weltanschauliches Ghetto zurückzieht und sich neuen Erkenntnissen verschließt (z. B. Wissenschaftsfeindlichkeit).

Psychisch: Religionen können freie, selbstbewusste Menschen hervorbringen. Andererseits zeigt die Religionsgeschichte immer wieder, dass Religion auch das Gegenteil bewirken kann: Menschen, die von Angst getrieben sind, unmündig sich an Autoritäten festklammern, unbeweglich im Denken und Handeln bleiben, Aggressionen sich selbst und anderen (oft anderen Religionen) gegenüber entwickeln.

Moralisch-ethisch: Religionen können helfen, „humane" Werte und Normen in der Gesellschaft zu verankern. Sie können aber auch den Einzelnen in seiner Freiheit einschränken (z. B. durch rigide Sexualmoral), ihn bevormunden (z. B. durch ein übertriebenes Ethos des Gehorsams) oder zu menschenfeindlichen Taten veranlassen (z. B. durch Verpflichtung zum Kriegsdienst oder durch gesundheitsgefährdende Askese).

Gesellschaftlich-politisch: Religionen können in einer Gesellschaft Frieden und Gerechtigkeit fördern. Ebenso können Religionen aber auch ungerechte oder tyrannische Herrschaftsverhältnisse stützen und absegnen. Immer wieder wurde im Namen der Religion Krieg geführt, Rassismus legitimiert und naturwissenschaftliche Forschung behindert.

Willi Bühler/Benno Bühlmann/Andreas Kessler

7 Verfasse einen kurzen Spickzettel in Stichpunkten für die nächste Ethikarbeit und tausche dich mit einer Partnerin oder einem Partner aus. Gib zum Beispiel wieder, welche positive Wirkung Religion haben kann, und lass dir die negativen Wirkungen von jemandem erklären.

8 Es gibt viele Menschen, die nicht religiös sind oder die die Kirche verlassen, weil sie durch die negativen Auswirkungen von ihr enttäuscht sind. Diskutiere in der Gruppe, welche Möglichkeiten diese Menschen haben, die positiven Auswirkungen der Religion anderweitig zu erfahren. Fasse die Ergebnisse auf einem Plakat zusammen.
» K3 S. 9

M4 Kreuze – Trost und Leid zugleich?

Der Künstler Andy Warhol (1928–1987) wurde streng katholisch erzogen. In der Serie „Crosses" (Kreuze) reflektiert er kritisch sein Verhältnis zur Religion.

9 Stell dir vor, du sitzt neben der Frau auf der Bank. Sie will wissen, wie du das Bild verstehst. Deute das Bild und stelle einen inhaltlichen Zusammenhang zu M3 her.

10 Nicht nur Religionen, sondern auch andere Weltanschauungen oder politische Überzeugungen können positive wie negative Auswirkungen haben. Notiere einige Vorschläge, wie man sich vor den negativen Auswirkungen schützen kann.

Woran glauben Menschen noch?

M1 Glaube 2.0 – liegt die Zukunft der Religion im Fußball?

1 Deute die Bilder. Welcher Zusammenhang wird zwischen Religion und Sport hergestellt?
2 Stelle Vermutungen darüber an, warum Fußball eine so große Rolle im Leben vieler Menschen spielt.

M2 Woran glaubst du?

44% der Menschen bezeichnen sich heute in Deutschland als konfessionslos, d.h. sie gehören keiner Religionsgemeinschaft an, manche von ihnen sind auch atheistisch, d.h. sie glauben nicht an die Existenz eines Gottes.

Gott ist tot
Das hat irgendwer gesagt der ihn nicht mag
Und jetzt fehlt da irgendwas wenn du mich fragst
Was wir brauchen ist vielleicht dass etwas bleibt
Wir brauchen was was bleibt […]

Woran glaubst du
An das Leben nach dem Tod
An den Fußballgott
An die Liebe, an das Geld
An das Ende der Welt
An das Gute im Menschen
An die eigenen Grenzen […]

Woran glaubst du auf der Welt wenn du fällst
Glaubst du an dich selbst […]

Songtext von Stefan Heinrich, Michael Heinrich, Max Lessmann

3 Gib in eigenen Worten die wichtigsten Fragen und Aussagen des Liedes von Klan wieder.
4 Im Song wird behauptet, dass den Menschen ohne den Glauben an Gott etwas fehlt. Beurteile diese Aussage und die Begründung dafür im Text. Brauchen wir etwas „Bleibendes" in unserem Leben und was könnte das sein?
5 Diskutiere, wie wichtig es im Leben ist, dass wir an uns selbst glauben.

M3 Und vorne hilft der liebe Gott

In seinem gleichnamigen Dokumentarfilm sprach der Filmemacher David Kadel mit Fußballprofis über ihre Erfolgs-Geheimnisse. Auf die Frage, ob der Fußball selbst auch manchmal quasi-religiöse Züge hat, antwortete er in einem Interview:

Ja, definitiv. Da gibt es viele Sachen, die der Fußball auch aus dem Christentum fast schon „geklaut" hat. Alleine solche Begrifflichkeiten wie „Sündenbock" oder „Messias" für den neuen Trainer, das „erlösende" Tor und ähnliches. Dann die ganzen „Choräle", also Fangesänge, die „Liturgie" – das ist schon fast alles wie ein moderner Gottesdienst. [...] Was mich aber noch mehr interessiert, ist, dass ich glaube, dass Kirchgänger und Fußballfans dieselbe Sehnsucht haben. Nämlich die, dass wir etwas erleben, was uns berührt. Wir wollen Inspiration. Viele entscheiden sich aber statt der Kirche für das Stadion, weil sie dort zum Beispiel ein sehr starkes Gemeinschaftsgefühl bekommen. Allerdings bist du beim Erlebnis im Stadion auch extrem abhängig vom Ergebnis des Ganzen. Überhaupt ist das Erlebnis des „Wertvoll-seins", ihr „Markt-Wert", für Fußballer ja immer abhängig von der Leistung und vom Erfolg. Nur wenn du erfolgreich bist, bekommst du Liebe. Das ist schon extrem oberflächlich. Im Gegensatz dazu kann ich als Christ sagen: Ich bin wertvoll, weil ich von Gott geliebt bin. Und zwar „for nothing" – ohne Leistungsnachweis und ohne Kleingedrucktes. Man muss Fußballern auch sagen: „Wenn du mal auf dem Sterbebett liegst, dann wird sicher nicht Karl-Heinz Rummenigge an deinem Bett stehen, sondern ein Pfarrer, der dir hilft." Der Fußball dagegen ist schon so eine Traumwelt, die nicht wirklich satt macht. Und obwohl ich großer Fußballfan bin, ist auch mir klar, dass es hier in erster Linie um Geld geht und nicht um Liebe.

Claudius Grigat

6 Erarbeite aus dem Text die religiösen Züge des Fußballs und ergänze diese mit deinen Ergebnissen aus M1.

7 Das starke Gemeinschaftsgefühl der Fans sieht David Kadel nicht nur positiv. Beurteile seine Argumentation. ≫ K2 S. 12

8 Finde Beispiele: Wann fühlst du dich wertgeschätzt „for nothing", also so wie du bist? Und wann fühlst du dich nur wegen deiner guten Leistung wertvoll?

9 Vergleiche die beiden Situationen. Was ist der Unterschied zwischen „Wertvoll-sein" und „Markt-Wert haben"?

M4 Hauptsache Sieg?

Als 2005 der deutsche Kardinal Josef Ratzinger zum Papst Benedikt XVI. gewählt wurde, jubelte die deutsche Presse. Die Schlagzeile hat bis heute Kultstatus.

10 Die Formulierung „Wir sind Papst", ist eine Anlehnung an den Jubel-Satz „Wir sind Weltmeister". Vergleiche die beiden Aussagen und begründe deren Wirkkraft.

11 Nimm Stellung zu dieser Titelseite. Wer ist mit „wir" gemeint? Beachte dabei, dass im Jahr 2005 110.000 Menschen aus der katholischen Kirche ausgetreten und nur 30 % der Bevölkerung Mitglied der katholischen Kirche waren.

Gott – (un)vorstellbar?

M1 Gott als Maß aller Dinge

Als 2006 in Berlin Ethik für alle als Pflichtfach eingeführt und Religionsunterricht nur ein freiwilliges Wahlfach wurde, starteten die Evangelischen Berliner Kirchenkreise die Kampagne „Werte brauchen Gott".

1 Deute den Slogan „Werte brauchen Gott".
2 Nimm begründet Stellung zu der Aussage auf dem Plakat.
3 Diskutiere in der Gruppe, ob auch an deiner Schule Ethik als Pflichtfach für alle eingeführt oder weiterhin als Wahlpflichtfach (entweder Ethik oder Religion) unterrichtet werden soll.

M2 Gott als Person

Darf und muss man sich Gott als Person vorstellen? [...] Gott ist gewiss nicht Person, wie der Mensch Person ist: [...] Gott ist mehr als Person! [...] Die Bibel meint ein echtes Gegenüber, das menschenfreundlich und unbedingt verlässlich ist: nicht ein Objekt, nicht ein leeres All ohne Echo, nicht ein nur schweigendes Unendliches, nicht eine undefinierbare gnostische Tiefe ohne Namen, nicht ein mit dem Nichts zu verwechselnder dunkler Abgrund ohne Bestimmung, erst recht nicht ein anonymes zwischenmenschliches Etwas, das mit dem Menschen und seiner so gebrechlichen Liebe verwechselt werden könnte. Gott ist vielmehr ein anredbares Gegenüber!

Hans Küng

4 Gott wird in den monotheistischen Religionen (Judentum, Christentum und Islam) als ein personaler Gott vorgestellt. Beschreibe die Eigenschaften und Fähigkeiten, die Gott zugeschrieben werden.
5 Gott wird oft charakterisiert, indem man sagt, was er nicht sei, d. h. durch Ausschlussverfahren. Untersuche, von welchen Vorstellungen von Gott oder von der Beschaffenheit des Universums sich der Autor im Text abgrenzt.
6 Entwirf mögliche Gegenmodelle zur Vorstellung eines personalen Gottes im Text durch die Umkehrung von Behauptungen und Verneinungen des Autors. Z. B.: *Es gibt keinen personalen Gott, sondern nur ein leeres All ohne Echo, weil ...*

M3 Buddhismus – eine Religion ohne Gott

Der Buddhismus ist eine Religion, in der nicht an die Existenz eines personalen Schöpfergottes geglaubt wird. Es ist keine Glaubensreligion, sondern eine Erfahrungsreligion.

Eine Religion, in der es keine Vorstellung von Gott gibt, klingt zunächst einmal seltsam. Wird doch der Begriff Religion oft damit verbunden, dass Menschen an einen Gott oder eine Gottheit glauben. Doch, wenn wir es genau nehmen, ist der Buddhismus eine Lehre, die letztlich ganz ohne einen Gott auskommt. Der Buddhismus wird daher auch als „atheistisch" (das bedeutet, dass sie sich auf keinen Gott bezieht) oder „frei von Gott" bezeichnet. [...] Buddha, auf den die Religion zurückgeführt wird, beansprucht für sich selbst keine Göttlichkeit. Er ist keine Erlösergestalt, kein Heiland, kein Gesandter Gottes oder Prophet. Eigentlich ist Buddha ein gewöhnlicher Mensch, der seine Einsichten anderen vermittelt hat. Deswegen wird im Buddhismus auch kein „Glaube" (im Sinne eines „Für wahr Haltens" oder als Vertrauen gegenüber einer Person/Gottheit) gefordert. Es geht im Buddhismus alleine um die eigene Einsicht, wie das Leben wirklich funktioniert. Deswegen glauben Buddhisten auch nicht an den Gedanken einer „Schöpfung". Die Welt und das ganze All sind durch eine dynamische, fortschreitende und sich selbst steuernde Entwicklung ohne göttlichen Eingriff entstanden. Für die Erlösung aus allem Leid und den Übergang ins Nirvana ist jeder selbst verantwortlich.

www.gjw.de

7 Beschreibe das Gottes- bzw. Weltbild des Buddhismus und vergleiche es mit der christlichen Vorstellung in M2.

8 Egal welche Religion oder Weltanschauung Menschen haben, sie haben einen wesentlichen Einfluss auf unsere Handlungen und Wertvorstellungen. Formuliere ethische Fragen, auf die wir in der Religion oder Weltanschauung Antworten suchen. Erkläre dann deren Bedeutung für das Zusammenleben der Menschen (z. B. in Bezug auf Schöpfung, Tod, Schuld, Leid). » K2 S. 10

M4 Kann er nicht oder will er nicht?!

Vor mehr als 2.300 Jahren formulierte der griechische Philosoph Epikur ein Problem, das seither als Theodizee-Problem (Problem der Rechtfertigung Gottes) diskutiert wird. Wir fragen uns etwa angesichts der unschuldigen Opfer eines Amoklaufs, wie Gott ein solches Leid zulassen konnte.

Entweder will Gott die Übel beseitigen und kann es nicht, oder er kann es und will es nicht, oder er kann es nicht und will es nicht, oder er kann es und will es. Wenn er nun will und nicht kann, so ist er schwach, was auf ihn nicht zutrifft. Wenn er kann und nicht will, dann ist er missgünstig, was ebenfalls Gott fremd ist. Wenn er nicht will und nicht kann, dann ist er sowohl missgünstig wie auch schwach und dann auch nicht Gott. Wenn er aber will und kann, was allein sich für Gott ziemt, woher kommen dann die Übel und warum nimmt er sie nicht weg?

Epikur

Hörtext zu M4

Mediencode: 20087-07

9 Erkläre in eigenen Worten das Theodizee-Problem und finde Beispiele dafür.

10 Formuliere mögliche Antworten auf die Frage im Text. Wie würde darauf z. B. ein Christ, ein Buddhist oder ein Atheist antworten? Wie ist deine eigene Position dazu?

Religion und Staat – ein spannungsvolles Verhältnis

M1 Den Gläubigen schützt das Recht – den Ungläubigen ebenso

Das deutsche Grundgesetz garantiert in Artikel 4 die Glaubensfreiheit und die freie Religionsausübung:

(1) Die Freiheit des Glaubens, des Gewissens und die Freiheit des religiösen und weltanschaulichen Bekenntnisses sind unverletzlich.

(2) Die ungestörte Religionsausübung wird gewährleistet.

1 Deute das Bild mit Hilfe des Textes.

2 Stelle einen Zusammenhang zwischen dem Titel und dem Text her und begründe, warum auch die Ungläubigen durch das Recht geschützt werden.

M2 Wächteramt des Staates: Kindeswohl vor Glaubensfreiheit

Im Sinne der Religionsfreiheit gibt es bei der Kindererziehung zunächst keine staatlichen Vorgaben. Wenn aber die religiöse oder weltanschauliche Erziehung das Kindeswohl gefährdet, werden staatliche Schutzmaßnahmen für das Kind ergriffen.

Schulpflicht auch für Kinder aus religiösen Glaubensgemeinschaften. Im Vordergrund steht das geistige und seelische Wohl des Kindes und dessen Entwicklung zu einer eigenverantwortlichen und gemeinschaftsfähigen Persönlichkeit.	**Interessen des Kindes stehen vor den religiösen oder weltanschaulichen Prinzipien der Erziehungsberechtigten.** Wird bei einer lebensbedrohlichen Erkrankung eine aussichtsreiche medizinische Behandlung (z. B. Bluttransfusion) verweigert, kann das Einwilligungsrecht entzogen werden.
Gebot der körperlichen Unverletzbarkeit, Verbot von Gewalt- und Züchtigung. Nicht altersgerechte religiöse Praktiken können zu erheblichen körperlichen oder seelischen Beeinträchtigungen von Kindern führen (z. B. Ernährungsvorschriften oder religiös motivierte Züchtigungen).	**Schutz vor unzumutbaren Loyalitätskonflikten.** Das Wohlergehen des Kindes kann gefährdet werden, wenn unterschiedliche Glaubensüberzeugungen der Eltern zu ständigen Streitigkeiten führen. Weil es weder den einen noch den anderen Elternteil enttäuschen oder „verraten" möchte, kann das Kind in einen unauflösbaren inneren Konflikt geraten.

3 Gib die einzelnen Fälle in eigenen Worten wieder und diskutiere in der Gruppe mögliche Fallbeispiele. Gehe arbeitsteilig vor.

4 Die Einschränkung von Grundrechten ist immer sehr genau zu prüfen. Beurteile die ethische Argumentation der Rechtsprechung. Unter welchen Bedingungen findest du die Einschränkung der Religionsfreiheit nachvollziehbar? Welche Abwägungen oder Bedingungen sind bei einer Entscheidung wichtig?

M3 Das Verhältnis von Kirche und Staat in Deutschland

[Der] Staat [darf] seine Politik nicht mit religiösen Zwecken, zum Beispiel abgeleitet aus der Bibel oder dem Koran oder einer anderen Schrift, rechtfertigen. In der Wissenschaft und der Rechtsprechung wird dies auch als das Prinzip der religiösen und weltanschaulichen Neutralität bezeichnet: egal ob in einem Staat die Mehrheit der Bürger einer bestimmten Religion anhängen oder die Mehrheit nichtgläubig ist – der Staat darf sich nicht auf eine Seite schlagen und muss vielmehr die „Heimstatt", also die Heimat, aller Bürgerinnen und Bürger sein. So hat es das Bundesverfassungsgericht in seiner Rechtsprechung zu Artikel 4 Grundgesetz gesagt. [...] Deswegen müssen auch die staatlichen Instanzen und die religiösen Autoritäten grundsätzlich getrennt sein, was allerdings nicht ausschließt, dass Staat und Religionsgemeinschaften in manchen Bereichen [...] zusammenarbeiten, etwa im Gesundheitswesen oder im Sozialbereich, in dem viele Einrichtungen wie Krankenhäuser und Altenheime in der Trägerschaft von Religionsgemeinschaften sind. Das partnerschaftliche Verhältnis kommt auch in der Kirchensteuer zum Ausdruck.

Tine Stein

5 Erkläre, was eine fördernde Neutralität des Staates sein könnte und wie sich diese in der Gesellschaft zeigt.

6 Deute das Bild und erstelle einen Zusammenhang zum Text, indem du eine kurze Bildunterschrift formulierst.

7 Führe in der Gruppe ein Gedankenexperiment durch. Welche Folgen hätte es für die verschiedenen Bereiche des Staates und welche für die Glaubensgemeinschaften, wenn Staat und Kirche nicht getrennt wären? » K3 S. 17

8 Die Ausgaben der Kirche werden zum Teil durch Kirchensteuer finanziert. Erkläre, welche Folgen es für die Kirche und für den Staat haben könnte, wenn immer mehr Menschen aus der Kirche austreten.

M4 Kirchenasyl – Spannungsfeld zwischen Kirche und Staat

Kirchenasyl wird als Ausdruck einer christlich-humanitären Haltung von Behörden meist respektiert. Trotzdem kommt es darüber immer wieder zu Spannungen zwischen Kirche und Staat.

Ökumenische Bundesarbeitsgemeinschaft
Asyl in der Kirche

„Es gibt kein kirchliches Recht, Asyl zu gewähren. Staatliches Recht gilt auch in Kirchen und soll nicht relativiert werden. Es gibt aber eine kirchliche Beistandspflicht, auf die sich Gemeinden, die Kirchenasyl gewähren, berufen können."

Wolf-Dieter Just

9 Informiere dich über das Schicksal von Menschen im Kirchenasyl und gestalte eine Präsentation.

10 Das Verhältnis von Kirche und Staat ist in verschiedenen europäischen Ländern unterschiedlich geregelt. Recherchiere die verschiedenen Regelungen und vergleiche diese (z. B. Frankreich, Dänemark, England).

Zeig, was du kannst!

Das Wichtigste in Kürze

Buddhismus – Die Vier Edlen Wahrheiten – Weltanschauung – Glaube – Atheismus – Nirvana – Theodizee – Wächteramt des Staates – Kirchenasyl – Papst

Gott – Religion – Glaube

Buddhismus ist eine der großen Weltreligionen. Deren Stifter, Siddhartha Gautama, kam etwa 560 v. Chr. zur Welt und wird als Buddha („der Erleuchtete") bezeichnet. Er lehrte, dass das Leben Leiden ist und es keinen Anfang und kein Ende hat. Der Weg aus diesem ewigen Kreislauf führt über den „Achtfachen Pfad" ins Nirwana – ein Zustand, in dem das Leiden aufhört.
Der Buddhismus ist, im Gegensatz zu den Glaubensreligionen (Judentum, Christentum und Islam), eine sogenannte Erfahrungsreligion. Nicht die Verehrung eines allmächtigen personalen Schöpfer-Gottes steht im Zentrum, sondern die eigene Erkenntnis, um zur Erleuchtung zu gelangen. Theistische wie atheistische Religionen erfüllen für den Einzelnen und für die Gemeinschaft vielfältige Funktionen: z. B. psychische, weltanschauliche, moralische oder politische. In dieser stärkenden und verbindenden Kraft des Glaubens und der Zugehörigkeit scheint die Erklärung zu liegen, warum selbst manche weltliche Verhaltensweisen, etwa die der Fußballfans, religionsähnliche Züge aufweisen. Welchen Glauben man hat, ist laut unserer Verfassung eine Privatangelegenheit und ein Menschenrecht. Der Staat hat in diesem Zusammenhang nur eine sogenannte Wächterrolle: Er hat dafür zu sorgen, dass unsere demokratische Grundordnung durch religiöse Überzeugungen nicht gefährdet wird und die Rechte aller, insbesondere die Religions- und Meinungsfreiheit, gewahrt bleiben.

Kompetenz-Check

M Wunschlos glücklich

Bernd Zeller

1 Nenne verschiedene Funktionen von Religion und beurteile diese mit Hilfe von Beispielen. Welche positive und negative Wirkung kann Religion haben?
2 Erläutere das Verhältnis von Kirche und Staat in Deutschland.
3 Erläutere die Karikatur. Mit welchen kulturellen Unterschieden wird hier gespielt? » K3 S. 9
4 Formuliere mit Hilfe der Karikatur eine Frage, die für das Zusammenleben der Menschen in unserer konsumorientierten Gesellschaft von Bedeutung ist. » K2 S. 10

Werkstatt

Eine Welt, viele Religionen – ein Grundsatzprogramm für die Schule

Inhalte und Absichten erarbeiten

Bilde mit deinen Mitschülerinnen und Mitschülern eine Arbeitsgruppe. Achte darauf, dass in der Gruppe möglichst unterschiedliche Religionen bzw. Weltanschauungen vertreten sind.

Diskutiere in der Gruppe die „vier unverrückbaren Weisungen" der Erklärung zum Weltethos. Achte im Umgang miteinander auf die Einhaltung der Grundsätze des interreligiösen Dialogs.

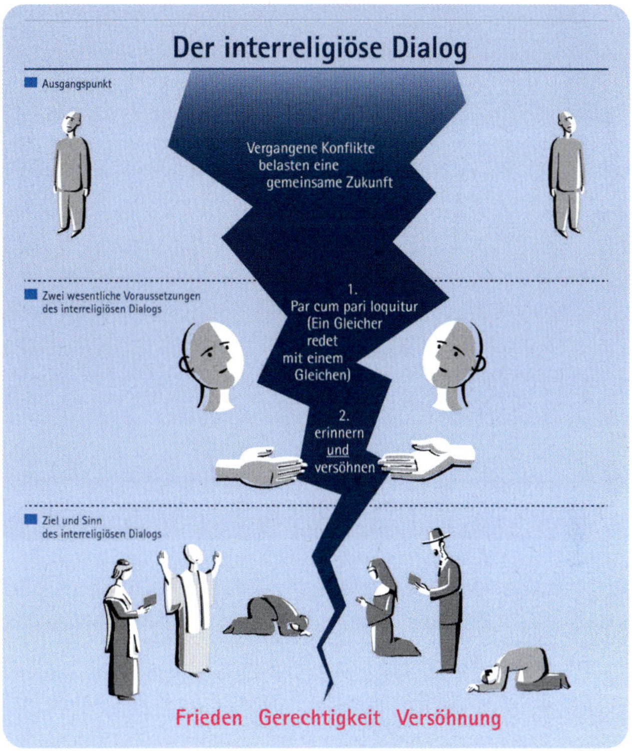

Anwendung im Schulalltag diskutieren

Diskutiere in der Gruppe, in welchen Situationen des Alltags diese Weisungen hilfreich sind und wie diese konkret umgesetzt werden können. Finde Beispiele aus deinem Schulalltag für schwierige Begegnungen oder Konflikte und untersuche, welche der vier Weisungen verletzt wurde bzw. wie diese Weisungen zur Lösung beigetragen hätten.

Eine angemessene Sprache und Form für die Grundsätze finden

Formuliere in der Gruppe konkrete Handlungsanweisungen in der aktiven „Wir"-Form. Achte dabei auf eine respektvolle und tolerante Sprache. Die Grundsätze sollen motivierend und gut verständlich sein, damit sich möglichst alle angesprochen fühlen und sich für die Umsetzung einbringen.

Worauf es ankommt

- ☑ die Regeln des interreligiösen Dialogs in jeder Arbeitsphase beachten
- ☑ den Sinn der vier Weisungen nachvollziehen
- ☑ ihre Bedeutung für den Schulalltag an treffenden Beispielen aufzeigen
- ☑ nachvollziehbare und passende Handlungsanweisungen formulieren
- ☑ übersichtlich und ansprechend gestalten

Wann fragen wir nach dem Sinn des Lebens?

Wie gehen verschiedene Kulturen mit dem Tod um?

Was ist eigentlich Leben, was Tod?

Kann man das Sterben lernen und verändert sich dadurch das Leben?

Was ist Sterbehilfe und wie kann und darf man sie leisten?

Religionen, Weltbilder und Kulturen

> Den Tod begreifen

WERKSTATT

Eine Reportage erstellen

Erstelle eine Reportage zu den Themenbereichen „Sinn des Lebens“ und „Umgang mit dem Tod“. Bestimmt gibt es noch Fragen, über die du gerne mehr erfahren möchtest. Es kann dabei auch sinnvoll sein, das Projekt gemeinsam in einer Gruppe vorzubereiten und dann arbeitsteilig vorzugehen.

Möglich wäre z. B. über ein Beerdigungsinstitut zu berichten oder über verschiedene Bestattungsformen zu informieren. Du kannst aber auch Vertreter der Religionen befragen.

Mögliche Fragen könnten sein:

- Was macht das Leben sinnvoll?
- Macht der Tod Angst?
- Welche Vorstellungen haben die verschiedenen Religionen zum Leben nach dem Tod?
- Welche Vorschriften für Beerdigungen gibt es?
- Welche Reglungen kann man für das eigene Lebensende treffen (z. B. Patientenverfügung)?

Worin liegt der Sinn?

M1 Grunderfahrungen des Menschen

1 Beschreibe, was du auf den Fotos siehst, und deute die Situationen.
2 Versetze dich in die Lage des Mannes und der Frau und notiere ein kurzes inneres Gespräch. Was geht ihnen durch den Kopf?
3 Erkläre, warum es sich bei diesen Situationen jeweils um eine Grunderfahrung des Menschen handelt.

M2 In Trauer

Du bist viel zu früh
aus dem Leben gerissen worden.

Durch einen tragischen Unfall
wurde unserem Leben der Mittelpunkt genommen.

In tiefer Trauer nehmen wir Abschied von

Cordula Marbach

Familie und Freunde

Als Gott sah, dass die Straße zu lang,
die Hügel zu steil und das Atmen zu schwer wurde,
legte er seinen Arm um ihn und sprach:
Der Friede sei dein!

Nach langer schwerer Krankheit verstarb

Friedrich Fassleitner

In Liebe und Dankbarkeit

Familie Fassleitner

4 Vergleiche die beiden Todesanzeigen.
5 Versetze dich in die Lage der beiden Familien. Finde Begriffe dafür, was sie empfinden.
6 Wähle eine Familie aus, der du eine Trauerkarte schreiben willst. Auf welche Aspekte der Anzeige kannst du eingehen? Was könnte der Familie Trost spenden?

M3 Die Wozu-Frage

Zu leben, das eben ist der Sinn des Daseins. Sogar der bewusste Mensch kennt Zeiten, in denen er nicht fragt. Solange es ihm „gut geht", scheint es ihm, als wisse er, wozu er lebt. Anders, wenn er plötzlich herausfällt aus der Selbstverständlichkeit des Lebens, wenn ihm sein Dasein „fragwürdig" wird. [...] Weil „der Sinn" nicht unmittelbar deutlich wird, suchen wir ihn in Teilstrecken-Zielen. Wir streben immer irgendetwas an, ein Haus zu bauen, zu heiraten, Kinder zu haben, Gehaltserhöhung zu bekommen, den Betrieb zu erweitern, reich zu werden, gesund zu werden. Solange wir dies oder das anstreben, haben wir das (berechtigte) Gefühl, sinnvoll zu leben. Haben wir das Angestrebte erreicht [...], so merken wir, dass die alte Frage sich neu erhebt: Wozu das?

Luise Rinser

7 Nenne fünf Situationen, in denen sich Menschen die Frage „Wozu das?" stellen könnten.

8 Beurteile, welche der im Text genannten Teilstrecken-Ziele für dich wichtig sind.

9 Entwirf einen Brief an eine Freundin oder einen Freund, in dem du von einer Situation berichtest, in der jemand „plötzlich herausfällt aus der Selbstverständlichkeit des Lebens". Welche möglichen Folgen hätte das für die weitere Lebensplanung? » K4 S. 17

10 Finde Gründe, warum sich Menschen mit der Frage nach dem Sinn des Lebens häufig so schwertun.

M4 Wie das Unfassbare begreifen?

Im Juli 2021 hatte es vor allem im Westen Deutschlands mehrere Tage heftig geregnet. Besonders in den Bundesländern Nordrhein-Westfalen und Rheinland-Pfalz liefen manche Flüsse in kurzer Zeit so voll, dass es Hochwasser und heftige Überflutungen gab. Viele Menschen wurden davon überrascht und konnten sich nicht rechtzeitig in Sicherheit bringen. Insgesamt sind in beiden Bundesländern mehr als 180 Menschen gestorben. Häuser und Brücken stürzten ein und ganze Straßen standen unter Wasser. Viele Menschen mussten ihre Häuser verlassen. Manche konnten nur mit Booten vom Wasser aus gerettet werden. Strom- und Gasleitungen wurden zerstört, das Handynetz funktionierte lange Zeit nicht überall. Bahnstrecken waren nicht befahrbar. Züge konnten lange Zeit nicht fahren. Durch zerstörte Häuser und Fahrzeuge ist viel Müll und Schrott entstanden.

www.zdf.de

11 Beschreibe, in welchen Situationen sich Menschen bei der Überschwemmung befunden haben.

12 Berichte von anderen Katastrophen, von denen du etwas gehört hast oder bei denen vielleicht Menschen betroffen waren, die du kanntest.

13 Formuliere Fragen, die sich die Menschen stellen, die von einer Katastrophe betroffen sind, und stelle Vermutungen darüber an, ob sie für alle Menschen von gleicher Bedeutung sind.

Tod – was ist das eigentlich?

M1 Was ist der Tod? Was ist das Leben?

1 Beschreibe, wie die beiden Bilder den Tod darstellen.
2 Benenne Gefühle, die durch das jeweilige Bild vom Tod ausgelöst werden.
3 Entwirf mögliche Motive, die für dich das Leben darstellen.

M2 Die Sicht der Mediziner: Wann ist der Mensch tot?

Hörtext zu M2

Mediencode: 20087-08

Während die Merkmale des biologischen Todes eindeutig sind, wird über die Zuverlässigkeit des Hirntod-Konzeptes diskutiert. Dieses ist vor allem bei Organ-Transplantationen von großer Bedeutung.

Der klinische Tod

Beim klinischen Tod kommt es zu einem Kreislaufstillstand: Die Atmung setzt aus, der Puls ist nicht mehr fühlbar, die Sinne fallen aus. Der Sauerstoffmangel sorgt dafür, dass die Organe absterben.

Der Hirntod

Beim Hirntod sind alle Funktionen des gesamten Gehirns erloschen […]. […] Auch Hirnströme können nicht mehr gemessen werden. Für viele Angehörige ist es schwer zu begreifen, dass der Patient tot sein soll, denn er sieht nicht so aus: Sein Brustkorb hebt und senkt sich und auch sein Herz schlägt noch. Doch das geht nur, weil die lebenserhaltenden Maßnahmen der Intensivmedizin dafür sorgen.

Der biologische Tod

Nach dem klinischen Tod und dem Hirntod folgt der biologische Tod. Das bedeutet, dass alle sogenannten Vitalfunktionen des Körpers zum Stillstand gekommen sind, also etwa die Reflexe und alle Stoffwechselprozesse.

Irina Fernandes

4 Notiere in einer Liste die wichtigsten Merkmale der drei Definitionen des Todes.
5 Nenne Merkmale, an denen du erkennst, dass z. B. ein Vogel tot ist, wenn du ihn findest.
6 Finde Gründe, warum es so verschiedene Kriterien für den Tod gibt.
7 Formuliere eigene Ansichten darüber, was der Tod ist.
8 Formuliere eine Frage, die sich aus den unterschiedlichen medizinischen Bestimmungen von Tod für das Fach Ethik ergibt. » K2 S. 10

M3 Die Sicht der Philosophen: Wie mit dem Tod umgehen?

Eine andere Sicht auf den Tod haben Philosophen der Antike.

Nur ein Vorspiel?

Bei diesem Verweilen im sterblichen Leben handelt es sich um das Vorspiel zu einem besseren und längeren Leben. [...] Dieser Tag, vor dem du, als sei er der letzte, Grauen empfindest, ist der Geburtstag eines ewigen Lebens. Leg ab die Last: was zögerst du, als hättest du nicht auch vorher schon den Körper, in dem du geborgen warst, verlassen und dennoch gelebt?

Seneca

Ge(schehen)lassen

Verachte nicht den Tod, sondern habe dein Wohlgefallen an ihm, in der Überzeugung, dass auch er zu den Dingen gehört, die die Natur will. Denn ein Vorgang der Art wie Jungsein und Altwerden, Wachsen und Blühen oder wie das Hervorkommen der Zähne, des Bartes, der grauen Haare, das Zeugen, Schwangergehen und Gebären und die übrigen Auswirkungen der Natur sind alles Dinge, die die Jahreszeiten deines Lebens mit sich bringen – solch ein Vorgang ist gerade auch die Auflösung. Es entspricht daher der inneren Einstellung eines denkenden Menschen, dass er dem Tode nicht gleichgültig gegenübersteht, aber auch nicht ungestüm nach ihm verlangt oder ihn geringschätzt; vielmehr muss er auf ihn warten als auf ein Ereignis, das die Natur der Dinge so mit sich bringt.

Marc Aurel

Keine Bedeutung

Gewöhne dich [...] an den Gedanken, dass es mit dem Tode für uns nichts auf sich hat. Denn alles Gute und Schlimme beruht auf Empfindung; der Tod aber ist die Aufhebung der Empfindung. [...] Das angeblich schaurigste aller Übel also, der Tod, hat für uns keine Bedeutung; denn solange wir noch da sind, ist der Tod nicht da; stellt sich aber der Tod ein, so sind wir nicht mehr da.

Epikur

9 Notiere dir Fragen, die sich für dich aus den Texten ergeben.

10 Erläutere, wie sich die philosophische Sicht von der medizinischen unterscheidet.

11 Wähle eine Sichtweise aus, die deiner persönlichen Auffassung am nächsten kommt, und begründe deine Wahl.

M4 Schlafes Bruder

Thanatos, der Gott des Todes, wird auch bildhaft als „Schlafes Bruder" bezeichnet. Er wurde aus der Vereinigung von der Nacht und der Dunkelheit geboren und war der Zwilling von Hypnos, dem Gott des Schlafes.

Sleep and His Half-Brother Death (1874) von John William Waterhouse

12 Setze das Bild in Beziehung zur Überschrift.

13 Deute die Bezeichnung „Schlafes Bruder". Was wird damit ausgedrückt?

14 Sammle Gründe für und gegen diese Bezeichnung. Nutze dafür medizinische und philosophische Aspekte.

Den Tod ins Leben holen?

M1 Was ist der Tod? Was ist das Leben?

Der lateinische Ausspruch „Memento mori" bedeutet: Bedenke, dass du sterblich bist.

1 Schreibe eine Liste mit den Symbolen für Vergänglichkeit, die du im Bild findest.
2 Beschreibe, welche Gefühle das Bild in dir auslöst.
3 Sammle Gründe, die dafür und die dagegen sprechen, sich mit dem Tod zu beschäftigen.

M2 Gothic

Im Gegensatz zu vielen Gerüchten in der Presse sind Gothics zumeist friedliebend […]. Friedhöfe gehören für sie zu den Orten der Welt, die sie gerne aufsuchen aus Gründen der Einsamkeit oder der Ruhe. Dies ist nur eine mögliche Form, das bekannteste Element dieses Lebensstils auszuleben, die Todessehnsucht. Jedoch behandeln sie die Gedenkorte für Verstorbene mit Respekt, und nur die Schwierigkeit Außenstehender, sie von Satanisten zu unterscheiden, führte zu der sonderbaren Annahme, sie würden quasi ihr eigenes Refugium [Zufluchtsort] schänden und entweihen. […]

Tod und Trauer können als Themen künstlerische Kreativität inspirieren, doch kann es auch vorkommen, dass die melancholische Weltsicht sich mit einer persönlichen Depression verbindet. Jugendliche, insbesondere wenn keine direkte soziale Anbindung vor Ort besteht, können sich dabei auch in einer dunklen Eigenwelt verstricken.

Religionswissenschaftlicher Medien- und Informationsdienst e.V.: www.remid.de

4 Finde Gründe dafür, dass viele Jugendliche vom Tod fasziniert sind.
5 In der Gothic-Szene sind Todessymbole sehr beliebt. Beurteile, ob ein „Memento Mori-Motiv" für ein Tattoo oder ein T-Shirt geeignet ist. Welche Chancen und Risiken beinhaltet ein solches Motiv in der Begegnung mit anderen?

M3 Vorbereitung auf den Tod?

Als er erfährt, dass sein ehemaliger Professor Morrie Schwartz schwer erkrankt ist und bald sterben wird, beginnt der Journalist Mitch Albom seinen Lehrer regelmäßig jeden Dienstag zu besuchen. Sie unterhalten sich dann über theologische oder philosophische Fragen. Der nachfolgende Textauszug behandelt das Thema „Wie man mit dem Tod umgehen sollte":

„Lass uns mal von folgender Idee ausgehen", sagte Morrie. „Jeder weiß, dass er sterben wird, aber niemand glaubt es." An diesem Dienstag war er in einer nüchtern-geschäftsmäßigen Stimmung. Das Thema war der Tod, der erste Punkt auf meiner Liste. [...]
Hier in Morries Büro ging das Leben einen kostbaren Tag nach dem anderen weiter. Jetzt saßen wir beisammen, etwa einen Meter von der letzten Neuanschaffung des Hauses entfernt: einer Sauerstoffmaschine. [...]
„Jeder weiß, dass er sterben muss", sagte er noch einmal, „aber niemand glaubt es. Wenn wir es täten, dann würden wir die Dinge anders machen."
„Also machen wir uns, was den Tod angeht, etwas vor", sagte ich.
„Ja. Aber es gibt eine bessere Herangehensweise. Zu wissen, dass du sterben musst, und jederzeit darauf vorbereitet zu sein. Das ist besser. Auf die Weise kannst du tatsächlich intensiver leben, während du lebst."
„Wie kann man jemals darauf vorbereitet sein zu sterben?"
„Tu das, was die Buddhisten tun. Stell dir vor, dass jeden Tag ein kleiner Vogel auf deiner Schulter sitzt, der dich fragt: ‚Ist heute der Tag? Bin ich bereit? Tue ich alles, was ich tun sollte? Bin ich der Mensch, der ich sein möchte?' Er drehte seinen Kopf zu seiner Schulter, als säße der kleine Vogel tatsächlich dort. „Ist heute der Tag, an dem ich sterbe?", sagte er. Morrie verwendete die Weisheiten aller Religionen. [...] Und die Dinge, die er in seinen letzten Monaten auf der Erde sagte, schienen alle religiösen Unterschiede zu überschreiten. Offenbar ist das eine Einstellung, die der bevorstehende Tod mit sich bringt.
„Die Wahrheit ist", erklärte er, „wenn du lernst, wie man stirbt, dann lernst du, wie man lebt." Ich nickte.

Mitch Albom

6 Suche dir drei Sätze oder Fragen aus dem Text heraus, die du wichtig findest und über die du sprechen möchtest.

7 Erläutere einer Partnerin oder einem Partner, was du ausgewählt hast und warum, und höre umgekehrt bei der Erläuterung zu. » K1 S. 14

8 Beschreibe, wie sich dein Leben verändern würde, wenn du immer daran denken würdest: Das könnte der letzte Tag sein!

M4 Nahtoderlebnis

Manche Menschen sind in ihrem Erleben dem Tod schon ganz nah gewesen. Sie berichten, dass sich ihr Leben dadurch sehr verändert hat, oft auch, dass sie keine Angst hatten. Solche tiefgreifenden Erfahrungen an der Schwelle des Lebens bezeichnen wir als Nahtoderfahrung.

Monika Rhein

9 Verfasse einen fiktiven Tagebucheintrag, in dem du beschreibst, wie sich dein Leben durch ein Nahtoderlebnis verändert hat.

10 Recherchiere über das Phänomen der Nahtoderfahrung. Was berichten Betroffene und welche wissenschaftlichen Erklärungsversuche gibt es?

Letzte Hilfe

M1 Menschenwürde am Lebensende

Jan Tomaschoff

1 Deute die Karikatur. Auf welches Problem wird im Bild hingedeutet?
2 Verschaffe dir ein Meinungsbild durch eine Abstimmung in der Gruppe. Verstößt Sterbehilfe gegen die Menschenwürde, oder kann sie für ein menschenwürdiges Sterben wichtig sein?

M2 Die Freiheit zu sterben oder zu forschen bis zum letzten Atemzug

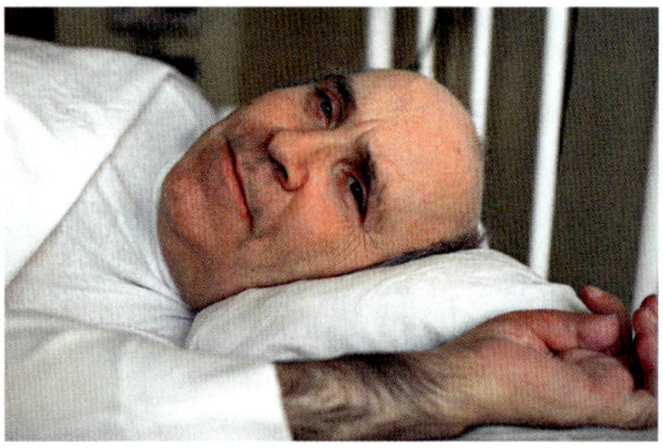

Ramón Sampedro brach sich bei einem Sprung ins Meer die Halswirbelsäule und war danach 30 Jahre lang vom Hals abwärts gelähmt. Jahrelang klagte er auf sein Recht auf aktive Sterbehilfe, doch verlor er 1993 den Prozess. 1998 halfen ihm Freunde, ein Glas mit Gift auszutrinken, so dass sein Wunsch zu sterben in Erfüllung ging. Ramón verfasste Gedichte, die in mehreren Büchern veröffentlicht wurden, das letzte kurz vor seinem Tod.

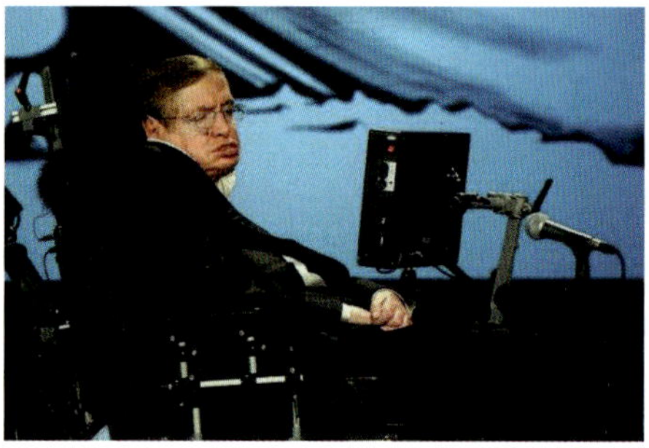

Stephen W. Hawking […] gilt als einer der größten Wissenschaftler aller Zeiten. Hawkings Forschungen stützen unter anderem die Theorie von der Entstehung des Universums durch einen Urknall. Als junger Student wurde bei ihm ALS, eine unheilbare Erkrankung des Nervensystems, festgestellt, die seine Bewegungsfähigkeit immer weiter einschränkte. Jahrzehnte lang war er auf einen Rollstuhl angewiesen und konnte darüber hinaus seine Sprechorgane nicht benützen. Verständigen konnte er sich nur mit Hilfe eines Computers.

3 Beschreibe ausgehend von den Bildern und den Texten, wie du dir Ramón Sampedros und Stephen Hawkings Alltag vorstellst.
4 Erkläre mithilfe des Textes, was aktive Sterbehilfe ist, und nenne mögliche Gründe, warum Ramón Sampedro dieses Recht so wichtig war, dass er dafür vor Gericht zog.
5 Vergleiche die Situationen von Sampedro und Hawking miteinander und stelle Vermutungen über ihre Gefühle und Ziele an.

M3 Unterschiedliche Arten von Sterbehilfe

Bei der **aktiven Sterbehilfe** führt eine andere Person den Tod des Patienten herbei. Dabei greift der andere aktiv ein, indem er dem Kranken beispielsweise eine Überdosis eines Schmerz- oder Narkosemittels verabreicht. Diese andere Person handelt dabei zwar ausdrücklich nach dem Wunsch des Patienten, ist aber dennoch der Aktive bei dieser Art der Sterbehilfe.

Bei der **indirekten Sterbehilfe** geht es vor allem darum, die Schmerzen zu lindern. Dabei geht der Arzt das Risiko ein, dass der Patient möglicherweise schneller stirbt, weil er ihm starke Schmerzmittel verabreicht hat.

Wenn Ärzte oder andere Personen einem Patienten ermöglichen, sich durch von ihnen verschriebene oder zur Verfügung gestellte Maßnahmen selbst zu töten, spricht man von **Beihilfe zum Suizid**.

Bei der **passiven Sterbehilfe** wird darauf verzichtet, das Leben künstlich zu verlängern. Eine künstliche Ernährung, Bluttransfusion oder Beatmung werden also bewusst nicht verabreicht.

In Deutschland regelt das Strafgesetzbuch ausschließlich die aktive Sterbehilfe. Diese ist strafbar, auch wenn der Patient ausdrücklich geäußert hat, dass er sterben möchte. […] Anders ist es bei der Beihilfe zum Suizid: Da eine Selbsttötung straffrei ist, ist auch die Beihilfe dazu theoretisch nicht strafbar.

Irina Fernandes/Andrea Böhnke

6 Gehe arbeitsteilig vor: Lass dir von einer Partnerin oder einem Partner zwei Formen der Sterbehilfe erklären. Gib das Gehörte wieder. Tausche dann die Rollen für die weiteren Formen der Sterbehilfe.

7 Diskutiere menschenwürdige Alternativen zu Formen der Sterbehilfe.

8 Beziehe Stellung zu der gesetzlichen Regelung der Sterbehilfe in Deutschland. Berücksichtige dabei die verschiedenen Möglichkeiten der Sterbehilfe und den Aspekt der Menschenwürde. » K1 S. 12

M4 Sterbebegleitung

Inzwischen gibt es viele Versuche, den Tod in das Leben besser zu integrieren und offener mit dem Tod umzugehen. Eine besondere Rolle spielt die Hospizbewegung. Es gibt aber auch die Ausbildung zur Sterbeamme, die – wie die Hebamme in das Leben – beim Sterben und in der Trauer begleitet.

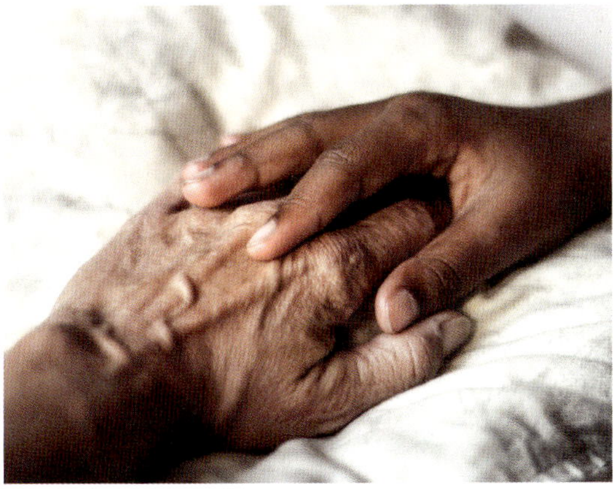

9 Es gibt Kurse in „Letzter Hilfe", die nicht wie die Erste Hilfe Leben rettet, sondern am Ende des Lebens beistehen möchte. Entwerfe einen Flyer mit dem Bild und verfasse dazu einen passenden Infotext. Warum sollte man den Kurs besuchen? Welche Themen sollten in dem Kurs angesprochen werden?

10 Recherchiere über das Hilfsangebot bei der Sterbebegleitung oder in einem (Kinder-) Hospiz.

Bestattungsformen weltweit

M1 Im kunstvollen Sarg in das Jenseits

In Ghana werden Verstorbene in kunstvollen Särgen bestattet. Die Form verweist häufig auf den Beruf des Toten. Der Sarg des Taxifahrers hat zum Beispiel die Form eines Autos, der des Fischers die eines Fisches.

1 Stelle Vermutungen zu der Biografie der Person an, deren Sarg auf dem Bild zu sehen ist. Wie alt könnte sie geworden sein? Welche Interessen hatte sie? Usw.

2 Nimm Stellung zu dem Brauch in Ghana im Vergleich zu den traditionellen Bestattungsformen, die du aus deinem Kulturkreis kennst.

3 Der Trend zu ausgefallenen Bestattungsritualen, die etwas über den Verstorbenen aussagen, nimmt zu. Finde Gründe für diese Entwicklung und erkläre, mit welchen Mitteln eine Beerdigung individuell gestaltet werden kann.

M2 Die Freiheit der Seele

Im hinduistischen Glauben ist die völlige Auslöschung des Körpers die Voraussetzung zur Befreiung der Seele. Es heißt, dass ein Tod und eine Bestattung am heiligen Fluss Ganges den Kreislauf von Geburt, Tod und Wiedergeburt durchbrechen kann. Die Verbrennung findet am Todestag statt. In einer Prozession wird der oder die Tote auf einem Verbrennungsplatz (Ghat) öffentlich verbrannt. Traditionell entzündet der älteste Sohn das Feuer. Danach wird der Schädel des Verstorbenen geöffnet, um die Seele freizulassen. Nach einigen Tagen wird die Asche eingesammelt und ins Wasser oder in die Natur gestreut. Auch heute noch ist die Zeremonie meist den Männern vorbehalten. Blumen und Kerzen werden zum Gedenken zu Wasser gelassen. Bei der Verbrennung wird nicht geweint, denn die Befreiung der Seele gilt als Grund zur Freude. Nach der Verbrennung reinigen die Hinterbliebenen sich und das Haus nach einem rituellen Ablauf und tragen während der zwölf- oder dreizehntägigen Trauerzeit weiße Kleidung.

Barbara Garde

4 Fasse die Vorstellung vom Tod im hinduistischen Glauben zusammen und stelle dar, in welchem Zusammenhang diese mit den Bestattungsritualen steht.

5 Vergleiche die Bestattungsrituale im Hinduismus mit dir bekannten Bestattungsformen. Wie hast du in deiner Familie oder im Bekanntenkreis Beerdigungen und Trauerfeier erlebt bzw. was wurde dir berichtet? Finde Ähnlichkeiten und Unterschiede.

M3 Den Kontakt zu den Toten pflegen

In den Bergen der Insel Sulawesi lebt das Volk der Toraja. Ihre Traditionen sind Jahrhunderte alt.

Maria Ranti war 95 Jahre alt, als sie 2015 starb. Heute wird ihr Sarg erstmals wieder geöffnet, denn es ist Zeit für „Ma'nene", die Reinigung der Toten. [...]
Alle drei Jahre trifft sich die ganze Verwandtschaft dann zum großen Wiedersehen mit den Toten. „Es kann sein, dass andere Menschen das sonderbar finden. Für uns ist es selbstverständlich, den Kontakt zu den Toten nicht zu verlieren. Wir säubern sie, ziehen ihnen frische Kleidung an, sprechen mit ihnen. So wie wir Lebenden das auch machen. So bleiben die Toten ein Teil von uns und das ist gut", sagt Jonathan Sambara.
Bei den Toraja lernen schon die Kinder, mit dem Tod und den Toten umzugehen. Sie sind überall dabei. Jonathan befreit die Nase seines Vaters von Staub. Die Witwe, Jonathans Mutter Lydia ist stolz darauf, wie gut ihr Mann noch aussieht. Das bringt der Familie Glück und Wohlstand sagt sie. „Ich kann meine Gefühle nur schwer beschreiben. Aber es bedeutet mir so viel, ihn anfassen zu können. Seine Haare, die Hände", sagt Witwe Lydia Limbong. [...]
Die meisten Toraja sind Christen [...]. Aber das mit der christlichen Totenruhe legen sie hier eher flexibel aus. Die Religion ist das eine, das andere die Rituale meint Jonathan. Die Toten zu ehren, schützt die Lebenden vor bösen Geistern. So haben es die Vorfahren überliefert. Und den Umgang der restlichen Welt mit den Toten finden sie hier irgendwie respektlos.

Sandra Ratzow

6 Fasse zusammen, welche Vorstellung die Toraja vom Tod haben, und stelle dar, in welchem Zusammenhang diese mit den Bestattungsritualen stehen.

7 Jonathan findet den Umgang mit Toten in anderen Kulturen respektlos. Formuliere auf der Grundlage von M2 eine Erwiderung aus der Sicht eines Hindus.

8 Führe eine Diskussion in der Gruppe darüber, warum Menschen in verschiedenen Kulturen so unterschiedlich mit dem Tod umgehen (M1-M3). Inwiefern kommen dennoch auch Gemeinsamkeiten zum Ausdruck? » K3 S. 9

M4 Digital trauern

Immer häufiger findet man in Friedhöfen QR-Codes auf Grabsteinen. Wer den Code scannt, kann auf einer Internetseite Bilder, Videos und Texte, vielleicht auch einen Trauer-Chat über den Verstorbenen finden.

9 Beschreibe das Bild und formuliere Vermutungen, was Menschen zu einem digitalen Grabstein bewegt. Welche Vorteile siehst du darin?

10 Skizziere, was du in deinem QR-Code am Grabstein über dein Leben hinterlegen würdest. Wie möchtest du der Nachwelt in Erinnerung bleiben?

11 Informiere dich über ausgefallene Bestattungsformen und wähle je eine aus, die dir gut gefällt bzw. die du ablehnst. Begründe deine Meinung.

Zeig, was du kannst!

Das Wichtigste in Kürze

Sinnfrage – Katastrophen – Vorstellungen vom Tod – Vergänglichkeit – Nahtoderfahrung – Sterbehilfe – trauern – Bestattungsformen

Leben und Tod – Worin liegt der Sinn?

Manche Situationen im Leben stellen uns vor besondere Herausforderungen. Geburt und Tod berühren uns existentiell. Besonders, wenn der Tod plötzlich in das Leben einbricht, fragen wir nach dem „Wozu?". Dabei ist die Vorstellung vom Tod im Lauf der Geschichte und Kulturen keineswegs gleich geblieben. Sogar in der Medizin ist er einem Wandel unterworfen. Wenn wir mit der eigenen Endlichkeit und Vergänglichkeit konfrontiert werden, kann das das Leben stark verändern.

Auch beim Sterben wünschen sich Menschen Hilfe. Das ist unumstritten, wenn es um Sterbebegleitung geht. Kontrovers wird diskutiert, inwieweit man den Tod aktiv herbeiführen darf. Die unterschiedlichen Vorstellungen vom Tod spiegeln sich in den sehr verschiedenen Bestattungsformen, die es auf der Welt gibt, wieder. Auch diese können uns anregen, über unser Verhältnis zum Tod nachzudenken.

Kompetenz-Check

M Den Tod ins Leben holen

Die Wetterauer Zeitung berichtet über ein Projekt mit einer Grundschule.

„Hast Du Angst vor dem Tod?", fragt Hanna den Bestatter Peter Ugele, der anlässlich des einwöchigen Projekts „Hospiz macht Schule" in die Grundschule Ockstadt gekommen ist. „Nein, Angst habe ich nicht, aber Respekt", antwortet dieser. Es ist der dritte Tag, und wie jeder der fünf Tage hat auch dieser ein Motto: „Vom Sterben und Tod", „Krankheit", „Trauer", aber auch damit, was uns tröstet und wie man selbst Trost spenden kann. […] Eine Woche Beschäftigung mit Tod und Trauer, und doch fasst es ein Mädchen so zusammen: „Wir hatten sehr viel Spaß."

1 Skizziere verschiedene Bestattungsrituale und vergleiche, welche Vorstellung sie über das Verhältnis zwischen den Lebenden und den Verstorbenen zum Ausdruck bringen.

2 Nenne unterschiedliche Arten der Sterbehilfe und diskutiere die geltenden gesetzlichen Regelungen in Deutschland.

3 Erläutere, warum es einen Unterschied macht, ob man Angst vor dem Tod hat oder, wie Peter Ugele sagt, Respekt? Schreibe Stichpunkte auf, wie du in Zukunft mit dem Thema Tod umgehen willst. » K4 S. 17

4 In der SV wird diskutiert, das Projekt „Hospitz macht Schule" an eurer Schule durchzuführen. Vor der Abstimmung wird kontrovers darüber diskutiert. Nimm Stellung zu der Projektidee. » K1 S. 12

Werkstatt

Eine Reportage: Einstellungen zu Leben und Tod

Für eine Form entscheiden

Überlege zuerst, wie die Ergebnisse dokumentiert werden sollen. Eine Reportage kann schriftlich, als Tondokument oder als Film gemacht werden. Entsprechend sollten auch die Fragen formuliert sein.

Vorbereitungen treffen, Informationen beschaffen

Im Vorfeld der Reportage sollst du dich in das Thema einarbeiten. Welche Fakten, umstrittenen Positionen oder gesetzlichen Regelungen sind zu beachten? Welche Fragestellungen oder Streitpunkte sind von großem Interesse? Welche Berichte oder Beiträge gibt es schon zum Thema? Natürlich kannst du dazu auch im Internet recherchieren. Vergiss nicht zu notieren, welche Quellen du benutzt hast.

Fragestellung erarbeiten

Formuliere ein „Forschungsinteresse". Welche Fragestellung aus dem Themenfeld erscheint für dich, aber insbesondere für deine Zielgruppe, besonders spannend oder aktuell zu sein? Halte deine Fragen auf jeden Fall schriftlich fest. Beachte dabei deine Zielgruppen: Wen möchtest du befragen und an welches Publikum richtet sich deine Reportage?

Material sammeln, auswerten und gliedern

Führe deine Interviews durch, füge das Rohmaterial aus deiner Reportage sinnvoll zusammen, versuche es in eine Ordnung zu bringen und zu gliedern. Was passt zusammen? Was ist ein spannender Kontrast? Deine Vorgehensweise kann sich je nach gewählter Form deiner Reportage unterscheiden.

Reportage gestalten

Schließlich muss alles zu einem Artikel, einem Tondokument oder einem Film verarbeitet werden. Hier ist u. U. eine Kooperation mit dem Fach Deutsch möglich.

Worauf es ankommt

- ☑ eine interessante Fragestellung entwickeln
- ☑ passende Interviewpartnerinnen und -partner finden
- ☑ eine klare Struktur entwickeln
- ☑ eine ansprechende Form der Darstellung wählen
- ☑ Quellen notieren

Darf uns die Wahrheit egal sein?

Wie kann man erklären, was wahr ist?

Gibt es eine Wahrheit für alle?

Wann muss man für die Wahrheit kämpfen?

Welche Sätze können weder wahr noch falsch sein?

Wahrheit und Wirklichkeit

> Die Wahrheit sagen

WERKSTATT

Ein Song über die Wahrheit

Über Wahrheit und Lüge haben so unterschiedliche Popstars gesungen wie John Lennon, The Cure, Rio Reiser, Beyoncé und Shakira oder Lizzo.

Seine Gedanken und Gefühle musikalisch ausdrücken ist nicht einfach. Aber einen Text für einen Song zu schreiben, das können fast alle. Man muss ihn ja nicht gleich auf die große Bühne bringen.

Schreibe einen Song und drücke darin deine Sicht auf die Wahrheit aus.

Lass dich dabei von den Seiten dieses Kapitels inspirieren.

Wahr oder falsch – total egal!

M1 Gimme some truth

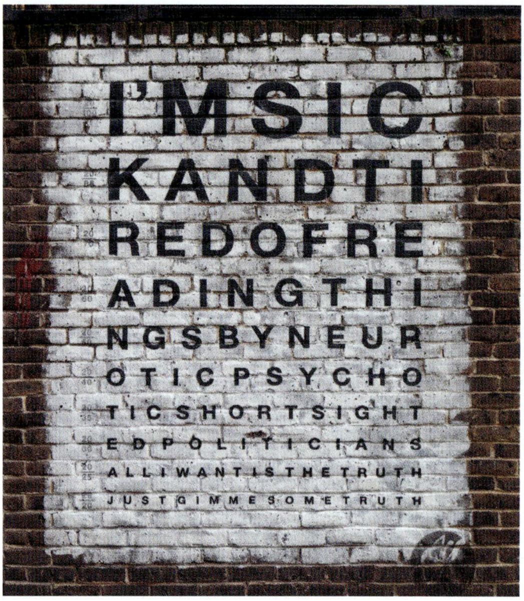

… ist ein Protestsong von John Lennon (1940 – 1980). Als sich im Jahr 2016 die Briten für den Austritt aus der Europäischen Union entschieden und Donald Trump zum US-Präsidenten gewählt wurde, tauchte auf einer Mauer in London eine Strophe aus dem Song auf.

I'm sick and tired of reading things by neurotic psychotic short sighted politicians.

All I want is the truth. Just gimme some truth.

1 Erläutere, welche Gefühle oder Gedanken die Street-Art Künstlerin angetrieben haben könnten. Hast du schon einmal ähnlich gefühlt oder gedacht?

2 Erläutere, wie Inhalt und Darstellungsform zusammenhängen.

3 Stelle einen Zusammenhang her zwischen den Ereignissen des Jahres 2016 und der Street-Art.

M2 Lügner und „Bullshitter"

Den Begriff „Bullshit" führte der amerikanische Philosoph Harry Frankfurt (1929 – 2023) in die philosophische Diskussion über Wahrheit und Lüge ein.

Natürlich hat Frankfurt das Wort „Bullshit" nicht erfunden, aber er schärfte den Kraftausdruck zu einem philosophischen Fachbegriff. Bullshit ist Gerede, bei dem es dem Sprecher egal ist, ob es stimmt. Im Unterschied zum Lügner versuchen Bullshitter nicht, anderen gezielt eine Unwahrheit einzureden. Wahr oder unwahr, das kümmert sie wenig. Sie wollen Eindruck schinden. Bullshit kann harmlos und sogar unterhaltsam sein, aber in großen Mengen ist er schädlich und sollte enttarnt werden. Das Ausmaß und die Vielfalt des Bullshit scheinen unermesslich. Vermutlich wurde noch nie so viel Bullshit produziert wie heute.

Tobias Hurter

4 Bevor du den Text liest, beschreibe, wie du den Begriff „Bullshit" verstehst.

5 Unterscheide Lügner und Bullshitter durch Beispiele.

6 Beziehe Stellung zu der Aussage, dass vermutlich noch nie so viel Bullshit produziert wurde wie heute.

M3 Bullshit – wozu?

Harry Frankfurt [der „Bullshit-Theoretiker"] mutmaßte, dass einer der Gründe [für die Produktion von Bullshit] wohl darin zu sehen ist, dass immer mehr Menschen in Situationen kommen, in denen sie sich zu etwas äußern müssen, das sie nicht genügend verstehen. Dies mag ein Grund dafür sein, ist aber heutzutage nicht der einzige und wohl auch nicht der wichtigste. Vielmehr geht es den bekannten Bullshittern um politische Macht, und vielen unbekannten Bullshittern um leicht verdientes Geld. Das Prinzip ist einfach: Je mehr Klicks man auf seiner Internetseite mit Werbung hat, desto mehr Geld bekommt man für diese Klicks von [Internetunternehmen] […]. Mit Meldungen, die Aufsehen erregen, gelangt man zu mehr Klicks. Also liegt es nahe, sich entsprechende Meldungen auszudenken, ohne sich darum zu kümmern, ob sie irgendetwas mit Wahrheit zu tun haben.

Jonas Pfister

7 Fasse die Hauptgründe für die Verbreitung von Bullshit zusammen.

8 Nenne Beispiele für bekannte Bullshit-Meldungen im Internet.

9 Viele Expertinnen und Experten behaupten, dass die massenhafte Verbreitung von Bullshit und Falschmeldungen eine Bedrohung der Demokratie darstellt. Stimmst du dem zu? Beziehe Stellung.
» K3 S. 17

M4 Nixon vs. Trump

Das linke Bild ist eine Farblithographie von Andy Warhol (1928 – 1987). Sie zeigt den US-Präsidenten Richard Nixon. 1972 unterstütze Warhol damit Nixons Herausforderer, den Demokraten George McGovern. Das Bild rechts zeigt den späteren US-Präsidenten Donald Trump. In Anspielung auf das Nixon-Bild nannte die Künstlerin Deborah Kass (geb. 1952) ihr Werk „Vote Hillary".

10 Sammle Informationen über Trump und Nixon. Formuliere auf der Grundlage deiner Recherche die Bildaussage des rechten Bildes.

11 Bearbeite Schwarz-Weiß-Kopien von anderen Politikerinnen oder Politikern auf ähnliche Weise wie Andy Warhol. Erläutere sachlich deine Auswahl und Darstellungsweise.

Das ist jetzt nicht wahr!

M1 „Die Welt, die will betrogen sein!"

So lautet ein berühmtes Zitat des Straßburger Dichters Sebastian Brant (1457–1521).

1 Stelle einen Zusammenhang zwischen dem Bild und dem Zitat her.
2 Beschreibe, welche Tastenkombination man drücken muss, um Texte zu kopieren und einzufügen.
3 Beziehe Stellung zum Zitat. Stimmst du zu?

M2 Die „frisierte" Wahrheit

Im Dezember 2018 machte das Magazin „Der Spiegel" öffentlich, dass einer seiner Autoren viele Reportagen gefälscht hatte. Er hatte auch für andere deutschsprachige Zeitschriften und Zeitungen gearbeitet.

Der Journalist [Claas Relotius] galt als Wunderkind, seine Reportagen gewannen mehrere Preise. 2018 platzte die Blase. Relotius war als Hochstapler aufgeflogen. Wie sich herausstellte, hatte er sich viele seiner Protagonisten [=Hauptfiguren] und Teile der Geschichten ausgedacht.
Aufgedeckt hat das sein Kollege Juan Moreno, der die Geschichte in dem Buch „Tausend Zeilen Lüge" zusammenfasste. [2022 kam inspiriert davon auch der Film] „Tausend Zeilen" ins Kino.

Susanne Burg

4 Entwickle in der Gruppe eine Szene, in der die Chefs des Spiegel-Magazins darüber diskutieren, warum Claas Relotius mit den Betrügereien durchkam.
5 Beurteile selbst, ob man als Journalistin oder Journalist Personen oder Dinge hinzuerfinden darf, um eine Geschichte interessanter zu machen und ein größeres Publikum zu erreichen.
6 Nenne Bedingungen, unter denen eine Meinung wahr ist. Beginne z. B. so: „Es ist wahr, dass Claas Relotius betrogen hat, wenn … "

M3 Wie Wahrheit definiert wird

[Einen Vorschlag von Aristoteles] hat der mittelalterliche Philosoph Thomas von Aquin aufgegriffen und umformuliert: Wahrheit sei die Übereinstimmung von „intellectus", also Verstand oder Denken, mit den Dingen. […] Die Grundidee ist ganz einfach: Wie beispielsweise Fotos Ausschnitte der Welt widerspiegeln, so würden auch unsere Worte und Gedanken Ausschnitte der Welt darstellen. Der Satz „Die Sonne scheint" ist demnach wahr, wenn er eine Situation abbildet, in der, technisch gesprochen, eine Sonne existiert und deren Strahlen ungehindert auf die Erde treffen. Weil diese Auffassung die Übereinstimmung betont, heißt sie *Korrespondenztheorie der Wahrheit.* […]

Ein verwandter Vorschlag: Der amerikanische Philosoph Charles Sanders Pierce sagt, wahr sei das, worauf sich die besten Wissenschaftler in ferner Zukunft einigen werden. […] Weil sie die Wahrheit vom Konsens der Forscher abhängig macht, heißt sie *Konsenstheorie der Wahrheit.*

Der Philosoph […] William James sagt, eine Überzeugung sei wahr, wenn sie uns auf Dauer nützt. Überzeugungen, wie die, dass die Sonne scheint, haben dem Menschen auf Dauer genützt: So haben sie tagsüber gearbeitet, sich Sonnenuhren gebaut oder Sonnenhüte aufgesetzt. James' Ansatz nennt sich *pragmatische Wahrheitstheorie*, weil er auf das praktische Tun ausgerichtet ist. […]

Philipp Hübl

Drei Kritikpunkte:

a) Ein Konsens von Experten macht die Wahrheit einer Überzeugung nur sehr wahrscheinlich. Aber sie könnten sich auch irren.

b) Was sich als nützlich bewährt hat (z. B. dass es besser ist, Pflanzen bei Vollmond zu düngen), muss nicht wahr, sondern könnte Aberglaube sein.

c) Übereinstimmung erklärt nichts. Zu sagen „Eine Aussage ist wahr, wenn sie mit den Tatsachen übereinstimmt", ist nicht verständlicher als das Umgekehrte: „Eine Tatsache stimmt mit der Wirklichkeit überein, wenn sie wahr ist".

7 Ordne die drei Kritikpunkte sinnvoll den drei Wahrheitsdefinitionen zu.

8 Nenne Gründe, warum es so schwierig ist, Wahrheit zu definieren.

9 Untersuche, nach welcher Wahrheitstheorie sich die Menschen orientieren, wenn sie nach der Wahrheit suchen. Berücksichtige dabei unterschiedliche Fachbereiche: Naturwissenschaft, Journalismus (wie in der Geschichte von „Tausend Zeilen") und Kunst. » K1 S. 10

M4 Wahrheitsfeinde

Überzeugungen sind gefährlichere Feinde der Wahrheit als Lügen.

Friedrich Nietzsche

10 Veranschauliche Nietzsches Gedanken, indem du darstellst, welche Überzeugungen in der Geschichte von „Tausend Zeilen" den Blick auf die Wahrheit verstellen.

11 Formuliere Ratschläge, wie man verhindern kann, dass man sich wie im Film von Blendern in die Irre führen lässt.

Das kann doch nicht wahr sein!

M1 Ich? Du? Wer?

Wen „meint" der Fotograf im Bild?

1 Beschreibe, inwiefern das Bild mehrdeutig ist.
2 Beurteile, ob die Mehrdeutigkeit von Bildern oder Sätzen ein Problem für die Wahrheit ist.
3 Vergleiche Texte und Bilder im Hinblick auf ihre Ausdrucksmöglichkeiten. Was kann man mit Bildern ausdrücken, was sich nicht durch Sätze ausdrücken lässt? Und umgekehrt.

M2 Geht's bitte etwas genauer?

Viele Sätze sind nur dann wahr oder falsch, wenn geklärt ist, was mit den Wörtern in ihnen gemeint ist.

(a) Sie ging zur Bank.

(b) Er schloss ein Geschäft ab.

(c) Juan und Anna sind verliebt.

(d) Alle wissen, wer es getan hat.

(e) Hier regnet es.

(f) Die Leute brauchen mehr Sicherheit.

(g) Du bist langhaarig.

(h) Ich trage jetzt ein rotes Shirt.

4 Kläre in der Gruppe, was an den Beispielsätzen jeweils mehrdeutig oder unklar ist.
5 Formuliere für mindestens zwei Beispiele Bedingungen, unter denen diese Sätze wahr sind. Beispiel: *Satz (a) ist wahr, wenn Frau Moreno am 5.10.2023 zur Hauptfiliale der Darmstädter Sparkasse ging.*
6 Beschreibe Probleme, die sich aus solchen sprachlichen Unklarheiten im Alltag ergeben können.
7 Beurteile die Frage, ob die Ungenauigkeiten der Sprache ein Vorteil oder Nachteil sind.

M3 Von Glatzen und Kaulquappen

Viele unserer Begriffe sind unscharf bzw. vage. In manchen Fällen bleibt unklar, ob mit solchen Begriffen etwas Wahres gesagt wird oder nicht.

Ein Beispiel: Harry hat volles Haar, Karl eine Glatze. Der Satz „Harry ist glatzköpfig" ist also falsch. „Karl ist glatzköpfig" hingegen wahr. Würden Harry nun nach und nach die Hare ausfallen, wäre er irgendwann so glatzköpfig wie Karl. Auf dem Weg dorthin wird es Fälle geben, bei denen wir nicht genau sagen können, ob Harry schon glatzköpfig ist. Kaum ein Begriff zieht nämlich eine scharfe Grenze, die zum Beispiel festlegt: „Wer weniger als 4135 Haare hat, ist glatzköpfig." Doch kann der Satz „Harry ist glatzköpfig" dann in Grenzfällen überhaupt wahr oder falsch sein? Einige sagen, das sei unbestimmt, andere man müsse die Aussage präzisieren. Wieder andere, dass es zwar immer eine Antwort gebe, wir sie aber nicht wissen können. Dieses Problem nennt man das der Vagheit der Begriffe. Auch wenn solche Beispiele zuerst nach Haarspalterei klingen, streiten sich Gelehrte bis heute, wie sie zu lösen sind.

Philipp Hübl

8 Erkläre deiner Partnerin oder deinem Partner das Problem der vagen Begriffe am Beispielsatz „Das ist eine Kaulquappe". Nimm dazu das Bild zur Hilfe. » K2 S. 14

9 Finde in M2 Beispiele mit vagen Begriffen und formuliere eigene.

10 Manche behaupten, es sei bei Sätzen mit vagen Begriffen in Grenzfällen unbestimmt, ob sie wahr oder falsch sind. Diskutiere, ob das ein Problem wäre.

M4 Mehrdeutigkeit aushalten

Was denn nun? Frau mit Bart? Oder Mann mit Kleid? Thomas Neuwirth alias Conchita Wurst gewann den Eurovision Song Contest 2014 für Österreich. Und er verstörte viele vor ihren Fernsehgeräten: unerträglich, diese Mehrdeutigkeit. Sie wollten entweder Mann oder Frau. Andere fühlten sich zwar befremdet, fanden das Spiel mit dem Mehrdeutigen dann aber doch ganz interessant. Die Jury jedenfalls war überzeugt – und zeigte damit „Ambiguitätstoleranz" [also die Fähigkeit, Mehrdeutigkeit auszuhalten].

Wolfgang Streitbörger

11 Finde Gründe, warum es für einige Leute „unerträglich" ist, dass sich manche Menschen bestimmten Kategorien wie „Mann" oder „Frau" nicht eindeutig zuordnen lassen. Gib diesen Leuten einen Ratschlag, wie sie diesen Umstand besser ertragen können.

12 Beschreibe andere Situationen, in denen mehr „Ambiguitätstoleranz" der Gesellschaft wünschenswert wäre.

Meine Wahrheit, deine Wahrheit oder nur eine Wahrheit?

M1 Blick in die Zukunft

Horoskope (von griech. *hora*: die Stunde, die Zeit, und *skopein*: betrachten) galten bis in die Neuzeit als wissenschaftliche Berechnungen. Heute werden sie eher als Aberglaube abgetan.

1 Nenne die Tierkreiszeichen auf dem Zifferblatt, die du erkennst.
2 Erkläre, wie Horoskope, Tarotkarten oder andere Formen des Wahrsagens funktionieren.
3 Beurteile den Wahrheitsgehalt von Horoskopen.

M2 Die Wahrheit liegt in den Sternen

Astro-Gabi: […] Ich kann deine Aura [also deine „Ausstrahlung"] deuten.

Fritz: So einen Quatsch wie „Aura" gibt es nicht. Aura deuten, Astrologie, Psychokräfte, Tarotkarten – alles Plunder.

Astro-Gabi: Wie kommst du darauf?

Fritz: Wenn man diese Dinge wissenschaftlich untersucht, zeigt sich, dass sie keinen Funken Wahrheit enthalten und dass es nichts gibt, was ihre Existenz beweist. Im Gegenteil: Sie werden widerlegt.

Astro-Gabi: Ich sehe dein Problem. Du gehst mit einer bestimmten Art von Denken, dem abendländischen, wissenschaftlichen und logischen Denken, an die Glaubenssysteme des New Age [einer bestimmten Strömung der Esoterik].

Fritz: Aber diese anderen Denkweisen sind nicht streng, sondern schwammig.

Astro-Gabi: Nein, sie sind nur anderes, das ist alles […].

Fritz: Du meinst, dass diese „alternativen" Denkweisen in gleicher Weise gültig sind?

Astro-Gabi: Ja, das meine ich schon. Jedes Denksystem produziert seine eigene Art von Wahrheit.

Stephen Law

4 Erläutere, welcher Konflikt zwischen Astro-Gabi und Fritz besteht und was er mit Wahrheit zu tun hat.
5 Nenne andere Beispiele für Aussagen, die nur in einem „Denksystem" wahr sind, in einem anderen aber nicht.
6 Überprüfe die verschiedenen Standpunkte von Fritz und Astro-Gabi. Welche Seite überzeugt dich mehr? » K3 S. 13

M3 Alles eine Frage der Perspektive?

Astro-Gabi behauptet (in M2), dass es neben dem wissenschaftlichen Denken andere, genauso gültige Denkweisen gibt. Die Wahrheiten des wissenschaftlichen Denkens sind für sie nur relativ zu diesem Denksystem wahr. „Relativismus" nennt man diese Einstellung zur Wahrheit.

Der Relativismus hat eine lange Geschichte. So wird zum Beispiel der Grieche Protagoras (um 485 – um 415 v. Chr.) [...] als Relativist geschildert. Protagoras erklärt, „der Mensch sei das Maß aller Dinge, der seienden, wie sie sind, der nichtseienden, wie sie nicht sind." Deshalb sei jede Meinung gleichermaßen wahr. Wer glaubt, alle Wahrheiten seien gleichermaßen wahr, muss sich einen berühmten und gewichtigen Einwand anhören, der [...] auf Platon zurückgeht:
Angenommen, die Behauptung, alle Wahrheiten seien relativ, ist wahr. Ist diese Behauptung dann auch nur relativ wahr? Oder handelt es sich hierbei um eine absolute, nicht-relative Wahrheit?
Es ist natürlich ein Widerspruch in sich, wenn man die Behauptung als nicht-relativ ansieht, alle Wahrheiten seien relativ. Ein Relativist wie Protagoras muss darauf beharren, dass auch die Wahrheit relativ ist, alle Wahrheiten seien relativ. [...]
Der Relativismus ist damit allerdings noch nicht abgetan. Ein Relativist kann beispielsweise Platons Einwand begegnen, indem er zugesteht, dass nicht alle Wahrheiten relativ sind, aber darauf beharrt, dass es einige sind. [...] Wenn einige, dann stellt sich natürlich die Frage, welche relativ sind.

Stephen Law

7 Erkläre mit Hilfe von M3, warum Astro-Gabi (M2) eine Relativistin ist.

8 Arbeite aus M3 heraus, welchen Einwand man gegen den Relativismus vorbringen kann und was man auf diesen Einwand erwidern kann.

9 Formuliere Aussagen, deren Wahrheit leicht als relativ angesehen werden kann, und solche, bei denen das schwer ist.

10 Schreibe eine Fortsetzung des Dialogs zwischen Astro-Gabi und Fritz (M2).

M4 Andere Länder, andere Sitten

Der griechische Geschichtsschreiber Herodot (ca. 484 – 424 v. Chr.) meint, dass moralische Aussagen (darüber, was man tun soll bzw. nicht tun darf) nur relativ zu einer bestimmten Kultur wahr sind.

Darius, König von Persien, war neugierig und unternahm ein Experiment. Er versammelte eine Schar Griechen und fragte sie. Wie viel müsste ich euch geben, damit ihr die Leichen eurer verstorbenen Väter esst? Helle Empörung, ganz wie Darius vermutet hatte. Sodann ließ er Leute vom indischen Stamm der Callatiae antreten, die, so berichtet es Herodot, die Sitte pflegten, die Körper ihrer Eltern zu verspeisen: Wie viel müsse er ihnen geben, fragte Darius, wenn sie die Leichen nicht essen, sondern stattdessen verbrennen würden? Da erhob sich großes Geschrei. „So fest verwurzelt sind die Sitten", kommentiert Herodot [...].

Gero von Randow

11 Erkläre, wie Herodot aus dieser Geschichte folgern kann, dass es keine absoluten moralischen Wahrheiten gibt.

12 Der griechische Philosoph Sokrates (469 – 399 v. Chr.) meint, dass es moralische Regeln geben muss, die absolut sind, also immer und für alle Kulturen gelten. Formuliere mögliche Beispiele für solche Regeln.

Mut zur Wahrheit

M1 Fackel der Freiheit

2022 starb die Studentin Mahsa Amini auf der Wache der Sittenpolizei in Teheran. Sie wurde verhaftet, weil sie das Kopftuch nicht ordnungsgemäß getragen hatte. Darauf folgten monatelange Proteste. Um die Ereignisse zu bezeugen und zu verstehen, arbeitete die iranisch-französische Comiczeichnerin Marjane Satrapi (geb. 1969) zusammen mit anderen Künstlerinnen und Iran-Experten an der abgebildeten Graphic Novel.

1 Beschreibe deine Ideen zu den Figuren auf dem Buch-Cover. Wer sind sie? Was denken sie?
2 Deute die Darstellungsweise der Haare. Wie sind sie gezeichnet? Warum?
3 Beurteile, ob man den Protest der Frauen und Männer im Iran auch als Kampf für die Wahrheit bezeichnen kann.

M2 Letztes Wort

Alla Gutnikova (geb. 1998) war Studentin in Moskau und Redakteurin der Studentenzeitung „Doxa". 2021 wurde sie zu Straflager und zwei Jahren Besserungsarbeit verurteilt, weil sie in einem Video den Protest von Studierenden unterstütze. Vor ihrem Haftantritt hielt sie eine Rede vor Gericht, bei der sie unter anderem sagte:

Als ich 19 war, fuhr ich [zu den Konzentrationslagern] nach Majdanek und Treblinka. Dort lernte ich, wie man „никогда больше" sagt, in sieben verschiedenen Sprachen. Never again. Jamais plus. Nie wieder. קיינמאל מער. Nigdy więcej. לא עוד. Später lernte ich ein paar weitere wichtige Lektionen. Erstens: Wörter haben Bedeutung. Zweitens: Man muss die Dinge beim Namen nennen. Und schließlich: sapere aude – habe den Mut, dich deines Verstandes zu bedienen.

4 Erschließe, was die fremdsprachigen Ausdrücke im Text bedeuten.
5 Vollziehe nach, warum Alla Gutnikova diese Rede vor Gericht hält. » K2 S. 8
6 Berichte, was du über den Umgang der russischen Regierung mit Kritikern weißt.
7 Deute den Ausschnitt der Rede vor dem Hintergrund des Themas „Mut zur Wahrheit".

M3 Zivilcourage für die Wahrheit

Auch in Staaten, in denen Demokratie und Meinungsfreiheit geachtet werden, ist es immer wieder wichtig, Mut zum Widerspruch zu beweisen.

Zivilcourage, das ist Einschreiten, wenn eine Frau in der U-Bahn belästigt wird. Zivilcourage bedeutet, den Notruf zu rufen, wenn es im Kneipenviertel zu einer Schlägerei kommt und man direkt dabeisteht. Zivilcourage meint, erste Hilfe und Beistand zu leisten, wenn man bei einem Verkehrsunfall zur Stelle ist. Zivilcourage heißt: für die Gemeinschaft einzutreten, indem man konkret für andere Menschen eintritt. Beherzt, mutig und nicht unbedingt ohne Risiko. Zivilcourage heißt aber auch: für die Wahrheit einzutreten. Einzutreten für die Wahrheit ist nämlich nichts anderes als ein Eintreten für die Gemeinschaft. Dasein für andere. Das Zauberwort lautet „Gegenrede". Wir alle haben in einem freiheitlich-demokratischen Land zwar das Recht auf freie Meinungsäußerung. Dieses Recht bedeutet, dass der Staat nur in Sonderfällen in die kommunikativen Bewegungen seiner Bürger eingreift. Meinungsfreiheit ist wichtig, aber nicht absolut. Beleidigungen sind z. B. kein Ausdruck von Meinungsfreiheit. Meinungsfreiheit ist eines der zentralen Rechte, die unsere Freiheit ausmachen. Allerdings heißt Meinungsfreiheit nicht, dass wir das, was wir sagen dürfen, unwidersprochen sagen dürfen. Gegenrede ist Teil des Austauschs in einer offenen Gesellschaft.

Jan Skudlarek

8 Erläutere mit Hilfe des Textes, was Zivilcourage mit Gegenrede und Einsatz für Wahrheit zu tun hat.

9 Nenne Beispiele, in denen Menschen einen falschen Gebrauch von der Meinungsfreiheit machen.

10 Schreibe einen kurzen Dialog, in dem du mit einer Person, die ihre Meinungsfreiheit missbraucht, diskutierst. Zeige dabei, wie du mit Zivilcourage reagieren kannst.

M4 Gründe

Weil alles nicht hilft
Sie tun ja doch, was sie wollen

Weil ich mir nicht nochmals
die Finger verbrennen will

Weil man nur lachen wird:
Auf dich haben sie gewartet

Und warum immer ich?
Keiner wird es mir danken

Weil jedes Schlechte
vielleicht auch sein Gutes hat

Weil ich das lieber
Berufeneren überlasse

Weil man nie weiß
wie einem das schaden kann

Weil sich die Mühe nicht lohnt
weil sie alle das gar nicht wert sind

Erich Fried (1922 – 1988)

11 Erkläre, warum es in dem Gedicht von Erich Fried um Zivilcourage geht, obwohl das Wort darin gar nicht vorkommt.

12 Wähle Verse, die den fehlenden Mut zum Widerspruch besonders deutlich zum Ausdruck bringen. Begründe deine Wahl.

13 Formuliere zu wenigstens zwei Gründen Gegenargumente. Denk dir eine kleine Geschichte dazu aus.

Zeig, was du kannst!

Das Wichtigste in Kürze

Bullshit und Lüge – Übereinstimmung, Nutzen, Konsens – Mehrdeutigkeit, Unbestimmtheit und Vagheit – relative und absolute Wahrheit – Mut zur Wahrheit

Über Bullshit, Vagheit, Relativismus und Wahrhaftigkeit

Der Lügner will, dass andere etwas Falsches für wahr halten. Dazu muss er wissen, was wahr ist. Dagegen ist dem Bullshitter die Wahrheit egal. Hauptsache, er bekommt durch sein Gerede mehr Aufmerksamkeit, Klicks oder Macht. Gegen viele Versuche, Wahrheit zu definieren, wurden Einwände erhoben. Wer überlegt, welche Dinge überhaupt wahr oder falsch sein können, denkt häufig erst einmal an die Sätze unserer Sprache. Die meisten Sätze, die wir im Alltag verwenden, sind aufgrund von Mehrdeutigkeiten oder vagen Begriffen weder wahr noch falsch. Relativisten meinen, dass die Wahrheit einer Aussage immer davon abhängt, welches Denksystem man voraussetzt. Aber die Behauptung, dass es keine absoluten, allgemeingültigen Wahrheiten gibt, wäre dann ebenso nicht absolut wahr. Dass es ein Richtig und ein Falsch und entsprechend eine Wahrheit für alle gibt, setzen die Menschen voraus, die trotz des Risikos, verhaftet oder gefoltert zu werden, ihre Stimme gegen Lüge und Unterdrückung erheben.

Kompetenz-Check

M Wahrheit – keine Ansichtssache

Was wir als Wahrheit anerkennen, ist letztlich mehr als eine rein philosophische Frage. Was ist, ist keine Ansichtssache. Es geht um die bestmögliche, um die angemessene Beschreibung der Realität. [...] Fest steht: Jede Wirklichkeitsbeschreibung hat realpolitische Konsequenzen. Wie wir die Welt denken, betrifft unser Miteinander; und, in vielen Fällen, unser Gegeneinander. Wer Politiker hasst, weil sie angeblich täuschen, wer Medien hasst, weil sie lügen, wer Flüchtlinge hasst, weil sie angeblich Teil eines großen Komplotts gegen die einheimische Bevölkerung sind, der wird diese Überzeugungen in sein Handeln einfließen lassen. Gedanken sind nicht harmlos.

Jan Skudlarek

1 Gib drei Vorschläge, Wahrheit zu definieren, wieder. Nenne auch Kritikpunkte.

2 Nenne zwei Beispiele für Sätze, die vage Begriffe enthalten. Erkläre, in welchen Fällen diese Sätze weder wahr noch falsch sind.

3 „Was ist, ist keine Ansichtssache." Überprüfe die Meinung des Autors und vergleiche diese mit der Meinung der Menschen, die sagen, dass Wahrheit relativ ist. » K3 S. 13

4 Beurteile die Behauptung des Autors, dass Gedanken nicht harmlos sind. Finde Argumente und Gegenargumente, Beispiele und Gegenbeispiele und ziehe ein Fazit, das deine Meinung und deine Gewichtung der Argumente widerspiegelt. Stelle dies deiner Gruppe vor. » K2 S. 14

Werkstatt

Ein Song über die Wahrheit

Bei erfolgreichen Songs sind gute Texte meistens genauso wichtig wie die Musik. Mit einem guten Songtext kannst du dein Publikum emotional berühren und eine Botschaft übermitteln. Einen Song zu schreiben kann man lernen. Diese Tipps helfen dabei:

1. Song-Idee entwickeln
Notiere ein Thema, das mit Wahrheit zu tun hat und dir am Herzen liegt. Hol dir dazu Anregungen aus dem Kapitel. Das ist deine Song-Idee. Denk nach, was dir dazu einfällt. Notiere alles in Stichworten.

2. Bewegende Worte finden
In einem Songtext hat man nur wenige Zeilen zur Verfügung. Deswegen muss mit Bedacht ausgewählt werden, welche Worte wichtig sind, emotional bewegen und anschaulich sind. Der Rest fliegt raus.

3. Verbindungen herstellen
Verbinde die Begriffe, die zusammenpassen. Fallen dir Metaphern ein (z. B. „Licht" für Wahrheit)? Notiere sie. Schreibe mit diesen Wörtern eine Zeile auf.

4. Den Refrain schreiben
Der Refrain oder Chorus ist das Zentrum des Songs. Er enthält die Botschaft, kann mitgesungen werden und muss entsprechend einfach sein. Maximal sollte der Refrain vier Zeilen umfassen, die sich gerne reimen können.

5. Eine Geschichte in drei Strophen
Im Refrain steckt die Message, in den Strophen wird eine dazu passende Geschichte erzählt. Die Ereignisse können (müssen aber nicht) zeitlich angeordnet werden: Anfang, Höhepunkt, Ende.

6. Strophen schreiben und anordnen
Oft besteht eine Strophe aus vier Zeilen. Sie können sich reimen (Reim-Schemata: AABB, ABAB, AABA). Häufig werden die einzelnen Strophen im Wechsel mit dem Refrain angeordnet.

7. Immer wieder laut lesen
Wichtig ist es sich die Lyrics immer wieder laut vorzulesen. Wo es holprig klingt, muss der Text überarbeitet werden.

Worauf es ankommt

- ☑ die Song-Idee (als Frage, Aufforderung, Behauptung) klar formulieren
- ☑ einen Refrain mit bewegender Botschaft schreiben (ca. 4 Zeilen)
- ☑ in drei Strophen eine Geschichte erzählen
- ☑ den Text immer wieder überarbeiten, bis er gut klingt

Was tun Wissenschaftlerinnen und Wissenschaftler?

Kann man es mit dem kritischen Denken übertreiben?

Wann ist eine Erklärung unwissenschaftlich?

Wann begeht man einen Denkfehler?

Ist es manchmal besser, nichts zu wissen?

Wahrheit und Wirklichkeit

> Wissenschaftlich denken

WERKSTATT

Einen Podcast über einen berühmten Irrtum produzieren

Besonders schwerwiegend sind Irrtümer, wenn es um die Aufklärung von Verbrechen geht. Beispielsweise verhinderte ein fataler Irrtum lange Zeit, dass aufgeklärt werden konnte, wer das „Phantom von Heilbronn" war. Und das, obwohl in diesem Kriminalfall die Sonderkommissionen mehrerer Bundesländer ermittelten:

Das sogenannte Phantom von Heilbronn war eine unbekannte weibliche Person (Polizei[-Sprache]: „UwP"), der zwischen 1993 und 2009 eine Vielzahl von Straftaten zugeordnet wurden, weil man ihre DNA-Spuren an den verschiedensten Tatorten fand. Es handelte sich um mehr als 40 Taten, die an verschiedenen Orten in einem Radius von 400 Kilometern begangen wurden: Gartenhaus- und Büroeinbrüche, Diebstähle, Fahrzeugaufbrüche sowie mehrere Tötungsdelikte. Man fand die DNA der UwP an angebissenen Keksen, Dosen, Haustüren, Autoradios und Drogenspritzen. Die Polizei ermittelte in verschiedenen Milieus, doch zwischen den einzelnen Taten der Serie fand sich kein plausibler Zusammenhang. Nach dem Mord an einer Polizistin in Heilbronn 2007 wurden die Ermittlungen nochmals intensiviert.

Gert Keil

Erst nach 16 Jahren Ermittlungsarbeit an dem Fall wurde ein Fehler entdeckt. Hast du eine Idee, wie es zu dem Fehler kam?

Berichte in einem Audio-Podcast über das „Phantom von Heilbronn" oder andere Fälle von Ermittlungsfehlern in Kriminalfällen, Justizirrtümern oder Irrtümern der wissenschaftlichen Forschung. Dein Audio-Beitrag sollte dabei auch klären, welche Denkfehler oder Ungenauigkeiten den Irrtum, den du präsentierst, verursacht haben. Außerdem solltest du darstellen, welche Folgen sich für die betroffenen Menschen und die Gesellschaft aus dem Irrtum ergeben haben.

Wissen schafft ...

M1 Wissenschaft überall

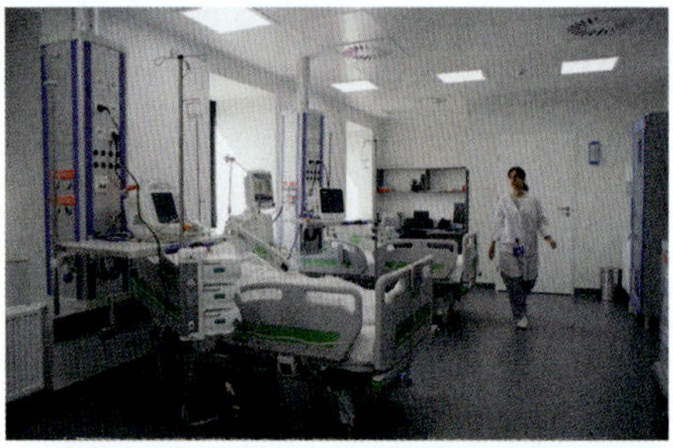

1 Vervollständige den Satz im Titel dieser Seite.
2 Benenne die Dinge auf den Bildern, die es ohne Wissenschaft nicht gäbe. Nenne auch die Wissenschaften, die dabei eine Rolle spielen.
3 Beschreibe, welche Spuren von Wissenschaft du in deiner Umgebung findest. Nenne dabei auch Wissenschaften, die keine so deutlichen Spuren im Alltag hinterlassen.

M2 Wissenschaftlicher Fortschritt

Die Wissenschaft hat uns erlaubt, Menschen auf den Mond zu schicken, Tuberkulose zu heilen, die Atombombe, das Auto, das Flugzeug, Fernsehen, Computer und zahlreiche andere Hilfsmittel zu erfinden, welche die Natur unseres alltäglichen Lebens verändert haben. Die Methode der Wissenschaft wird im Allgemeinen als der effektivste Weg angesehen, den wir haben, um das Verhalten der Natur zu erforschen und vorherzusagen. Nicht alle wissenschaftlichen Erfindungen sind für die Menschen wohltätig gewesen – wie wir alle wissen, sind wissenschaftliche Entwicklungen ebenso dazu benutzt worden, menschliches Leben zu zerstören, wie es zu verbessern. Aber es wäre schwer, die erfolgreiche Beherrschung der natürlichen Welt zu bestreiten, die die Wissenschaft ermöglicht hat. [...] Die Methode der Wissenschaft ist ein großer Fortschritt gegenüber früheren Formen des Wissenserwerbs.

Nigel Warburton

4 Erkläre, welchen Nutzen und welche Risiken der wissenschaftliche Fortschritt gebracht hat.
5 Nenne eigene Beispiele für die wohltätige und für die zerstörerische Wirkung der Wissenschaft.
6 „Die Methode der Wissenschaft ist ein großer Fortschritt gegenüber früheren Formen des Wissenserwerbs". Überprüfe diese Aussage. » K4 S. 11

M3 Wie Wissenschaft funktioniert

Eine einfache, aber weitverbreitete Ansicht von der wissenschaftlichen Methode lautet folgendermaßen. Der Wissenschaftler beginnt damit, eine große Anzahl von Beobachtungen irgendeines Aspekts der Welt zu machen: zum Beispiel von der Wirkung der Erhitzung von Wasser. Diese Beobachtungen sollten so objektiv wie möglich sein: Der Wissenschaftler bemüht sich darum, unvoreingenommen und vorurteilslos Daten aufzuzeichnen. Sobald der Wissenschaftler eine große Menge an solchen auf Beobachtungen beruhenden Daten gesammelt hat, besteht der nächste Schritt darin, eine Theorie zu entwerfen, welche die Strukturen der Resultate erklärt. Wenn diese Theorie gut ist, wird sie erklären, was geschehen ist, und voraussagen, was aller Wahrscheinlichkeit nach in der Zukunft geschehen wird. [...] Beispielsweise kann ein Wissenschaftler damit anfangen, Wasser unter normalen Bedingungen auf 100 °C zu erhitzen, und beobachten, wie das Wasser anfängt zu kochen und darauf zu verdampfen. Er macht dann eine Reihe weiterer Beobachtungen des Verhaltens von Wasser bei unterschiedlichen Temperaturen und verändertem Druck. Auf der Basis dieser Beobachtungen wird der Wissenschaftler eine Theorie über den Siedepunkt des Wassers im Verhältnis zu Temperatur und Druck vorschlagen. Diese Theorie wird nicht nur die bestimmten Beobachtungen, die der Wissenschaftler gemacht hat, erklären, sondern auch, wenn es eine gute Theorie ist, alle zukünftigen Beobachtungen des Verhaltens von Wasser bei verschiedenen Temperaturen und unter verschiedenen Druckverhältnissen erklären und vorhersagen.

Nach dieser Ansicht beginnt die wissenschaftliche Methode mit Beobachtung, geht zur Theorie weiter und kommt auf diese Weise zu einer Generalisierung [= Verallgemeinerung] mit Vorhersagekraft. Wenn diese Generalisierung gut ist, wird sie als Naturgesetz angesehen. Wissenschaft produziert objektive Ergebnisse, die von jedem bestätigt werden können, der Lust hat, die Mühe auf sich zu nehmen und die ursprünglichen Versuche zu wiederholen.

Nigel Warburton

7 Gib die Schritte der wissenschaftlichen Methode aus dem Text wieder.

8 Mache mit Hilfe des Textes Vorschläge, wie du bei der wissenschaftlichen Untersuchung der Frage „Welche Form hat die Erde?" vorgehen könntest.

9 Die „einfache Ansicht" geht von der Annahme aus, dass Wissenschaftlerinnen und Wissenschaftler „unvoreingenommen und vorurteilslos" Beobachtungen aufzeichnen, bevor sie Theorien formulieren. Beziehe Stellung dazu, ob diese Annahme der Realität entspricht.

M4 Wissenschaften

Es ist [...] eine schwierige und wichtige Frage, ob es so etwas wie eine einzige „wissenschaftliche Methode" gibt, die quer durch alle Wissenschaften gilt. Wir können akzeptieren, dass wir durch das wissenschaftliche Denken unsere effektivsten Werkzeuge zum Verständnis der Welt gefunden haben, ohne dass daraus zwangsläufig folgt, dass all diese Werkzeuge gemeinsam eingesetzt werden müssten oder dass es einige wenige Anweisungen gäbe, wie sie zu benutzen wären.

Adam Morton

10 Beantworte mit Hilfe eigener Beispiele die Frage aus dem Text.

11 Informiere dich über die Unterscheidung von Natur- und Geisteswissenschaften. Überprüfe dann, ob es gemeinsame Methoden oder Ziele gibt.

Fortschritt durch Kritik

M1 Dinos an Bord

Seit 2016 gibt es im US-Bundesstaat Kentucky den christlichen Themenpark „Ark Encounter". Hauptattraktion ist der „originalgetreue" Nachbau der Arche Noah. Sogar Dinosaurier-Imitate findet man dort an Bord.

1 Stell dir vor, du stehst vor dem gigantischen Schiff auf dem Bild. Formuliere Fragen, die dir dann durch den Kopf gehen könnten.
2 Mit diesem Themenpark wollen die Betreiber eine bestimmte Theorie über die Entwicklung der Lebewesen und Tierarten verbreiten. Mache Vorschläge, was diese Theorie beinhalten könnte.
3 Erkläre, warum sich auch Dinosaurier in der Arche des Themenparks befinden.

M2 Kreationismus

Religiöse Überzeugungen mit Naturwissenschaft und Evolutionstheorie in Einklang zu bringen, ist für die meisten gläubigen Menschen kein Problem. Für die Kreationisten (von engl. *creation* – Schöpfung) schon.

Aus Sicht der Kreationisten ist eines völlig eindeutig: Die Bibel liefert die Grundlage jeder Wissenschaft. Sie vertreten also nicht einfach eine unbelegbare religiöse Überzeugung, an die man glaubt oder nicht, sondern sie argumentieren wissenschaftlich. Und dabei beansprucht der Kreationismus, nicht nur eine alternative Wissenschaft zu sein, sondern die bessere. Heute dominiert die Theorie des Kurzzeit-Kreationismus („young earth creationism"), der die Schöpfungstage als Kalendertage auffasst. Demnach käme man auf ein Weltalter von 6.000 bis maximal 12.000 Jahren. Diese Annahmen sind mit nahezu allen Feldern der Naturwissenschaft unvereinbar, also ist der Kreationismus gezwungen, beispielsweise Physik und Geologie neu zu konstruieren. [...] Gemessen an der „entschiedenen Ablehnung" der Evolutionstheorie vertreten im Jahr 2016 in den USA mehr als 40 Prozent den Standpunkt der Kreationisten, was wesentlich mehr Menschen als in jedem anderen westlichen Industriestaat sind. Evangelikale Gruppen betreiben seit langem politische Lobbyarbeit, um zu erreichen, dass der Kreationismus an den Schulen als gleichberechtigte Alternative zur Evolutionstheorie unterrichtet wird.

Alexandra Stober

4 Nenne die wissenschaftlichen Annahmen im Text, die mit dem Kreationismus unvereinbar sind. Erkläre auch, warum.
5 Mache Vorschläge, wie ein Kreationist Fossilien (Versteinerungen) von Pflanzen oder Knochen, die als mehrere Millionen Jahre alt gelten, erklären könnte.
6 In mehreren Bundesstaaten der USA wird der Kreationismus in der Schule unterrichtet. Stell dir vor, in Deutschland würde man das Gleiche tun. Beurteile die Folgen einer solchen Entscheidung.
» K3 S. 17

M3 Falsifikationismus

Für den österreichisch-britischen Philosophen Karl Popper muss eine wissenschaftliche Theorie, die den Namen verdient, prinzipiell „falsifizierbar", d.h. widerlegbar sein. Seine Position nennt man entsprechend „Falsifikationismus".

Viele Ideen werden als „wissenschaftlich" dargestellt, damit sie an der Autorität Anteil haben, die die Wissenschaft in unserer Kultur genießt. Wie aber können wir sagen, ob eine Theorie wie Astrologie [...] tatsächlich wissenschaftlich ist? Eine Antwort darauf wurde von Karl Popper (1902–1994), dem einflussreichen Wissenschaftsphilosophen, vorgebracht. Für Popper sind wissenschaftliche Theorien dadurch gekennzeichnet, dass sie widerlegbar sind. Man stelle sich Beweise vor, die ergeben, dass die Astrologie falsch ist. Astrologen würden dann wohl antworten, dass dieser Beweis ihre Theorie nicht wirklich widerlegt. Nach Popper ist dies eine zutiefst unwissenschaftliche Haltung: Der wissenschaftliche Geist reagiert auf Widerlegung, indem er zugibt: „Okay, die Theorie ist falsch; lasst uns eine bessere machen." Auf dieser Grundlage kann man nicht nur [weniger wichtige] Theorien wie die Astrologie kritisieren, sondern auch [einflussreichere Theorien wie] die Psychoanalyse [...]. In diesen und anderen Fällen wird eine Theorie so [formuliert], dass sie nicht widerlegt werden kann. Für Popper ist also die Nicht-Widerlegbarkeit kein Zeichen dafür, dass eine Theorie stimmt, sondern sie signalisiert, dass diese einen [wissenschaftlichen] Standard nicht erfüllt.

Adam Morton

7 Gib die Merkmale wieder, an denen man nach Popper entscheiden kann, ob eine Theorie wissenschaftlich ist oder nicht. Überprüfe damit, ob der Kreationismus eine wissenschaftliche Theorie ist.

8 Formuliere weitere Merkmale, an denen man erkennt, ob eine Erklärung wissenschaftlich ist. Teste deine Merkmale an Beispielen.

9 Vergleiche die Astrologie mit dem Kreationismus im Hinblick auf ihre Wissenschaftlichkeit.

M4 Pseudo-wissenschaft-ler

Die Vorsilbe „Pseudo" kommt vom griechischen Wort für „belügen, betrügen". Als „Pseudowissenschaft" bezeichnet man Ideen, die zu Unrecht den Status „Wissenschaft" beanspruchen.

Der britische Philosoph Philip Kitcher [*1947] meint, besser als Pseudowissenschaft und Wissenschaft könne man Pseudowissenschaft*ler* und Wissenschaft*ler* auseinanderhalten: Personen statt Theorien also. [...] Kitcher nennt zwei Merkmale. Erstens versuchten wahre Wissenschaftler, auf den Erfolgen der Vergangenheit aufzubauen: Sie wollten die alten Theorien mit ihren neuen Ideen in Einklang bringen. [...] Zweitens wollten echte Wissenschaftler ihre Wissenschaft ständig verbessern. „Ihre Kritik an bestimmten Ideen ist immer nur das Vorspiel zu neuen und besseren Antworten", sagt Kitcher. Pseudowissenschaftler dagegen wollen Erklärungsversuche ihrer Gegner zerstören. Sie tun nur so, als wollten sie die Wissenschaft voranbringen. In Wirklichkeit wollen sie ihre Ideologie pushen. Sie kümmern sich nicht um wahr oder falsch. Sie produzieren heiße Luft. Sie sind Bullshitter.

Tobias Hürter/Max Rauner

10 Erkläre, inwiefern Philip Kitchers Unterscheidung eine Ergänzung zu Karl Poppers Kriterium für echte Wissenschaft (M3) ist.

11 Recherchiere nach Beispielen für Pseudowissenschaftler. Überprüfe sie mit Hilfe von Kitchers Unterscheidungskriterium.

(Un)gesunder Zweifel

M1 Echsenmenschen

Skeptisch gegenüber den Mächtigen zu sein, gilt als vernünftige Haltung eines kritischen Geistes. In den letzten Jahren äußert sich ein derartiger Zweifel allerdings immer häufiger in Verschwörungstheorien. Hier ein Beispiel:

Wir werden von reptiloiden [also reptilienähnlichen] Lebewesen regiert, die sich als Menschen tarnen. Solche Echsenwesen sind angeblich Angela Merkel, Hillary Clinton, Mark Zuckerberg zum Beispiel; das britische Königshaus und Jesus übrigens auch. Die Reptiloiden unterwandern angeblich Regierungen, sie ersetzen reale Menschen durch Klone, veranstalten Genexperimente mit Menschen, missbrauchen Kinder und feiern satanische Feste. Als „Beweis" liefern die Verschwörungsgläubigen einige Fotos, auf denen die Pupillen der Abgelichteten schlitzartig (reptilienartig) erscheinen.

Martina Frietsch/Sabine Kaufmann

1 Beschreibe mit Hilfe von Bild und Text, welche Eigenschaften „Reptiloide" angeblich besitzen.

2 Berichte von anderen Verschwörungstheorien, von denen du gehört hast.

3 Verschwörungstheorien sind häufig Ausdruck eines Zweifels. Beschreibe, woran Menschen, die an solche Ideen glauben, zweifeln könnten.

M2 „Ein ungeprüftes Leben ist nicht lebenswert."

Diesen Satz soll Sokrates (469–399 v. Chr.) in seiner Verteidigungsrede (griech. Apologie) vor dem Athener Volksgericht geäußert haben. Er wurde zum Tode verurteilt. Für manche Menschen ist der Satz ein Lebensmotto.

Warum sind wir hier? Gibt es irgendeinen Beweis für die Existenz Gottes? Hat unser Leben einen Zweck? Wodurch wird etwas recht oder unrecht? [...] Und so weiter. Die meisten Menschen, die sich mit Philosophie befassen, glauben, es sei für jeden von uns wichtig, sich derartige Fragen zu stellen. Einige sind überzeugt, dass ein ungeprüftes Leben nicht lebenswert ist. Wer sein Leben im immer gleichen Trott lebt, ohne jemals die Prinzipien zu überprüfen, auf denen es beruht, verhält sich ungefähr so wie jemand, der ein Auto fährt, das niemals gewartet worden ist. Vielleicht kann man sich ja auf die Bremsen, die Lenkung und den Motor verlassen, die bislang immer gut genug funktioniert haben; aber dieses Vertrauen kann auch völlig ungerechtfertigt sein[.]

Nigel Warburton

4 Finde zwei weitere Fragen, mit denen du überprüfen kannst, ob es richtig ist, wie du lebst.

5 Erkläre den Vergleich: Wer ein ungeprüftes Leben führt, verhält sich wie jemand, der ein Auto fährt, das nie zur Wartung in der Werkstatt war. Was muss jeweils geprüft werden und warum?

6 Beschreibe, wie sich die im Text genannte Aufforderung, alles kritisch zu prüfen, von der Einstellung der Verschwörungstheoretikerinnen und -theoretiker unterscheidet.

7 Beurteile, inwiefern sich in dem Bedürfnis, philosophische Fragen zu stellen, ein gesunder oder ein ungesunder Zweifel zeigt.

M3 Zweifel: Gift und Gegengift

Zweifel kann gesund sein und zur Wahrheitsfindung beitragen, oder er kann „toxisch", also giftig sein und dazu dienen, andere niederzumachen.

Der toxische Zweifel zeichnet sich durch eine „Davon glaube ich kein Wort"-Haltung aus. Der Verschwörungstheoretiker ist im wahrsten Sinne des Wortes ungläubig, und zwar weniger in Bezug auf konkrete Einzelheiten (das oft auch), sondern vielmehr in Bezug auf die „offizielle Geschichte als Ganzes". Der gesunde Zweifel hingegen zeichnet sich dadurch aus, dass er diesen abstrakten [allgemeinen] Zweifel, soweit es irgendwie geht, vermeidet. Solltest du die Wahrheit bezüglich eines Ereignisses verstehen wollen, ist es natürlich möglich, verschiedene Aspekte einer Erklärung zu hinterfragen. Ein abstrakter Generalverdacht bringt jedoch meist wenig Erkenntnisgewinn. Hast du Fragen zu einem Sachverhalt oder Kritik bezüglich einer Deutung, ist es ratsam, diese Kritik möglichst konkret und detailliert ausformuliert zu äußern. [...]
Statt eines Generalverdachts brauchen wir im Dialog miteinander ein generelles Wohlwollen, d.h. die wohlwollende Unterstellung, dass wir alle grundsätzlich interessante Dinge vortragen können, die [...] zur angemessenen Beschreibung der Wirklichkeit – kurz: zur Wahrheit – beitragen und dass wir uns [...] beteiligen wollen. Argumente gegen Personen [...] müssen vermieden werden. Offen zu sein gegenüber neuen Gedanken und Sprechern bedeutet nicht nur, den anderen ausreden zu lassen (man kann auch einen Idioten ausreden lassen); Offenheit bedeutet, den anderen als ebenbürtigen Partner in einem [ ] Dialog anzuerkennen [, der nach der Wahrheit sucht].
Offizielle Storys sind oft gar nicht so schlecht. Sie liegen erstaunlich oft richtig. Sogar fast immer. Ausnahmen bestätigen die Regel. Eigentlich wäre es also höchste Zeit dafür, das Märchen vom bösen Mainstream endlich zu beerdigen. Doch ist das schwerer, als man denkt. Denn allzu oft sind Gegengeschichten Geschichten ohne Wahrheitswert, die einzig und allein aus dem Grund erzählt werden, einer etablierten Geschichte zu widersprechen, weil man jene nicht mag, die sie erzählen. Es geht Verschwörungstheoretikern also nicht in erster Linie um adäquate Wirklichkeitsbeschreibung, sondern um möglichst heftige Kritik an Menschen und Institutionen.

Jan Skudlarek

8 Gib die Merkmale von toxischem und gesundem Zweifel wieder.

9 Arbeite aus dem Text die Position des Autors über die Nützlichkeit des Zweifelns heraus. Bewerte seine Ansicht. » K2 S. 12

10 Formuliere für eine Freundin oder einen Freund Ratschläge, wie man sich vor toxischem Zweifel schützen kann.

M4 Vertrauen

Vertrauen lebt von der Abwesenheit des Zweifels. Wer vertraut, verzichtet auf Kontrolle und Überwachung. Der Wert des Vertrauens liegt gerade darin, dass es uns entlastet und Freiräume schenkt, die man braucht, um sich ungezwungen zu entfalten. Heißt das aber, dass Vertrauen naiv oder gedankenlos ist, dass es keine Gründe braucht, um sich vor sich selbst und vor anderen zu rechtfertigen?

Martin Hartmann

11 Beantworte die Frage aus dem Text: Ist Vertrauen immer naiv oder gedankenlos?

12 Schreibe eine kleine Erzählung über den Verlust und die Rückgewinnung von Vertrauen.

Nicht wissen wollen

M1 Was ich nicht weiß, ...

„Alle Menschen streben von Natur aus nach Wissen", behauptet der griechische Philosoph Aristoteles (384–322 v. Chr.). Aber stimmt das? Immer?

1 Beschreibe das Bild und deute es.
2 Ergänze das Sprichwort in der Überschrift und erläutere seine Bedeutung.
3 Diskutiere darüber, ob der Mensch (immer) nach Wissen strebt, wie Aristoteles behauptet.

M2 Unwissenheit – Segen oder Sünde?

Im Film „Matrix" (1999) leben die meisten Menschen in einer virtuellen Realität, die durch das Computerprogramm Matrix erschaffen wird. Einige Rebellen versuchen, die Menschheit davon zu befreien. Doch unter ihnen gibt es auch Verräter, wie Cypher. Er erhält von einem Matrix-Agenten das Angebot, in der virtuellen Realität der Matrix ein Leben nach seinen Wünschen zu führen – wenn er dafür seine Kameraden ausliefert.

„Wissen Sie, ich weiß, dass dieses Steak nicht existiert", sagt der Verräter Cypher zum Agenten Smith, als er diesem in einem schicken Restaurant in der Matrix gegenübersitzt. „Ich weiß, dass, wenn ich es in meinen Mund stecke, die Matrix meinem Gehirn sagt, dass es saftig und köstlich ist. Nach neun Jahren, wissen Sie, was ich realisiert habe?" Cypher nimmt ein großes Stück Fleisch in den Mund und atmet auf. „Unwissenheit ist ein Segen!" In diesem Moment hören wir, wie ein Harfenspieler im Restaurant seine Finger die Saiten heruntergleiten lässt. Quasi sphärenhafte Klänge ertönen. Dies kann nur als eine Art sarkastischer Kommentar der Regisseure verstanden werden, verteidigt Cypher (dessen Name unschwer an Luzifer, den Teufel, erinnert) doch alles andere als ein gutes und heiliges Konzept. Ganz im Gegenteil, sagt uns der Film an dieser Stelle: Wer weiß, was die Realität ist, und sich willentlich von ihr abwendet, begeht eine Sünde.

Julian Nida-Rümelin/Natalie Weidenfeld

4 Beschreibe Cyphers Situation. Nenne dann mögliche Gründe für seine Behauptung „Unwissenheit ist ein Segen!" » K2 S. 8
5 Beschreibe, welches Leben in der „Matrix" du dir (an Cyphers Stelle) wünschen würdest.
6 Diskutiere über die Botschaft der Filmszene: Wer sich willentlich von der Realität abwendet, begeht eine Sünde.
7 Begründe, was für und was gegen ein Leben in der Matrix spricht.

M3 Wann ist Nichtwissen eine Dummheit?

Der Psychologe Ralph Hertwig und die Philosophin Nadja El Kassar sehen Vorteile im Nichtwissen bzw. in der Ignoranz. Im Gegensatz dazu erkennen die Gerichtspsychologin Heidi Kastner und die Philosophin Petra Gehring eher Gefahren im Nichtwissen. Zwei Interviews in der Gegenüberstellung:

Neben unserem Vergnügen an der Ungewissheit, etwa im Fall des […] „Spoiler-Alarms", nennt Hertwig insbesondere die „Emotionsregulierung". Ein Beispiel dafür sind genetische Untersuchungen auf die Anfälligkeit für tödliche vererbbare Krankheiten wie Corea Huntington: Dort könne ein Gentest Klarheit schaffen, ob ein Mensch daran erkranken werde oder nicht. In den meisten Fällen würden sich aber Angehörige der Risikogruppe gegen einen solchen Test entscheiden einfach, weil die psychische Belastung durch ein solches Wissen für sich selbst und die Angehörigen den möglichen Nutzen überwiegt. [Aktiv] zu wählen, was man wissen will, sei gerade heute, in Zeiten einer Schwemme von Fake News, notwendig. Hertwig spricht hier von der Fähigkeit des „kritischen Ignorierens": […] Das bestätigt, so El Kassar, eine Vermutung, die vor Jahren schon der Philosoph […] Jürgen Mittelstraß geäußert hat: In einer Wissensgesellschaft sei gerade der Umgang mit dem Nichtwissen entscheidend.

Ralph Hertwig und Nadja El Kassar im Gespräch mit Catherine Newmark

Dummheit ist für Kastner eine Form „bewusster Ignoranz", die zu gravierenden Fehlentscheidungen führen kann. Besonders […] zeige sich das an der Klimakrise. Diese Haltung fällt für Kastner unter den Begriff einer […] „bösartigen" und potenziell tödlichen Dummheit, die auf die Bedürfnisse anderer keinerlei Rücksicht nimmt [.] […] Mit eingeschränkten geistigen Fähigkeiten oder mangelnder Bildung hat „Dummheit" für Kastner und Gehring nichts zu tun. […] Problematisch sei nicht eine angebliche Unfähigkeit, vernünftige Entscheidungen zu treffen, sondern der Unwille, sich dafür gut zu informieren und gründlich nachzudenken, meint auch Petra Gehring. Ein weiterer Faktor sei Zeit, sagt Gehring. Ein großer Teil von selbst verschuldeter Dummheit komme schlicht durch Zeitmangel zustande, „weil man schnell damit fertig sein will, weil man sich nicht kümmern möchte".

Petra Gehring und Heidi Kastner im Gespräch mit Simone Miller

8 Arbeite mögliche Vor- und Nachteile des Nichtwissens aus den Texten heraus.

9 Bei bestimmten medizinischen Diagnosen gibt es ein Recht auf Nichtwissen. Diskutiere, wann eine Person von diesem Recht Gebrauch machen sollte.

10 Beziehe Stellung zur Frage, ob Nichtwissen bzw. Ignoranz gefährlich ist.

M4 News Fatigue

Konfrontiert mit Kriegen, Krisen und Konflikten empfinden viele Menschen eine große Hilflosigkeit.

Krieg im Nahen Osten und der Ukraine, Terror, Naturkatastrophen und menschliche Tragödien. […] Weil ihnen traurige Bilder und Negativschlagzeilen auf das Gemüt schlagen, meiden sie zunehmend aktuelle Berichterstattungen. Sie schauen keine Tagesschau, lesen weniger Meldungen, hören keine Radiobeiträge. Diese Nachrichtenmüdigkeit (auch als News Fatigue oder News Avoidance bezeichnet), zieht sich durch alle Altersgruppen. Bei Jugendlichen und jungen Erwachsenen ist diese jedoch am stärksten zu spüren.

Ulrike Boscher

11 Formuliere Ratschläge im Umgang mit den vielen Krisenmeldungen.

12 Informiere dich über den antiken Philosophen Epikur. Stelle einen Bezug her zwischen seiner Empfehlung, dass man sich ab und an vor Menschen zurückziehen sollte, um innere Ruhe zu finden, und der „News Fatigue".

Denkfehler

M1 Kopf in den Sand

1 Deute das Bild. Welche Denkweise und Geisteshaltung drücken sich darin aus?

2 Beschreibe, welche Denkfehler es besonders im Umgang mit Sozialen Medien gibt.

M2 Letztes Wort

Inzwischen hat die [psychologische] Forschung zahlreiche Denkfehler […] gesammelt, die vor allem intuitiv [„aus dem Bauch heraus"] denkende Menschen begehen. […] Ein Beispiel: Wer Immigranten als Gefahr ansieht, hat schnell Pressemeldungen von Straftaten und Sozialbetrug von Ausländern zur Hand. Wer sie für eine Bereicherung hält, denkt eher an Erfolgsgeschichten einer gelungenen Integration. Menschen blicken in solchen Debatten selten auf die Statistik, um sich ein differenziertes Bild von Einwanderung zu machen. Die eigene Voreingenommenheit steuert hier die selektive Wahrnehmung. Der Denkfehler dahinter heißt Bestätigungsirrtum: Menschen tendieren dazu, nur nach Hinweisen zu suchen, die ihre eigenen Thesen bestätigen, und nicht nach solchen, die ihnen widersprechen. […]

Sollten die Tatsachen [dem eigenen] Weltbild widersprechen, hat man zwei Möglichkeiten, um eine kognitive Dissonanz, also eine innere Spannung, zu vermeiden: die eigenen Auffassungen [ändern] oder die Welt umdeuten. Da Menschen, wie gesagt, zur Selbsttäuschung neigen, ergreifen sie immer wieder die zweite Möglichkeit. Dabei kommt ihnen ihre Neigung zum Bestätigungsirrtum gerade recht. Durch selektive Wahrnehmung glauben sie nur noch das, was zur eigenen Gesinnung passt. Was nicht passt, wird passend gemacht: umgedeutet, relativiert oder aktiv ignoriert. Psychologen sprechen in diesem besonderen Fall der Selbsttäuschung von identitätsschützenden Denkfehlern („identity protection biases"). […] Und unsere Moral bildet den Kern unserer Identität.

Philipp Hübl

3 Tausche dich mit einer Partnerin oder einem Partner darüber aus, wie Bestätigungsirrtum und kognitive Dissonanz zusammenhängen.

4 Verschwörungstheorie und Bestätigungsirrtum gehen oft Hand in Hand. Erkläre, warum.

5 Beschreibe, was passieren kann, wenn in den Sozialen Medien sehr viele Nutzerinnen und Nutzer den „Bestätigungsfehler" begehen.

M3 Informations- und Konformitätskaskaden

Um zu verstehen, wieso Fake News in größeren Teilen der Gesellschaft so erstaunlich erfolgreich sind, muss man sich klarmachen, wie sehr unsere Überzeugungen durch unser soziales Umfeld geprägt werden. […] Wenn andere eine Information für wahr halten, ist das für uns in der Regel ein Grund, sie ebenfalls für wahr zu halten. Das ist zunächst mal eine gute Sache. […] Problematisch kann es werden, wenn sich dieser Mechanismus verselbstständigt und eine Informationskaskade entsteht: In diesem Fall bekommen Informationen nur deshalb eine höhere Glaubwürdigkeit, weil mehr Menschen die Information für wahr halten. Häufig bedarf es nur einiger weniger Menschen, um eine solche Kaskade loszutreten. Am Anfang stehen dabei immer diejenigen, in deren Weltbild eine Information gut hineinpasst. Diese Menschen zu überzeugen ist einfach. Das liegt am […] Bestätigungsfehler – das, was uns in den Kram passt, glauben wir gern. Dann folgt der zweite Schritt: Wenn erst einmal eine hinreichend große Anzahl dieser eher empfänglichen Personen die Information glaubt und weiterverbreitet, dann fangen auch Menschen an, sie für plausibel zu halten, die vorher noch unentschieden waren. Wenn schließlich genug Unentschiedene die Information für wahr halten und teilen, dann beginnen irgendwann sogar die zuvor skeptisch Eingestellten, die Information für glaubwürdig zu halten. Schon sind wir in einer Informationskaskade, an deren Ende Hunderte, Tausende oder Millionen von Menschen eine bestimmte These akzeptieren – und zwar allein deswegen, weil sie sehen, dass andere Menschen davon überzeugt sind. […]

Auch durch Konformitätsdruck kann es zu einem Kaskadenphänomen kommen. Je mehr Personen sich gruppenkonform verhalten, desto schwieriger wird es, auszuscheren. […] Menschen in einer Konformitätskaskade [passen] nicht ihre Überzeugungen an die Gruppenmeinung, sondern ihr Verhalten an das der anderen an: Sie verhalten sich so, als würden sie ebenfalls glauben, was die anderen glauben – zum Beispiel, indem sie eine dazu passende Meinung äußern.

Romy Jaster/David Lanius

6 Eine „Kaskade" ist eigentlich ein Wasserfall. Erkläre mit Hilfe des Textes, wie sich Informationen und Konformität (also Anpassungsverhalten) zu „Kaskaden" entwickeln können.

7 Nenne Beispiele, bei denen durch Falschmeldungen Informations- oder Konformitätskaskaden entstanden sind. Beschreibe auch die Konsequenzen.

8 Erstelle eine kurze Präsentation zum Thema „Denkfehler". » K2 S. 14

M4 „Kritisches Denken" als Schulfach

Im Zusammenhang mit Fake News wird immer wieder der Ruf nach der Vermittlung von Medienkompetenz an Schulen laut. […] Ebenso wichtig wie der Erwerb einer generellen Medienkompetenz ist es, die Grundzüge unserer psychischen Bauweise und die vielen Biases [engl. Denkfehler, Fehleinschätzungen] kennenzulernen, die unser Denken und unsere Wahrnehmung beeinflussen. Die Wirkweise von Biases zu begreifen, fällt in den Bereich des sogenannten kritischen Denkens („critical thinking"). In Deutschland ist es nahezu unmöglich, systematisch in diesem Bereich ausgebildet zu werden. Das ist eine Katastrophe. […]

Romy Jaster/David Lanius

9 Diskutiere, ob es wirklich notwendig ist, „Kritisches Denken" in den Lehrplan zu integrieren.

10 Entwickle einen „Lehrplan" für ein mögliches Schulfach „Kritisches Denken". Welche Themen stünden auf dem Plan?

Zeig, was du kannst!

Das Wichtigste in Kürze

Wissenschaft ist überall – wissenschaftliche Methode – falsifizieren – Pseudowissenschaft – (un-)gesunder Zweifel – gewolltes Unwissen – Denkfehler

Über Wissenschaftlichkeit, Zweifel, Unwissen und Denkfehler

Wissenschaft hinterlässt überall in unserem Alltag Spuren. Ohne Wissenschaft kein Fortschritt. Aber auch Bedrohungen sind durch die Erfindungen der Wissenschaft entstanden. Wissenschaft beginnt mit Beobachtungen, liefert Erklärungen für die beobachteten Ereignisse und entwickelt eine Theorie über Gesetzmäßigkeiten. Dem Philosophen Karl Popper zufolge erkennt man eine wissenschaftliche Theorie daran, dass sie widerlegbar ist. Findet man Gegenbeweise, würden Wissenschaftlerinnen und Wissenschaftler dies akzeptieren und nach einer besseren Theorie suchen. Dagegen würden Anhänger von Pseudowissenschaften oder Verschwörungstheorien behaupten, dass man ihre Theorie nicht widerlegen kann. Ihre Gedanken beruhen häufig auf toxischem Zweifel, der darauf abzielt, andere niederzumachen. Gesund ist zweifeln, wenn man prüft, ob die eigenen Vorstellungen davon, was richtig und was falsch ist, wirklich vernünftig sind. Etwas nicht wissen zu wollen, kann vor unangenehmen Gefühlen oder psychischen Belastungen schützen. Wenn Unwissenheit aus dem Unwillen entsteht, sich genau zu informieren und vernünftige Entscheidungen zu treffen, kann daraus auch gefährliche Dummheit entstehen. Viele Menschen blenden Tatsachen aus, die ihre eigenen Vorstellungen nicht bestätigen. Dies wiederum kann dazu führen, dass jemand etwas für richtig hält, obwohl es wissentlich falsch ist. Ein Training im kritischen Denken könnte vor solchen Denkfehlern schützen.

Kompetenz-Check

M Widerlegbar?

Der Bestätigungsirrtum ist weit verbreitet. Niemand ist davor geschützt, nicht einmal die Wissenschaftler, die dazu forschen. Ein wichtiges Prinzip der Wissenschaft ist daher die *Falsifizierbarkeit*, also die Widerlegbarkeit von Theorien. Das hat der österreichische Philosoph Karl Popper gezeigt. Gerade weil wir spontan nur nach positiven Belegen suchen, müssen wir uns dazu zwingen, bei jeder Annahme zuerst zu fragen, was dagegen sprechen könnte.

Philipp Hübl

1 Nenne positive und negative Effekte des Zweifelns.

2 Begründe, warum Nichtwissen-wollen vernünftig, aber auch gefährlich sein kann.

3 „Niemand ist [vor dem Bestätigungsirrtum] geschützt, nicht einmal die Wissenschaftler, die dazu forschen". Prüfe, inwiefern diese Aussage zutrifft. » K4 S. 11

4 Stell dir vor, man würde in der Wissenschaft nur nach positiven Belegen suchen, um Theorien zu prüfen. Beurteile die Folgen einer solchen Entscheidung. » K3 S. 17

Werkstatt

Einen Podcast über einen berühmten Irrtum produzieren

Podcasts sind Audio-Dateien im Mp3 Format. Inhaltlich sind sie aufgebaut wie eine Radio-Sendung. Dafür gibt es unterschiedliche Formen: ein Experten-Interview, eine Radio-Reportage, ein Vortrag oder eine Mischung. Am besten hörst du dir Beispiele für Radio-Podcasts an, an denen du dich orientieren kannst. Probiere verschiedene Sound-Ideen aus, bevor du den Aufnahme-Knopf drückst.

Folgende Tipps helfen dir weiter, deinen Podcast zu produzieren:

1. Podcast-Idee finden

Finde dich in einem Team zusammen. Entscheidet euch gemeinsam für einen bekannten Irrtumsfall (Kriminalfall, Justizirrtum, Irrtum in der Forschung usw.). Formuliere dann einen spannenden Titel für euren Podcast.

2. Gründlich recherchieren

Führe eine genaue Recherche durch. Jedes Teammitglied sammelt wichtigte Informationen.

3. Aufbau beachten

Entwirf ein Skript für die Sendung, in dem du notierst, welche Texte wann gesprochen werden.

- Einleitung (ca. 1-2 Minuten):
  - Interesse wecken
  - Titel des Podcasts und die Namen der Sprecherinnen und Sprecher, eventuell auch die der Expertinnen und Experten nennen
  - Thema der aktuellen Episode vorstellen
- Hauptteil (ca. 7-10 Minuten):
  - logischer Aufbau
  - Hintergrund der aktuellen Irrtums-Episode mit wechselnden Sprecherinnen und Sprechern darstellen
  - Gründe für Irrtum nennen: Wäre der Irrtum durch größere Sorgfalt vermeidbar gewesen? War die Ursache ein Bestätigungsirrtum? Wie kann man sich in Zukunft gegen solche Fehler schützen?
- Schluss (ca. 1 Minute):
  - das Wichtigste zusammenfassen
  - Dank an die Beteiligten und Verabschiedung

4. Material schneiden

Mit einer gängigen Audioschnitt-App entfernst du aus dem Aufnahme-Material unerwünschte Geräusche und fügst Musik, Geräusche oder O-Töne ein.

5. Urheberrecht beachten

Soll der Podcast auf der Schulhomepage veröffentlicht werden, müssen vorab Vorgaben des Urheberrechts geklärt werden. Das betrifft vor allem die Verwendung von Musik, aber auch von Texten oder Expertenstimmen.

Worauf es ankommt

- ☑ eine spannende Podcast-Idee formulieren
- ☑ einen klaren Aufbau erkennen lassen
- ☑ die Hintergründe und Ursachen des Irrtums verständlich darstellen
- ☑ den Podcast mit Musik, Geräuschen oder O-Tönen gestalten

Methodenübersicht

Toolbox

Begriffsbestimmung

Durch die Bestimmung von Begriffen kannst du die Bedeutung eines Begriffes besser verstehen und diesen von anderen Begriffen unterscheiden.

- **Definition:** Schreibe den Begriff auf. Suche zuerst den Oberbegriff. Der Oberbegriff bezeichnet die allgemeine Art von Dingen, zu denen der Begriff gehört (z. B.: Hund > Haustier). Schreibe dann die besonderen Merkmale auf, die erklären, was es mit der Sache auf sich hat. Beispiel: Hund = ein Haustier, das bellen kann.
- **Verbindungen zu anderen Begriffen:** Schreibe alle anderen Begriffe auf, die dir zu dem zu bestimmenden Begriff einfallen.
- **Gegenbegriffe:** Grenze die Bedeutung des Begriffs durch Gegenbegriffe ab. Wenn dir zum eigentlichen Begriff keine einfallen, könntest du Gegenbegriffe zu den Merkmalen oder Eigenschaften entwickeln, welche du notiert hast. Beispiele: *zahm – wild, schön – hässlich.*
- **Beispiele:** Finde Beispiele. Beispiele für Hunde wären: *Schäferhund, Golden Retriever, Dackel, Mops.*

> Beispiele: S. 37/7; 55/9; 64/4; 67/8; 69/11; 110/3

Argumentationsdiagramm/Textstruktur

Durch eine übersichtliche Darstellung des formalen und inhaltlichen Aufbaus eines Textes kannst du dir auch bei schwierigen Texten einen Überblick verschaffen.

- **Textinfo:** Notiere dir zu aller erst, um welchen Text es sich handelt, und strukturiere den Text anschließend in vier Ebenen:
  - **Thesen:** Schreibe die wichtigsten Thesen des Textes heraus.
  - **Argumente:** Notiere dir zu jeder These die entsprechenden Argumente, die du im Text dazu findest.
  - **Beweise und Beispiele:** Finde zu den Argumenten im Text genannte Belege oder erwähnte Beispiele.
  - **Schlussfolgerungen:** Setze dich damit auseinander, worauf der Text hinaus will. Schreibe deine Schlussfolgerungen unter die dazu passenden Thesen.

> Beispiele: S. 27/8; 57/7; 71/8; 90/4; 107/8; 109/9; 113/6; 119/8; 153/7; 162/4; 203/7

Dilemma-Diskussion

Mithilfe von Dilemma-Diskussionen kannst du darin besser werden, schwierige Situationen zu erkennen und zu meistern. Bei einem Dilemma geht es darum, eine Entscheidung in einer besonders schwierigen Situation zu treffen. Das besondere Problem besteht darin, dass es keine eindeutig gute Entscheidung gibt: Jede Entscheidung hat auch Nachteile, die du vermeiden willst. Aber sich nicht zu entscheiden, geht auch nicht! Wenn du in einem Dilemma nichts tust, wird es meistens sogar schlimmer.

- **Dilemma erkennen:** Ein Dilemma liegt vor, wenn du nur wenige Entscheidungsmöglichkeiten hast und bei jeder Entscheidung etwas geschieht, das du vermeiden willst. Oft hast du für deine Entscheidung nur wenig Zeit.

- **Möglichkeiten unterscheiden und die Zusammenhänge erkennen:** Jetzt musst du dir jede Möglichkeit der Entscheidung genau anschauen. Was erwarten andere von dir? Wie wichtig ist das, was sie gerne hätten? Was würdest du erwarten? Was sind die Folgen, wenn du diese Erwartung nicht erfüllst? Welche Folgen kannst du akzeptieren, welche nicht? Welche Normen und Werte hast du hier zu berücksichtigen, welche sind weniger bedeutend? Beantworte diese Fragen, damit du eine Grundlage für eine Entscheidung hast.
- **Eine Entscheidung treffen:** Nachdem du die Alternativen gesammelt hast, musst du dich entscheiden. Wenn du auf diese Weise eine Entscheidung triffst, dann kannst du sie auch anderen erklären. Du kannst sagen, dass dir die Folgen (auch solche, die du nicht willst) deiner Entscheidung klar sind und welche Normen und Werte du berücksichtigt hast und kannst begründen, weshalb du diese Entscheidung getroffen hast..

> Beispiele: S. 52/6; 121/7; 123/8; 124/1; 124/4; 125/8; 166/3; 168/4

Gedankenexperiment

Gedankenexperimente sind „Was wäre wenn-Situationen". Damit können neue Fragen gestellt, Folgen durchgespielt, Folgerungen geklärt werden usw. Dazu braucht es deine Bereitschaft, deine Fantasie und deinen Verstand mal etwas anders einzusetzen. Etwas in Gedanken durchzuspielen, was so noch nicht existiert, kann dir zu neuen Erkenntnissen verhelfen und deinen Horizont erweitern. Wichtig ist hierbei nur, dass du einen einmal eingeschlagenen Weg auch gedanklich bis zum möglichen Ende gehst, um zu sehen, was dabei herauskommen kann. Ausgangspunkt ist immer eine Frage, die man erst einmal erfinden muss:

- **Umkehren:** Die Welt sieht ganz anders aus, wenn Dinge einmal „anders herum" laufen oder das, was normalerweise da ist, fehlt. Was wäre, wenn z. B. Kinder die Eltern erziehen würden oder wenn es keinen Strom gäbe ...? Überlege dir, wie das Leben dann aussehen würde.
- **Verwandeln:** Du kannst die Welt auch aus der Sicht von jemand anderem oder etwas anderem (z. B. einem Tier, einer Pflanze oder einem Ding wie einem Turnschuh) sehen.
- **„Herumspinnen":** Denk dir etwas aus, das es so noch nicht gibt. Z. B.: Was wäre, wenn du dich mit einem Fingerschnipsen an jeden beliebigen Ort in der Welt begeben könntest?

Die Vorstellung von einer anderen Welt kannst du auf vielfältige Weise darstellen: durch einen Text, in einem mündlichen Vortrag, einer Bildergeschichte, einem Bild, einem Plakat, einer Collage usw.

> Beispiele: S. 25/7; 71/11; 92/7; 111/9; 132/2; 153/10

Standpunktrede

Du kannst Missverständnisse vermeiden, wenn du deine Ansichten klar formulieren und begründen kannst. Trage deinen eigenen Standpunkt kurz und überzeugend vor, indem du zu einem Thema eine kurze Rede mit dem folgenden Aufbau erstellst:

- **Dein Standpunkt:**
  „Ich bin der Ansicht ..." / „Mein Standpunkt zur Frage ... ist ..."
- **Begründung:**
  „Denn ..." / „Das sehe ich so, weil ..."
- **Erläuterung:**
  Nenne Beispiele und/oder Argumente.
- **Zusammenfassung:**
  „Zusammenfassend kann ich daher sagen, ..."
- **Appel:**
  „Wir sollten deshalb ..." / „Ich fordere Euch daher dazu auf ..."

> Beispiele: S. 36/6; 50/2; 67/10; 81/11; 93/10; 98/4; 134/5; 135/10

Kooperatives Lernen

Think-Pair-Share

Bei der Methode Think-Pair-Share (übersetzt: „denken – austauschen – teilen") kannst du zusammen mit einer Partnerin oder einem Partner arbeitsteilig eine Aufgabe lösen.

- **Think:** Löse die dir gestellte Teilaufgabe erst einmal alleine. Halte die vorgegebene Zeit ein.
- **Pair:** Nun tausche zusammen mit deiner Partnerin oder deinem Partner die Ergebnisse aus. Stellt euch nacheinander die Ergebnisse vor. Höre hierbei der oder dem anderen genau zu und halte fest, was gesagt wird. Am Ende solltest du in der Lage sein, nicht nur das eigene Thema darzustellen, sondern auch das Thema deiner Partnerin oder deines Partners.
- **Share:** Stelle die Ergebnisse in einer Gruppe (oder gleich im ganzen Kurs) vor. In der Gruppenphase entwickelt ihr ein gemeinsames Ergebnis. Hierfür gibt es viele Möglichkeiten: ein Plakat oder eine Folie erstellen, Stichpunkte sammeln, um sie vorzutragen usw.

Du hast deine Aufgabe gut gelöst, wenn du
▷ den vorgegebenen Zeitrahmen eingehalten hast.
▷ auf Nachfragen gut antworten kannst.
▷ darstellen kannst, was die ganze Gruppe erarbeitet hat.

> Beispiele: S. 22/5; 23/8; 34/5; 35/9; 62/5; 90/1; 118/6; 163/7; 176/4

Gruppenpuzzle

Gemeinsam mit anderen kannst du schneller zum Ziel gelangen. Bei dem Gruppenpuzzle sind in einer Vierergruppe zwei unterschiedliche Aufgaben zu lösen. Du selbst wirst Expertin oder Experte für eine Teilaufgabe, vermittelst das Wissen, das du dir erarbeitest, und erfährst von den anderen, was du über die andere Teilaufgabe wissen solltest.

- **Einarbeitung:** Du erarbeitest eine Teilaufgabe erst einmal alleine, dann tauschst du dich darüber mit einer Expertin bzw. einem Experten für dieselbe Teilaufgabe aus.
- **Vermittlung:** Nun besprichst du dich mit einer Expertin bzw. einem Experten für die andere Teilaufgabe. Ihr informiert euch gegenseitig über eure Ergebnisse.
- **Doppelt hält besser:** Noch einmal tauschst du dich mit einer Expertin bzw. einem Experten für die andere Teilaufgabe aus. So kannst du noch einmal Fragen klären, auf die du vorher gestoßen bist.
- **Ergebnisse:** Gemeinsam präsentiert ihr eure Ergebnisse (z. B. mit Hilfe eines Plakates).

> Beispiele: S. 43/7; 54/6; 68/4; 79/7; 85/7; 109/11; 120/3; 123/7; 139/7; 148/3; 168/3

Podiumsdiskussion

Eine Podiumsdiskussion ist eine Diskussion zwischen verschiedenen Expertinnen und Experten oder Interessensvertretenden, die durch eine Moderation geleitet vor Publikum ausgetragen wird.
Durch eine solche Diskussion kannst du Auseinandersetzungen besser verstehen, die du sonst nur aus den Nachrichten kennst. Du verstehst dann besser, warum es in der Gesellschaft bestimmte Konflikte gibt und welche Möglichkeiten es geben kann, diese zu lösen.

- **Materialien/Vorbereitung:** Der Konflikt/das Thema wird allen vorgestellt. Du erhältst einen Eindruck davon, worum es bei dieser Diskussion geht. Falls du etwas nicht verstehst, kannst du jetzt Fragen stellen. Durch verschiedene Materialien, Moderations- und Rollenkarten werden Interessensgruppen eingeteilt und geklärt, welche Fragen wichtig zu klären sind und welche unterschiedliche Perspektiven eingenommen werden sollen.
- **Ablauf:**
  1) Die Vertreterinnen und Vertreter der Gruppen und die Moderatorin oder der Moderator sitzen nebeneinander an einem Tisch, dem Publikum gegenüber.
  2) Die Moderation eröffnet die Diskussion. Das Thema sowie die an der Diskussion teilnehmenden Personen, inklusive ihrer Position und Ergebniswünsche, werden vorgestellt.
  3) Die Moderatorin oder der Moderator eröffnet die Diskussion mit einer Frage an eine teilnehmende Person. Damit beginnt eine „offene Diskussion" unter den Teilnehmenden. Diese können (passend zu ihrer Rolle) mitdiskutieren. Die Moderation, aber auch das Publikum, können weitere Fragen stellen. Es wird von allen, vor allem aber von der Moderation, dafür gesorgt, dass die Diskussionsregeln eingehalten werden.
  4) Nach Ablauf der vorgesehenen Zeit bricht die Moderatorin oder der Moderator die Diskussion ab und fasst das bisher deutlich gewordene Ergebnis der Diskussion zusammen.
- **Auswertung:** Du kannst jetzt zusammen mit den anderen deine Eindrücke vom Ablauf der Diskussion schildern. Wichtig ist es auch, dass du sagen kannst, was du an neuen Dingen durch die Podiumsdiskussion erfahren hast und welche Lösung für das Problem dich am meisten überzeugt.

> Beispiele: S. 53/11; 85/13; 109/10; 127/7; 151/10; 211/9

Präsentation als Gruppenarbeit

Als Team arbeitest du mit anderen zusammen und präsentierst Ergebnisse. Richte dich an einem gemeinsamen Arbeitsplatz ein und lege Materialien bereit. Typischerweise gibt es folgende Aufgaben, die in der Gruppe zu vergeben sind:

- **Zeitmanagement:** Es wird darauf geachtet, dass die Zeit, die für die einzelnen Arbeitsphasen vorgesehen ist, eingehalten werden kann.
- **Protokoll:** Es wird aufgeschrieben, was es an Ergebnissen einer Arbeitsphase gibt.
- **Produktmanagement:** Es wird dafür gesorgt, dass fehlendes Material oder benötigte Informationen für das in einer Gruppenphase zu erarbeitende Produkt (z. B. ein Plakat) vorhanden sind.

In einer abschließenden Phase besprichst du mit den anderen, wie eure Ergebnisse vorgestellt werden können. Du solltest (wie alle anderen Gruppenmitglieder auch) die Gruppenergebnisse präsentieren können.

> Beispiele: S. 67/10; 80/7; 94/5; 97/9; 107/10; 111/9; 125/9

Textnachweise

Kompetenzbereiche

S.8/9: M1 Robert Levine: Eine Landkarte der Zeit. Wie Kulturen mit Zeit umgehen. Aus dem Engl. Von Christa Broermann und Karin Schuler. Piper Verlag, München, 1998, S. 71; M3 Robert Levine: Eine Landkarte der Zeit. Wie Kulturen mit Zeit umgehen. Aus dem Engl. Von Christa Broermann und Karin Schuler. Piper Verlag, München, 1998, S. 256; M4 L. Annaeus Seneca: Briefe an Lucilius, Erster Teil, Übersetzt von Otto Apelt (1924), Meiner Verlag, Hamburg, 54. Brief; M4 L. Annaeus Seneca: „De brevitate vitae" – „Von der Kürze des Lebens". Übersetzt von Marion Giebel. In: Marion Giebel (Hrsg.), Seneca | Glück und Schicksal. RECLAMS UNIVERSAL-BIBLIOTHEK Nr. 11105, Philipp Reclam Verlag, Stuttgart 2009/2017, S. 13

S.10/11: M3 Olaf Georg Klein: Wie lang ist die Gegenwart? In: Psychologie heute 09/2007. Online: https://www.olaf-georg-klein.de/wp-content/uploads/2023/03/presse_psychologie_heute_heft9.pdf (abgerufen am 02.12.2024)

S.12/13: M2 Berit Schwetzke: Langeweile – was nun?, Kindersache/ Deutsches Kinderhilfswerk e.V., Berlin, 24.07.2023. Online: https://www.kindersache.de/bereiche/wissen/natur-und-mensch/langeweile-was-nun (abgerufen am 06.12.2024); M3 Martin Hecht: Der Monotonie entfliehen, Spektrum der Wissenschaft Verlagsgesellschaft mbH, Heidelberg, 09.01.2021. Online: https://www.spektrum.de/news/langeweile-der-monotonie-entfliehen/1808750 (abgerufen am 16.01.2024); M4 L. Annaeus Seneca: Glück und Schicksal. Philosophische Betrachtungen. Übersetzt von Marion Giebel. Reclam Verlag, Stuttgart, 2009/2017, S.9

S.14/15: M1 Robert Levine: Eine Landkarte der Zeit. Wie Kulturen mit Zeit umgehen, aus dem Engl. von Christa Broermann und Karin Schuler, München, Piper Verlag, 1999, S. 88, 98f.

S.16/17: M2 Rüdiger Safranski: Zeit. Was sie mit uns macht und was wir aus ihr machen. Carl Hanser Verlag, München 2015, S.126f.; M4 Marc Wittmann: Gefühlte Zeit. Kleine Psychologie des Zeitempfindens. C. H. Beck, München 2013, S. 10

Zukunft gestalten

S.20/21: M1 Zitate von: Sinclair Lewis, Sir Arthur Conan Doyle. Online: https://zitate.net/arbeit-zitate / (abgerufen am 15.11.2024); M1 Zitate von: Alfred Polgar, Peter Altenberg. Online: https://www.gutzitiert.de/zitate_sprueche-arbeit.html (abgerufen am 15.11.2024); M2 Thomas Vašek: Work-Life-Bullshit. Warum die Trennung von Arbeit und Leben in die Irre führt. Riemann Verlag, München, 2013. S.92; M3 Roman Krznaric: Wie man die richtige Arbeit für sich findet. Kleine Philosophie der Lebenskunst. Aus dem Engl. Von Silvia Morawetz. Kailash Verlag, München, 2012, S. 22f.

S.22/23: M2 Duden: Arbeit, die, Cornelsen Verlag, Berlin. Online: https://www.duden.de/rechtschreibung/Arbeit (abgerufen am 15.11.2024); M3 Wilhelm Schmidt: Was ist Arbeit? Über Arbeit und Lebenskunst. In: Arbeitswelten der Zukunft. Beiträge der Universität Erfurt zum BMBF-Wissenschaftsjahr 2018, S. 14-16. Online: https://www.uni-erfurt.de/fileadmin/Verwaltung/Hochschulkommunikation/Blog/WortMelder/Arbeitswelten_der_Zukunft_web.pdf ; M4 Lou Zucker: Was Ihre Care-Arbeit wert ist (und warum Sie niemand bezahlt), in Spiegel Psychologie vom 08.03.2021. Online: https://www.spiegel.de/psychologie/care-arbeit-was-ihre-hausarbeit-wert-ist-a-d81758d2-a232-42b6-a6c1-adde8faf3637 (abgerufen am 15.11.2024)

S.24/25: M2 Joachim Bauer: Arbeit. Warum unser Glück von ihr abhängt und wie sie und krank macht, Karl Blessing Verlag, München, 2013. S.125; M4 Sandra Quantz: Arbeit darf nicht krank machen. Impulse einer Hausärztin, Springer Verlag, Berlin, 2020, S. 17-19

S.26/27: M2 Roman Krznaric: Wie man die richtige Arbeit für sich findet. Kleine Philosophie der Lebenskunst, Kailash Verlag, München, 2012, S.10; M3 Karl Marx: Ökonomisch-philosophische Manuskripte aus dem Jahre 1844. In: Marx-Engels-Werke. 44 Bde., Bd. 40: Ergänzungsband 1 – Schriften bis 1844. Dietz Verlag, Berlin, 1977, S. 514-515; M4 Fjodr Michailowitsch Dostojewski: Aufzeichnungen aus seinem toten Hause. Projekt Gutenberg-DE. Online: https://www.projekt-gutenberg.org/dostojew/totenhau/totenhau.html (abgerufen am 15.11.2024)

S.28/29: M1 Auszug aus: Jan Böhmermann: Versandsoldaten; Text (OT); Böhmermann, Jan (c); Rechte beim Urheber; M2 Amélie Sutterer-Kipping: Der Ausbeutung „auf der letzten Meile" endlich ein Ende setzen, aus: Hans Boekler Stiftung, www.boekler.de, 25.09.2023. Online: https://www.boeckler.de/de/newsletter-hans-34382-paketbranche-der-ausbeutung-auf-der-letzten-meile-endlich-ein-ende-setzen-52268.htm (abgerufen am 10.12.2024); M3 Jens Weise mit Unterstützung von Klaus Blesenkemper: Sensation: Namensgeber zu Besuch !!! in: Zeitschrift für Didaktik der Philosophie und Ethik, Kant II, Heft 03/2002. Siebert, Hannover, S.197-198. [Anmerkung: Jens Weise ist eine vom Verfasser des Artikels erfundene Figur]; M4 Hannah König: Menschenwürdige Arbeitsbedingungen. In: Deutsche Gesellschaft für die Vereinten Nationen e.V., Eine-Welt-Presse, 33. Jahrgang 2016. Online: https://dgvn.de/publications/PDFs/Eine_Welt_Presse/20170119_EWP_Arbeitsbedingungen_Nachdruck-web.pdf (abgerufen am 15.11.2024)

S.30/31: M Birgit Schmid: Work-Life-Balance? Die strikte Trennung von Privatleben und Beruf ist eine Illusion. Manchmal macht das Durcheinander glücklich. Neue Zürcher Zeitung vom 11.03.2023. Online: https://www.nzz.ch/feuilleton/work-life-balance-trennung-von-leben-und-arbeit-eine-illusion-ld.1729061 (abgerufen am 29.09.2024)

Familie (er)leben

S. 34/35: M2 Laila Docekal: Wo die Liebe hinfällt – Manchmal in die Ferne, in: Kurier vom 28.09.2015. Online: https://kurier.at/leben/interkulturelle-beziehungen-wo-die-liebe-hinfaellt-manchmal-in-die-ferne/154.886.539 (abgerufen am 19.02.2025); M3 Valentina Veneto Scheib: Bikulturelles Familienleben – ein starkes Stück, in: Kultur! Kultur?, Heft. Nr 4/2003, Verband binationaler Familien und Partnerschaften. Online: https://www.verband-binationaler.de/verband/publikationen/iaf-informationen/archiv-iaf-informationen/kultur-kultur-heft-nr-4/2004 (abgerufen am 06.12.2024); M4 Verband binationaler Familien und Partnerschaften (Hrsg.): Wissen woran man ist. Leitfaden für bina-tionale Paare. Familien und ihre Berater/innen in Krisen- und Trennungssituationen, Verband binationaler Familien und Partnerschaften iaf e.V., Frankfurt/Main, 4.Auflage, Januar 2010, S.36. Online: https://www.verband-binationa-ler.de/fileadmin/user_upload/Regionalgruppen/nrw/Wissen_woran_man_ist_4._Auflage_jan_10.pdf (abgerufen am 06.12.2024)

S.36/37: M3 Anja Steinbach: Mutter, Vater, Kind: Was heißt Familie heute? – Essay, Bundeszentrale für politische Bildung, 21.07.2017. Online: https://www.bpb.de/shop/zeitschriften/apuz/252649/mutter-vater-kind-was-heisst-familie-heute-essay/ (abgerufen am 15.07.2024); M4 Christine Buth: Patchwork-Familien, Planet Wissen/ WDR, 26.04.2024. Online: https://www.planet-wissen.de/gesellschaft/familie/patchwork_familien/index.html (abgerufen am 15.07.2024)

S.38/39: M2 Christiane Gorse: Partnersuche, Planet Wissen/SWR, 11.11.2019.Online:https://www.planet-wissen.de/gesellschaft/liebe/partnersuche/index.html (abgerufen am 15.07.2024) https://web.archive.org/web/20240419215427/https:/www.planet-wissen.de/gesellschaft/liebe/partnersuche/index.html; M3 Christiane Gorse: Partnersuche, Planet Wissen/SWR, 11.11.2019; Online: https://www.planet-wissen.de/gesellschaft/liebe/partnersuche/index.html (abgerufen am 15.07.2024) https://web.archive.org/web/20240419215427/https:/www.planet-wissen.de/gesellschaft/liebe/partnersuche/index.html; M4 Christiane Gorse: Partnersuche, Planet Wissen/SWR, 11.11.2019. Online: https://www.planet-wissen.de/gesellschaft/liebe/partnersuche/index.html (abgerufen am 15.07.2024) https://web.archive.org/web/20230309165519/https:/www.planet-wissen.de/gesellschaft/liebe/partnerschaft/pwiebeziehungsmodelledamalsundheute100.html

S.40/41: M2 Stan Bernstein und Nafis Sadik: Weltbevölkerungsbericht 2000. Frauen und Männer - getrennte Welten? Deutsche Stiftung Weltbevölkerung, Hannover, S. 66. Zitiert nach: Herwig Birg: Internationale Bevölkerungspolitik, in: Bundeszentrale für politische Bildung, 23.11.2011. Online: https://www.bpb.de/shop/zeitschriften/izpb/bevoelkerungsentwicklung-282/55932/internationale-bevoelkerungspolitik/ (aufgerufen am 02.12.2024); M3 Jörn Petring: Die Angst geht um, dass China alt wird, bevor es reich wird, in: WirtschaftsWoche vom 01.06.2021. Online: https://www.wiwo.de/politik/ausland/china-die-angst-geht-um-dass-china-alt-wird-bevor-es-reich-wird/27244618.html (abgerufen am 02.12.2024); M4 Silke Rehren: Alterspyramide, Planet Wissen/WDR, 22.04.2024. Online: https://www.planet-wissen.de/gesellschaft/alter/gesellschaft_der_alten/alterspyramide-100.html (aufgerufen am 02.12.2024)

S.42/43: M2 Schülerduden: Religion und Ethik. Das Fachlexikon von A-Z., Duden/Cornelsena Verlag, Mannheim, Leipzig, Wien, Zürich, 2008, S. 78f; M3 Jane Baer-Krause: Homosexualität im Islam, Religionen entdecken/Gemeinschaftswerks der Evangelischen Publizistik (GEP), Frankfurt am Main. Online: https://www.religionen-entdecken.de/lexikon/h/homosexualitaet-im-islam (abgerufen am 15.07.2024); Markus Bechtold/Anne Kampf/Johannes Süßmann: Segnung Homosexueller: Bunt wie ein Regenbogen, evangelisch.de, 02.05.2023. Online: https://www.evangelisch.de/inhalte/111225/02-05-2023/segnung-homosexueller-bunt-wie-ein-regenbogen (abgerufen am 15.07.24); Martin Jarde/Antje Dechert/Christian Wölfel: Vatikan: Katholische Priester dürfen homosexuelle Paare segnen, BR24 Redaktion, 18.12.2023, Videobeitrag Online: https://www.br.de/nachrichten/deutschland-welt/vatikan-katholische-priester-duerfen-homosexuelle-paare-segnen,TynT6pg (abgerufen am 15.07.24); M4 Tobias Kühn: Ein Kuppler vor dem Herrn, Deutschlandfunk, 04.10.2017. Online: https://www.deutschlandfunk.de/judentum-ein-kuppler-vor-dem-herrn-100.html (abgerufen am 15.07.2024)

S.44/45: M Andrea Wengel: Partnerschaft, Planet Wissen/SWR, 15.07.2020. Online: https://www.planet-wissen.de/gesell schaft/liebe/partnerschaft/index.html (abgerufen am 15.07.2024)

Gewissensfragen klären

S.48/49: M2 Inka Reichert: Darum ist uns Kinderarbeit beim Kleiderkauf egal, Quarks, 13.12.2019/05.02.2021. Online: https://www.quarks.de/gesellschaft/darum-ist-uns-kinderarbeit-beim-kleiderkauf-egal/ (abgerufen am 08.10.2024); M3 Inka Reichert: Darum ist uns Kinderarbeit beim Kleiderkauf egal, Quarks, 13.12.2019/05.02.2021. Online: https://www.quarks.de/gesellschaft/darum-ist-uns-kinderarbeit-beim-kleiderkauf-egal/ (abgerufen am 08.10.2024)

S.50/51: M2 Mathias Metzner: Glaubens-, Gewissens- und Bekenntnisfreiheit, Bundeszentrale für politische Bildung, 15.08.2017. Online: https://www.bpb.de/shop/zeitschriften/izpb/grundrechte-305/254386/glaubens-gewissens-und-bekenntnisfreiheit/ (abgerufen am 23.01.2024); Artikel 18 – Gedanken-, Gewissens- und Religionsfreiheit, Human Rights, humanrights.ch, Online: https://www.humanrights.ch/de/ipf/grundlagen/rechtsquellen-instrumente/aemr/artikel-18-aemr-gedanken-gewissens-religionsfreiheit (abgerufen am 25.11.2024); M3 Markus Buntfuß: Martin Luther, Immanuel Kant und das Gewissen, Sonntagsblatt.de 360Grad Evangelisch vom 09.11.2019. Online: https://www.sonntagsblatt.de/artikel/psychologie-ratgeber/martin-luther-immanuel-kant-und-das-gewissen (abgerufen am 08.10.2024)

S.52/53: M2 Werner Herpell: Kriegsdienst: Campino würde heute nicht mehr verweigern, Berliner Zeitung vom 15.05.2022. Online: https://www.berliner-zeitung.de/news/kriegsdienst-campino-wuerde-heute-nicht-mehr-verweigern-li.227923 (abgerufen am 08.10.2024); M3 Mathias Metzner: Glaubens-, Gewissens- und Bekenntnisfreiheit, Bundeszentrale für politische Bildung, 15.08.2017. Online: https://www.bpb.de/shop/zeitschriften/izpb/grundrechte-305/254386/glaubens-gewissens-und-bekenntnisfreiheit/ (abgerufen am 08.10.2024); M4 Autor/in unbekannt: Irland: Die Deserteure, Deutsche Welle, 27.12.2012, Online: https://www.dw.com/de/irland-die-deserteure/video-16040039 (abgerufen am 08.10.2024)

S.54/55: M2 Philipp Hübl: Der Untergrund des Denkens. Eine Philosophie des Unbewussten, Rowohlt Verlag, Reinbek bei Hamburg 2015, S. 146-147; M3 basierend auf Karl Hörmann: Lexikon der christlichen Moral, Tyrolia Verlag, Innsbruck 1969, S. 706f sowie Augustinus: Sermo 12,4; Immanuel Kant: Grundlegung zur Metaphysik der Sitten. Kants Werke. Akademie-Textausgabe. Band IV, de Gruyter, Berlin 1968, S. 438; M4 Tobias Hürter: Ich sehe das anders! Kant, Sokrates, Freud: Was passiert, wenn wir sie in unseren Köpfen heute auferstehen lassen? Ihr jeweiliger Blick auf den Menschen und das Leben war genial, in: Zeit Online vom 19.10.2018. Online: https://www.zeit.de/zeit-wissen/2018/05/immanuel-kant-philosophie-menschsein-vernunft/komplettansicht (abgerufen am 08.10.2024)

S.56/57: M2 Helmut Stapel: Wie das schlechte Gewissen entsteht und warum es so mächtig ist, in: GEO Magazin vom 17.08.2022. Online: https://www.geo.de/wissen/schlechtes-gewissen--warum-schuldgefuehle-so-maechtig-sind-32632798.html (abgerufen am 04.11.2024); M3 Hannah Arendt: Über das Böse. Eine Vorlesung zu Fragen der Ethik. Aus dem Nachlass herausgegeben von Jerome Kohn, aus dem Englischen von Ursula Ludz. Piper Verlag, München 2007, S. 70-73; M4 Sarah Schömbs: Ein kleiner Wegweiser zum inneren Frieden, in: 7mind Magazin. Online: https://www.7mind.de/magazin/ein-kleiner-wegweiser-zum-inneren-frieden (abgerufen am 08.10.2024)

S.58/59: M Clemens Pokorny: Bedingungen moralisch guter Handlungen: Gewissensfreiheit, in: Uni.de Magazin vom 20.07.2016. Online: https://uni.de/redaktion/gewissensfreiheit (abgerufen am 08.10.2024)

Füreinander da sein

S.62/63: M2 Autor/in unbekannt: Fürsorge – Definition und Voraussetzungen einfach erklärt, Juraforum.de, 14.06.2023. Online: https://www.juraforum.de/lexikon/fuersorge (abgerufen am 08.10.2024); M3 Héctor Zagal/José Galindo: Ethik für junge Menschen. Grundbegriffe – Positionen – Probleme, aus dem Spanischen übersetzt von Bernd Goebel, Reclam. Stuttgart 2000, S. 95-97; M4 Ina Schmidt: Was bedeutet Selbstsorge, Netzwerk Ethik Heute, 05.12.2020. Online: https://ethik-heute.org/was-bedeutet-selbstsorge/ (abgerufen am 08.10.2024)

S.64/65: M2 Falco: Egoist; Text (OT); van Velvet, Steve (C); Edition Diana HC; SMPG Publishing (Germany) GmbH, Berlin; HC Publishing GmbH & Co. KG, Düsseldorf; M3 Ward Farnsworth: Der Praktizierende Stoiker. Ein philosophisches Handbuch für den Verstand, Finanzbuch Verlag, München, 2021, Seneca, Briefe an Lucilius 48.2, S.397; Ward Farnsworth: Der Praktizierende Stoiker. Ein philosophisches Handbuch für den Verstand, Finanzbuch Verlag, München, 2021, Epiktet, Unterredungen, 2.5.25-26, S.398; Ward Farnsworth: Der Praktizierende Stoiker. Ein philosophisches Handbuch für den Verstand, Finanzbuch Verlag, München, 2021, Cicero, Vom höchsten Gut und vom größten Übel 3.20, S.399

S.66/67: M2 Ninia „LaGrande" Binias: Ungewollte Hilfe für Behinderte: Gut gemeint ist nicht immer gut gemacht, Redaktionsnetzwerk Deutschland, 02.11.2022. Online: https://www.rnd.de/lifestyle/behinderten-menschen-helfen-gut-gemeint-ist-nicht-immer-gut-gemacht-KFENVJ35BBBOTKITQGHXJM7F2Q.html (abgerufen am 08.10.2024); M3 Michael Kühler: Zwischen Toleranz und Paternalismus: zur Ethik des sozialen Nahbereichs, in: Normenbegründung in Medizinethik und Biopolitik, Preprints and Working Papers of the Center for Advanced Study in Bioethics, Münster 2013/50. Online: https://www.uni-muenster.de/imperia/md/content/kfg-normenbegruendung/intern/publikationen/kuehler/50_k__hler_-_zwischen_toleranz_und_paternalismus.pdf (abgerufen am 25.11.2024); M4 Autor/in unbekannt: Nudging: Kleine Anstöße für gesünderes Verhalten am Arbeitsplatz, IKK Classic. Online: https://www.ikk-classic.de/gesund-machen/arbeiten/nudging (abgerufen am 08.10.2024)

S.68/69: M2 Alexandra Gojowy: Mitleid vs. Mitgefühl: Wo liegt der Unterschied?, in: 7mind Magazin. Online: https://www.7mind.de/magazin/mitgefuehl-mitleid-unterschied-definition-ausdruecken (abgerufen am 08.10.2024); M3 Arthur Schopenhauer: Preisschrift über die Grundlage der Moral. In: Arthur Schopenhauer's sämtliche Werke. Herausgegeben von Julius Frauenstädt, 2. Auflage, Band 4, Leipzig

1919, S. 207-209. Online: https://www.arthur-schopenhauer-studienkreis.de/Preisschrift-Moral/Mitleid-Ethik/mitleid-ethik.html (abgerufen am 08.10.2024); Friedrich Nietzsche, Menschliches Allzumenschliches, 1. Band, II. Zur Geschichte der moralischen Empfindungen. Online: https://www.text-log.de/nietzsche/schriften/menschliches-allzumenschliches/mitleid-erregen-wollen (abgerufen am 08.10.2024); M4 Frank Luerweg: Empathie, in: Psychologie Heute vom 10.08.2022. Online: https://www.psychologie-heute.de/leben/artikel-detailansicht/42084-empathie.html#toc-empathie-ist-nicht-gleich-mitgefuehl (abgerufen am 08.10.2024)

S.70/71: M2 Ludger Heidbrink/Svenja Flasspoehler: Macht uns das System verantwortungslos?, in: Philosophie Magazin vom 01.06.2016. Online: https://www.philomag.de/artikel/macht-uns-das-system-verantwortungslos (abgerufen am 08.10.2024); M3 Jörg Peters/Bernd Rolf: Texte und Materialien für den Unterricht, Kant & Co. im Interview. Fiktive Gespräche mit Philosophen über ihre Theorien, Reclam, 2009, S.48/49

S.72/73: M Horst Köhler: Freiheit braucht Verantwortung, 03.12.2007. Online: https://www.bundespraesident.de/SharedDocs/Reden/DE/Horst-Koehler/Reden/2007/12/20071203_Rede_Anlage.pdf?__blob=publicationFile (abgerufen am 08.10.2024)

Recht schaffen

S.74/75: nach Autor/in unbekannt: Der Briefmarathon an Schulen, Amnesty International. Online: https://www.amnesty.de/amnesty-briefmarathon-schule (abgerufen am 25.11.2024)

S.76/77: M2 Fettes Brot: An Tagen wie diesen; Text (OT); Bolland, Ferdinand / Bolland, Robert / Lauterbach, boris / Hölzel, Johann / Vandreier, Martin / Warns, Björn (c); Fettes Brot Schallplatten GmbH; Hnaseatic Musikverlag GmbH & Co.KG, Hamburg; Rolf Budde Musikverlag gmbH, Berlin; Warner Chappell Music Holland BV/Neue Welt Musikverlag gmbH, Hamburg; M3 Autor/in unbekannt: Vom Wunsch nach einem klaren Himmel. Interview mit Oksana und Aleona aus Kiew, Website der Bundesregierung, 25.05.2022. Online: https://www.bundesregierung.de/breg-de/schwerpunkte/krieg-in-der-ukraine/interview-familie-ukraine-2041870 (abgerufen am 05.11.2024)

S.78/79: M2 dpa Redaktion: „Zehn-Sekunden-Grapsch-Urteil" empört Italien, ZDF heute, 13.07.2023. Online: https://www.zdf.de/nachrichten/panorama/zehn-sekunden-grabsch-urteil-italien-100.html (abgerufen am 05.11.2024); M3 Klaus-Jürgen Tillmann: Gewalt – Was ist das eigentlich? In: Schüler 1995: Gewaltlösungen. Seelze: Friedrich Verlag 1995, S. 10-13; M4 Zitat von Colette Guillaumin. Wir nehmen Rassismus persönlich. Online: https://www.amnesty.de/sites/default/files/2018-03/Amnesty-Broschuere-Alltagsrassismus-Maerz2017.pdf , S. 5 (abgerufen am 25.11.2024)

S.80/81: M2 Jürgen Habermas: Ziviler Ungehorsam – Testfall für den demokratischen Rechtsstaat, in: Peter Glotz (Hrsg.): Ziviler Ungehorsam im Rechtsstaat, Suhrkamp, Frankfurt/M. 1983, S. 35; M3 Autor/in unbekannt: Aktionen der „Letzten Generation": Was darf ziviler Ungehorsam?, WDR, 14.07.2023. Online: https://www1.wdr.de/nachrichten/aktionen-der-letzten-generation-was-darf-ziviler-ungehorsam-100.html (abgerufen am 05.11.2024); M4 Zitat von Henry David Thoreau, in: Anette Schneider: Aufruf zum zivilen Ungehorsam, Deutschlandfunkt, 12.07.2017. Online: https://www.deutschlandfunk.de/schriftsteller-henry-david-thoreau-aufruf-zum-zivilen-100.html (abgerufen am 05.11.2024)

S.82/83: M2 Fabian Tietke: Romanverfilmung „Sonne und Beton": Gropiusstadt, hack, hack, hack, in: taz-online vom 02.03.2023. Online: https://taz.de/Romanverfilmung-Sonne-und-Beton/!5916418/ (abgerufen am 05.11.2024); M3 Hans-Peter Nolting: Lernfall Aggression. Wie sie entsteht – Wie sie zu mindern ist. Theorie und Empirie aggressiven Verhaltens und seiner Alternativen. Rowohlt Verlag, Reinbek bei Hamburg 1978, S. 68-70; Kai Müller-Weuthen: Albert Bandura: Das Bobo-Doll-Experiment. In: Schüler, Ausgabe 2006: Themenheft Lernen. Erhard Friedrich Verlag, Seelze 2006, S. 11; M4 Autorentext/Zusammenfassung von Yannic Felka aus: R.A.: Katharsis-Hypothese, Spektrum.de. Online: https://www.spektrum.de/lexikon/psychologie/katharsis-hypothese/7660 (abgerufen am 25.11.2024)

S.84/85: M2 Autorentext/Zusammenfassung von Yannic Felka aus: Insa Germerott: Gesetze im Weltraum: Wem gehört der Mars?, in: National Geographic. Online: https://www.nationalgeographic.de/wissenschaft/2021/11/gesetze-im-weltraum-wem-gehoert-der-mars (abgerufen am 25.11.2024); Autorentext/Zusammenfassung von Yannic Felka aus: Thomas Trösch: Die Europäische Weltraumagentur will den Orbit säubern, in: Zeit Online. Online: https://www.zeit.de/wissen/2020-12/weltraumschrott-orbit-raumfahrt-satelliten-muell-clearspace-1 (abgerufen am 25.11.2024); Autorentext/Zusammenfassung von Yannic Felka aus: Autor/in unbekannt: Weltraum-Kunststoffe für die Erde, The European Space Agency, 19.11.2001. Online: https://www.esa.int/Space_in_Member_States/Austria/Weltraum-Kunststoffe_fuer_die_Erde (abgerufen am 25.11.2024); Autorentext/Zusammenfassung von Yannic Felka aus: Heike Westram: Den höchsten Preis bezahlt die Umwelt, ARD alpha vom 24.11.2022. Online: https://www.ardalpha.de/wissen/weltall/raumfahrt/weltraum-tourismus-raketen-co2-bilanz-umwelt-100.html (abgerufen am 25.11.2024); M3 Vertrag über die Grundsätze zur Regelung der Tätigkeiten von Staaten bei der Erforschung und Nutzung des Weltraums einschließlich des Mondes und anderer Himmelskörper, abgeschlossen in Washington, Moskau und London am 27. Januar 1967, von der Bundesversammlung genehmigt am 2. Oktober 1969. (Stand am 16. Juli 2020) S.2/3. Online: https://fedlex.data.admin.ch/filestore/fedlex.data.admin.ch/eli/

cc/1970/87_90_90/20200716/de/pdf-a/fedlex-data-admin-ch-eli-cc-1970-87_90_90-20200716-de-pdf-a.pdf (abgerufen am 25.11.2024)

S.86/87: M Ramazan Salman (EMZ e.V.), Prof. Dr. Dr. Jan Ilhan Kizilhan (DHBW) (Projektleitung): Gewaltschutz für Frauen in Deutschland, Ethno-Medizinisches Zentrum e.V., Hannover, 3. Auflage, 2018. Online: https://www.mimi-gegen-gewalt.de/wp-content/uploads/2019/03/RatgeberGender_D-1.pdf, S. 9 (abgerufen am 25.11.2024); Werkstatt basierend auf: Autor/in unbekannt: Der Briefmarathon an Schulen, Amnesty International. Online: https://www.amnesty.de/amnesty-briefmarathon-schule (abgerufen am 25.11.2024)

Für Gerechtigkeit sorgen

S.88/89: Textelemente entnommen aus: Hessisches Ministerium der Justiz und für den Rechtsstaat: Rechtsprechung: Justizstaatssekretärin Tanja Eichner besucht Haus des Jugendrechts und Teen Court in Wiesbaden, Justiz Hessen, 03.03.2023. Online: https://justizministerium.hessen.de/presse/pressearchiv/justizstaatssekretaerin-tanja-eichner-besucht-haus-des-jugendrechts-und-teen-court-in-wiesbaden (abgerufen am 25.11.2024)

S.90/91: M2 Johanna Stapf: Darum schämen wir uns, Quarks, 14.09.2021. Online: https://www.quarks.de/gesellschaft/psychologie/darum-schaemen-wir-uns/ (abgerufen am 25.11.2024); M3 Eva-Maria Götz: Schuldgefühl und Schuldbewusstsein, Deutschlandfunk Infotext zum Radiofeature vom 20.11.2008. Online: https://www.deutschlandfunk.de/schuldgefuehl-und-schuldbewusstsein-100.html (abgerufen am 19.03.2024); M4 Jana O.: Wann liegt verminderte Schuldfähigkeit laut Strafrecht vor?, VFR Verlag für Rechtsjournalismus GmbH, 11.07.2024. Online: https://www.koerperverletzung.com/verminderte-schuldfaehigkeit/ (abgerufen am 25.11.2024)

S.92/93: M2 Peggy Fiebig: Strafe muss sein! Gerecht zu bestrafen, ist eine Herausforderung, Deutschlandfunk Kultur, 06.05.2019. Online: https://www.deutschlandfunkkultur.de/strafe-muss-sein-gerecht-zu-bestrafen-ist-eine-100.html (abgerufen am 09.04.2024); M3 Uwe Wesel: Fast alles, was recht ist. Jura für Nicht-Juristen, Eichborn, Frankfurt am Main 1992, S.214-216

S.94/95: M1 basierend auf: Einleitungstext aus dpa/mp Redaktion: Brunei fordert Toleranz für Todesstrafe gegen Homosexuelle, in: Zeit Online vom 23.04.2019. Online: https://www.zeit.de/politik/ausland/2019-04/scharia-brunei-todesstrafe-homosexuelle (abgerufen am 02.04.2024); M2 Textauszug: Günther Birkenstock: Die Moral von der Geschicht'. Sprachbar Begleitmaterialien, Deutsche Welle. Online: https://m.dw.com/downloads/27828991/die-moral-von-der-geschicht.pdf (abgerufen am 05.11.2024); M3 Angela Schweizer: Menschenrechte: Zwischen Universalismus und Kulturrelativismus, Uni.de, 16.11.2016. Online: https://uni.de/redaktion/menschenrechte-zwischen-universalismus-und-kulturrelativismus (abgerufen am 03.04.2024); M4 Bertold Brecht/Kurt Weill: Dreigroschenoper, 1928. Online: https://dreigroschen-opersongtext.blogspot.com/2009/04/ballade-uber-die-frage-wovon-lebt-der.html (Abgerufen am 04.04.2025)

S.96/97: M2 Allgemeine Erklärung der Menschenrechte: Artikel 5 und 16, Abs. 2. Online: https://www.un.org/depts/german/menschenrechte/aemr.pdf (abgerufen am 05.11.2024); M3 Autor/in unbekannt: Naturrecht, Bundeszentrale für politische Bildung. Online: https://www.bpb.de/kurz-knapp/lexika/recht-a-z/323763/naturrecht/ (abgerufen am 05.11.2024); Autor/in unbekannt: Rechtspositivismus, Bundeszentrale für politische Bildung. Online: https://www.bpb.de/kurz-knapp/lexika/recht-a-z/323925/rechtspositivismus/ (abgerufen am 05.11.2024); M4 Zitat von Eleanor Roosevelt aus: Zitatsammlung vom Deutschen Institut für Menschenrechtsbildung. Materialien für die Bildungsarbeit. Online: https://www.institut-fuer-menschenrechte.de/fileadmin/Redaktion/PDF/Menschenrechtsbildung/Materialen_fuer_die_Bildungsarbeit/Materialien_Bildungsarbeit_Modul_1_Uebung_3_Zitate.pdf (abgerufen am 05.11.2024)

S.98/99: M1 basierend auf: Autor/in unbekannt: Züge in das Leben – Züge in den Tod, Visit Berlin. Online: https://www.visitberlin.de/de/zuege-das-leben-zuege-den-tod (abgerufen am 12.08. 2024); M2 Jörg Diehl: „Ich bin gekommen, um zu töten", in: Spiegel Panorama vom 02.07.2007. Online: https://www.spiegel.de/panorama/zeitgeschichte/ns-verbrecher-klaus-barbie-ich-bin-gekommen-um-zu-toeten-a-489560.html (abgerufen am 05.11.2024); M3 Autor/in unbekannt: Vor 70 Jahren: Bundestag ratifiziert deutsch-israelisches Wiedergutmachungsabkommen, Deutscher Bundestag. Online: https://www.bundestag.de/dokumente/textarchiv/2023/kw11-kalenderblatt-18-maerz-1953-937558 (abgerufen am 05.11.2024); M4 Autor/in unbekannt Schülerin, 19 Jahre, zitiert nach Zeitmagazin Nr. 46 vom 04.11.2010. Zitiert nach: Was geht mich das an?, KZ-Gedenkstätte Dachau, Stiftung Bayerische Gedenkstätten. Online: https://www.kz-gedenkstaette-dachau.de/seminare/was-geht-mich-das-an/#:~:text= (abgerufen am 25.11.2024)

S.100/101: M Ulrike Herrmann: Verdrängte Flugscham. Das Blaue vom Himmel, in: TAZ vom 19.08.2023. Online: https://taz.de/Verdraengte-Flugscham/!5950495/ (abgerufen am 05.11.2024)

Künstliche Intelligenz erforschen

S.102/103: basierend auf: Peter Neumann/Daniel Dennett: Die Evolution als Taschenspieler, in: Zeit Online vom 20.04.2024. Online: https://www.zeit.de/kultur/literatur/2024-04/daniel-dennett-tod-philosoph-usa (abgerufen am 10.10.2024); basierend auf: Natalia Mesa: Uncanny Valley: Warum uns KI das Fürchten lehrt, in: National Geographic vom 25.10.2023. Online: https://www.nationalgeographic.de/wissenschaft/2023/09/uncanny-valley-ki-lernt-uns-das-fuerchten-roboter (abgerufen am 10.10.2024)

S.104/105: M2 Julian Nida-Rümelin/Natalie Weidenfeld: Digitaler Humanismus. Eine Ethik für das Zeitalter der Künstlichen Intelligenz, Piper Verlag, München 2018, S. 18; M3 Catrin Misselhorn: Grundfragen der Maschinenethik, Verlag Philipp Reclam jun. GmbH, Stuttgart 2019, S. 7-8; M4 Julia Lohrmann/Johannes Eberhorn: Isaac Asimov, Planet Wissen vom 28.01.2020. Online: https://www.planet-wissen.de/technik/computer_und_roboter/roboter_mechanische_helfer/pwieisaacasimov100.html (abgerufen am 22.08.2024)

S.106/107: M1 Autor/in unbekannt: ChatGPT hätte Abi bestanden, Deutschlandfunk, 28.05.2023. Online: https://www.deutschlandfunk.de/chatgpt-haette-abi-bestanden-102.html (abgerufen am 23.08.2024), M2 Ingo Neumayer/Sabine Kern: Künstliche Intelligenz, planet-wissen.de vom 26.10.2020. Online: https://www.planet-wissen.de/technik/computer_und_roboter/kuenstliche_intelligenz/index.html (abgerufen am 24.08.2024); M3 Catrin Misselhorn: Grundfragen der Maschinenethik, Philipp Reclam jun. GmbH, Stuttgart 2019, S. 32-33; M4 Dirk Peitz: Der Mensch muss der Maschine eigentlich vertrauen. Ein Gespräch mit der Technikphilosophin Catrin Misselhorn, In: Zeit Online vom 31.07.2018. Online: https://www.zeit.de/digital/2018-07/kuenstliche-intelligenz-maschinen-bewusstsein-robotik-denken (abgerufen am 09.10.2024)

S.108/109: M2 Catrin Misselhorn: Künstliche Intelligenz und Empathie. Vom Leben mit Emotionserkennung, Sexrobotern & Co, Reihe: Was bedeutet das alles?, Reclam Verlag, Ditzingen 2021, S. 93-96, S.99; M3 Julian Nida-Rümelin/Nathalie Weidenfeld: Digitaler Humanismus. Eine Ethik für das Zeitalter der Künstlichen Intelligenz, Piper Verlag, München 2018, S.25/26; M4 Nora Schmitt-Sausen: Pflege: Pepper bezaubert in Unterfranken, in Deutsches Ärzteblatt vom 08.03.2021. Online: https://www.aerzteblatt.de/archiv/206944/Pflege-Pepper-bezaubert-in-Unterfranken (abgerufen am 18.07.2024)

S.110/111: M2 Thomas Ramge: Mensch und Maschine. Wie Künstliche Intelligenz und Roboter unser Leben verändern, Reihe: Was bedeutet das alles?, Reclam Verlag, Ditzingen 2018, S.55-56, S.89; M3 Mathias Geffrath: Künstliche Intelligenz. Die wahre Gefahr liegt woanders, Deutschlandfunk Kultur, 12.10.2023. Online: https://www.deutschlandfunkkultur.de/chatgpt-co-die-wahre-gefahr-durch-ki-liegt-woanders-100.html (abgerufen am 27.07.2024); M4 Stanford University Human-Centered AI (HAI) Report 2021. Online: https://aiindex.stanford.edu/ai-index-report-2021/ (abgerufen am 23.07.2024), übersetzt von Emily Grimm.

S.112/113: M2 Eike Kühl: Kunst gegen KI, in: Zeit Online vom 24.01.2023. Online: https://www.zeit.de/digital/internet/2023-01/ki-bildgeneratoren-klage-kuenstler-urheberrecht-verletzung (abgerufen am 22.07.2024); M3 Harald Willenbrock: Wann ist Kunst eigentlich Kunst?, Goethe Institut, 01.2021. Online: https://www.goethe.de/ins/gb/de/kul/mag/22094490.html (abgerufen am 22.07.2024); M4 Manon Bischoff: Wie lassen sich KI-generierte Bilder enttarnen?, in: Spektrum.de vom 10.04.2023. Online: https://www.spektrum.de/news/deepfake-wie-lassen-sich-ki-generierte-bilder-enttarnen/2127222 (abgerufen am 03.05.2024)

S.114/115: M Ulrich Schnabel: War's das mit meiner Intelligenz?, in: ZEIT Nr. 52/2023 vom 10.12.2023. Online:

https://www.zeit.de/2023/52/kuenstliche-intelligenz-test-wissenschaft-menschen/komplettansicht (abgerufen am 12.10.2024)

Ethik in der Medizin verstehen

S.118/119: M2 Verfassung der Weltgesundheitsorganisation, S.1, Abs. 2, 1948. Online: https://beatebahner.de/lib.medien/Verfassung%20WHO%20v.%2022.7.1946.pdf (abgerufen am 18.11.2024); M3 Werner Fuß: Gesundheit – Krankheit, in: Werner Fuß/Monika Sänger (Hrsg.): Abenteuer Ethik 10 Bayern, C.C. Buchner Verlag, Bamberg 2013, S. 109

S.120/121: M2 Ezekiel Emanuel/Linda Emanuel: Vier Modelle der Arzt-Patient-Beziehung, in: Ethik in der Medizin, Ein Studienbuch, herausgegeben von Urban Wiesing unter Mitarbeit von Johann S. 106-108 Ach/Matthias Bormuth/Georg Marckmann, Reclam Verlag, Stuttgart 2004; M3 Werner Fuß: Medizin heute, in: Werner Fuß/Monika Sänger (Hrsg.): Abenteuer Ethik 10 Bayern, C.C. Buchner Verlag, Bamberg 2013, S.101; M4 Georg Mackmann/Matthias Bormuth: Einführung, in: Urban Wiesing (Hrsg.): Ethik in der Medizin. Ein Studienbuch, Reclam Verlag, Stuttgart 2004, S.91f

S.122/123: M2 Eva Richter-Kuhlmann: Reproduktionsmedizin: Ein Kind auf Bestellung, Themen der Zeit, in: Deutsches Ärzteblatt 2017. Online: https://www.aerzteblatt.de/archiv/187002/Reproduktionsmedizin-Ein-Kind-auf-Bestellung (abgerufen am 18.11.2024); M3 Norbert Hoerster: Wann beginnt das Recht auf Leben?, Bundeszentrale für politische Bildung, 19.11.2008. Online: https://www.bpb.de/themen/umwelt/bioethik/33779/wann-beginnt-das-recht-auf-leben/ (abgerufen am 18.11.2024); M4 Autor/in unbekannt: Retter-Geschwister („Saviour Siblings"), Deutsches Referenzzentrum für Ethik in den Biowissenschaften. Online: https://www.drze.de/de/forschung-publikationen/im-blickpunkt/pid/module/retter-geschwister-saviour-siblings (abgerufen am 18.11.2024)

S.124/125: M2 Sebastian Lindau/Fred Salomon: Ethik im ärztlichen Alltag: Konfrontation mit einem realen Fall, Themen der Zeit, in: Deutsches Ärzteblatt 2002. Online: https://www.aerzteblatt.de/archiv/30430/Ethik-im-aerztlichen-Alltag-Konfrontation-mit-einem-realen-Fall (abgerufen am 18.11.2024); M3 nach Georg Marckmann: Grundlagen ethischer Entscheidungsfindung in der Medizin, in: Georg Marckmann (Hrsg): Praxisbuch Ethik in der Medizin, Medizinisch Wissenschaftliche Verlagsgesellschaft, Berlin 2015, S. 10-12; M4 Autorentext von Anna Eifert

S.126/127: M1 Genfer (Ärzte-)Gelöbnis. Online: https://www.bundesaerztekammer.de/fileadmin/user_upload/_old-files/downloads/pdf-Ordner/International/bundersaaerztekammer_deklaration_von_genf_04.pdf (abgerufen am 18.11.2024); M2 Zusammenfassung von Anna Eifert aus: Emily Troche: Pressemitteilung Rassismuskritik gehört ins Kerncurriculum – bvmd veröffentlicht rassismuskritische Analyse des NKLM 2.0, Berlin, 15.09.2022. Online: https://www.bvmd.de/wp-content/uploads/2022/12/PM-NKLM-Kritik.pdf (aufgerufen am 10.12.2024); Zusammenfassung von Anna Eifert aus: Kassenärztliche Bundesvereinigung: Kultursensibilität in der Patientenversorgung, Handbuch Qualitätszirkel, Ergänzungsdruck August 2015, S. 4f. Online: https://www.kbv.de/media/sp/4.20_Kultursensibilitaet_in_der_Patientenversorgung.pdf (aufgerufen am 10.12.2024); Zusammenfassung von Anna Eifert aus: Petra Spielberg: Transkulturelle Kompetenz im medizinischen Alltag: Nicht in Schubladen denken, in: Deutsches Ärzteblatt 2022. Online: https://www.aerzteblatt.de/archiv/225865/Transkulturelle-Kompetenz-im-medizinischen-Alltag-Nicht-in-Schubladen-denken (abgerufen am 26.11.2024); M3 Petra Spielberg: Transkulturelle Kompetenz im medizinischen Alltag: Nicht in Schubladen denken, in: Deutsches Ärzteblatt 2022. Online: https://www.aerzteblatt.de/archiv/225865/Transkulturelle-Kompetenz-im-medizinischen-Alltag-Nicht-in-Schubladen-denken (abgerufen am 18.11.2024)

S.128/129: M Markus Dederich: Über Wert und Würde des Lebens, Bundeszentrale für politische Bildung, 19.11.2008. Online: https://www.bpb.de/themen/umwelt/bioethik/33767/ueber-wert-und-wuerde-des-lebens/ (abgerufen am 02.12.2024)

Nach Freiheit streben

S.132/133: M2 Benedict Jacka: Das Labyrinth von London, aus dem Englischen von Michelle Gyo, Blanvalet in der Penguin Random House Verlagsgruppe, München 2018, S.158; M3 Rainer Nickel: Stoa und Stoiker: griechisch-lateinisch-deutsch/Auswahl der Fragmente und Zeugnisse, Übersetzung und Erläuterungen von Rainer Nickel. Artemis & Winkler Verlag, Düsseldorf 2008, Fragment Nr. 506, S. 541/543; Heinrich Schmidt (Hrsg.): Epiktet, Handbüchlein der Moral und Unterredungen; Neubearbeitet von Karin Metzler, Alfred Kröner Verlag, Stuttgart 1984, S. 21

S.134/135: M2 Jean-Dominique Bauby: Schmetterling und Taucherglocke, Deutsch von Uli Aumüller, dtv Verlag, München 2009, S. 6-8; M3 Lars Weisbrod: Die Wissenschaft zeigt, dass unser Wille frei ist. Interview mit dem Philosophen Christian List, in: ZEIT vom 17.09.2022. Online: https://www.zeit.de/kultur/2022-09/christian-list-philosophie-willensfreiheit (abgerufen am 10.04.2024); M4 Thomas Mann: Die Erzählungen, S. Fischer Verlag, Frankfurt am Main 2005, S. 741

S.136/137: M2 Tanja Bernsau: Man kann nicht aus seiner Haut.... Online: https://www.tanjabernsau.de/man-kann-nicht-aus-seiner-haut/ (abgerufen am 08.10.2024); M3 Liesa Bauer/Steve Ayan: Es wäre schlimm wenn wir alle gleich wären, in: Spektrum der Wissenschaft kompakt, 10/2022 Gehirn und Geist, 1/2020, S.32-37; M4 Corinna Hartmann: Wie kann ich mich ändern?, in: Spektrum der Wissenschaft kompakt, 10/2022, S.38-43, Zitat von S. 42. Online: https://www.spektrum.de/news/persoenlichkeit-wie-kann-ich-mich-aendern/1923658 (abgerufen am 08.10.2024)

S.138/139: M2 Jana Frey: Die vergitterte Welt: Mit 16 im Knast, Loewe Verlag, Bindlach 2017 S.118ff.; M3 Gerhard Roth: Freier Wille, Verantwortlichkeit und Schuld, Berlin-Brandenburgische Akademie der Wissenschaften, 2004, S. 64. Online: https://edoc.bbaw.de/opus4-bbaw/frontdoor/index/index/docId/493 (abgerufen am 26.11.2024); Geert Keil: Willensfreiheit und Determinismus, Reclams Universal-Bibliothek, Stuttgart 2018, S.130; M4 Jana Frey: Die vergitterte Welt: Mit 16 im Knast, Loewe Verlag, Bindlach 2017, S.127

S.140/141: M2 Katja Mitic: „Die maskierten Angreifer sagten Jelena, ‚du schreibst hier zu viel'", Welt Redaktion, Axel Springer Verlag, 08.07.2023. Online: https://www.welt.de/politik/ausland/article246286640/Misshandelte-Journalistin-Jelena-Milaschina-Die-maskierten-Angreifer-sagten-Jelena-du-schreibst-hier-zu-viel.html (abgerufen am 08.10.2024); M3 Tadeusz Gadacz: Philosophie der Freiheit, Goethe-Institut Polen, Übersetzung: Heinz Rosenau, 2018. Online: https://www.goethe.de/ins/pl/de/kul/ges/21184099.html (abgerufen am 08.10.2024); M4 Zitat von Rosa Luxemburg. Erläuterung Zitat: Online: https://www.deutschlandfunkkultur.de/die-philosophische-flaschenpost-rosa-luxemburg-und-die-100.html (abgerufen am 26.11.2024)

S.142/143: M §2 Grundgesetz für die Bundesrepublik Deutschland. Online: https://www.gesetze-im-internet.de/gg/art_2.html (abgerufen am 26.11.2024); Georg Danzer: Die Freiheit. Text (OT); Danzer, Georg (c); Rechtsnachfolge Georg Danzer. Christoph Schmitz-Scholemann: Nikos Kazantzakis – „Ich fürchte nichts, ich hoffe nichts", Kalenderblatt, Deutschlandfunk, 02.03.2023. Online: https://www.deutschlandfunk.de/02-03-1883-der-griechische-schriftsteller-nikos-kazantzakis-geboren-dlf-65968c2d-100.html (abgerufen am 28.05.2024); Erklärung Sprichwort: Online: https://www.logo-buch.de/wissensbibliothek/christliches-lexikon/des-menschen-wille-ist-sein-himmelreich (abgerufen am 26.11.2024)

Heimat finden

S.146/147: M2 Anne Wilhelm: Heimaten. Eine Ausstellung und Umfrage. Informationen für Lehrende. Online: https://mdo.mkg-hamburg.de/MDO/mediadelivery/asset/abe4e78d44ed449b885b20b730388141/MK&G_Heimaten_Vermittlung_Infoblatt_Lehrende.PDF?contentdisposition=inline (abgerufen am 17.03.2025); CC BY-SA 4.0; M3 Frank-Walter Steinmeier: Ansprache beim Festakt zum Tag der Deutschen Einheit, 03.10.2017, Mainz. Online: https://www.bundesregierung.de/breg-de/suche/ansprache-von-bundespraesident-dr-frank-walter-steinmeier-805910 S.6f (abgerufen am 16.07.24); M4 Usama Al Shahmani: Der Vogel zweifelt nicht am Ort, zu dem er fliegt. LImmat Verlag, Zürich 2022; zitiert nach: Cornelius Wüllenkemper: Klopfen an die Tür des Exils, Deutschlandfunk, 31.08.2022. Online: https://www.deutschlandfunk.de/klopfen-an-die-tuer-des-exils-100.html (abgerufen am 16.07.2024); Seyran Ateşi: in: Frank-Walter Steinmeier: Ansprache beim Festakt zum Tag der Deutschen Einheit, 03.10.2017, Mainz. Online: https://www.bundesregierung.de/breg-de/suche/ansprache-von-bundespraesident-dr-frank-walter-steinmeier-805910 S.8 (abgerufen am 16.07.2024)

S.148/149: M3 Mitarbeiterkollektiv der Demokratie-WEBstatt: Zwischen Flucht und Migratin. Online: https://www.demokratiewebstatt.at/thema/thema-flucht-migration-und-integration/zwischen-flucht-und-migration (abgerufen am 26.11.2024); M4 Erzbistum Köln, Bericht über das Mahnmal "Nicht Vergessen!". Ein Kunstprojekt der Bildhauerin Brele Scholz mit Männern aus Syrien und dem Irak. Online: https://www.erzbistum-koeln.de/export/sites/ebkportal/seelsorge_und_glaube/erwachsene/web/.content/.galleries/downloads/maenner/Mahnmaldoku_170109_web.pdf S.14 (abgerufen am 16.07.2024)

S.150/151: M2 Volker Eklkofer/Christoph Gurk: Warum Staaten sich abschotten, Bayerischer Rundfunk, 29.06.2016. Online: https://www.br.de/radio/bayern2/sendungen/radiowissen/soziale-politische-bildung/mauern-grenzen-staaten-102.html (abgerufen am 16.07.2024); M3 Volker Eklkofer/Christoph Gurk: Warum Staaten sich abschotten, Bayerischer Rundfunk, 29.06.2016. Online: https://www.br.de/radio/bayern2/sendungen/radiowissen/soziale-politische-bildung/mauern-grenzen-staaten-102.html (abgerufen am 16.07.24); M4 Frank-Walter Steinmeier: Ansprache beim Festakt zum Tag der Deutschen Einheit, 03.10.2017, Mainz. Online: https://www.bundesregierung.de/breg-de/suche/ansprache-von-bundespraesident-dr-frank-walter-steinmeier-805910 S.3 (abgerufen am 16.07.2024)

S.152/153: M2 Redaktion Menschenrechte – Deine Rechte-Vielfalt tut gut: Artikel 13 – Frei bewegen und aufhalten/Artikel 14 – Asylrecht/Artikel 15 - Staatsangehörigkeit, Jugendstiftung Baden-Württemberg in Sersheim. Online: https://www.menschenrechte.jugendnetz.de/artikel/artikel-13-frei-bewegen-und-aufhalten ; https://www.menschenrechte.jugendnetz.de/artikel/artikel-14-asylrecht ; https://www.menschenrechte.jugendnetz.de/artikel/artikel-15-staatsangehoerigkeit (abgerufen am 02.12.2024); M3 Bericht der Fachkommission Fluchtursachen der Bundesregierung: Krisen vorbeugen, Perspektiven schaffen, Menschen schützen. Online: https://www.bmz.de/resource/blob/75434/bericht-fachkommission-fluchtursachen.pdf S.14 (abgerufen am 16.07.2024); M4 Stefan Reinecke: Essay über offene Grenzen: Offene Türen, enge Herzen, in: TAZ vom 13.05.2018. Online: https://taz.de/Essay-ueber-offene-Grenzen/!5502032/ (abgerufen am 16.07.2024)

S.154/155: M1 Janne Teller: KRIEG. Stell dir vor, er wäre hier. Aus dem Dänischen von Sigrid C. Engeler, Carl Hanser Verlag, München 2011/2015. Online: https://www.slpb.de/fileadmin/media/Publikationen/Ebooks/Krieg_-_Janne_Teller.pdf S. 6f (abgerufen am 26.11.2024); M2 Janne Teller: KRIEG. Stell dir vor, er wäre hier. Aus dem Dänischen von Sigrid C. Engeler, Carl Hanser Verlag, München 2011/2015. Online: https://www.slpb.de/fileadmin/media/Publikationen/Ebooks/Krieg_-_Janne_Teller.pdf S. 10f (abgerufen am 26.11.2024); M3 Janne Teller: KRIEG. Stell dir vor, er wäre hier. Aus dem Dänischen von Sigrid C. Engeler, Carl Hanser Verlag, München 2011/2015. Online: https://www.slpb.de/fileadmin/media/Publikationen/Ebooks/Krieg_-_Janne_Teller.pdf S. 13f, 20f, 23ff (abgerufen am 26.11.2024); M4 Janne Teller: KRIEG. Stell dir vor, er wäre hier, aus dem Dänischen von Sigrid C. Engeler, Carl Hanser Verlag, München, 2011/2015. Online: https://www.slpb.de/fileadmin/media/Publikationen/Ebooks/Krieg_-_Janne_Teller.pdf S. 29f; (abgerufen am 26.11.2024)

S.156/157: M Christoph Gurk: Mauern und Grenzen. Warum Staaten sich abschotten, Bayern2, 26.09.2014. Online: https://www.br.de/radio/bayern2/sendungen/radiowissen/soziale-politische-bildung/mauern-grenzen-staaten-einsatz-im-unterricht100.html S.6 (abgerufen am 16.07.2024)

Nach Gott fragen

S.158/159: Hans Küng/Karl-Josef Kuschel (Hrsg.): Erklärung zum Weltethos. Die Deklaration des Parlamentes der Weltreligionen. Piper Verlag, München 1993, S. 9-10, 29, 31, 35, 38

S.160/161: M1 basierend auf: Cay Rademacher/Andreas Hilmer: Pfad des Wissens, in: GEO Epoche, Bd. 26: Der Buddhismus, S. 154-155; M3 Willi Bühler/Benno Bühlmann/Andreas Kessler (Hrsg.): Sachbuch Religionen. Hinduismus, Buddhismus, Judentum, Christentum, Islam, db-verlag, Horw/Luzern 2009, S.119

S.162/163: M1 Stefanie Haas: Welche Bedeutung Religion für mich hat, in: Stefanie Haas/René Torkler (Hrsg.): Abenteuer Ethik 9 Realschule Bayern. C.C. Buchner Verlag, Bamberg 2021, S.111; M2 Hans Küng: Projekt Weltethos. Piper Verlag, München/Zürich 1996, S. 77-78; M3 Willi Bühler/Benno Bühlmann/Andreas Kessler (Hrsg.): Sachbuch Religion. Hinduismus, Buddhismus, Judentum, Christentum, Islam. db-Verlag, Horw/Luzern 2009, S.5

S.164/165: M2 KLAN: Woran glaubst du; Text (OT); Heinrich lenk, Strefan / Heinrich Lenk, Michael / Lessmann, Max (c) Budde Music Publishing GmbH; Neubau Music Publishing GmbH / Strings & Buttons Musikverlag GmbR/Peermusic (Germany) GmbH, Hamburg. M3 Claudius Grigat: Fußballfans und Kirchgänger haben dieselbe Sehnsucht. 08.06.2016. Online: https://www.evangelisch.de/inhalte/135210/08-06-2016/david-kadel-im-interview-ueber-juergen-klopp-david-alaba-fussball-religion-christentum-und-kirche (abgerufen am 29.07.2024)

S.166/167: M2 Hans Küng: Existiert Gott? Antwort auf die Gottesfrage der Neuzeit. Piper & Co. Verlag, München S. 690, 692, 693; M3 gjw Redaktion: Zusatzmaterial Buddhismus/Gott, Götter, Religion – Gottesbilder. Online: https://www.gjw.de/fileadmin/content/Edition_GJW/Zusatzmaterial/Session01_StartUP_Zusatzmaterial_Auflage2.pdf S.5 (abgerufen am 29.07.2024); M4 Epikur: Von der Überwindung der Furcht. Katechismus, Lehrbriefe, Spruchsammlung, Fragmente. Übersetzt von Olof Gigon, dtv Verlag, München 1983, S. 136

S.168/169: M1 basierend auf: Autor/in unbekannt: Jeder darf glauben, was er möchte, Bundeszentrale für politische Bildung. 03.09.2020. Online: https://www.bpb.de/themen/politisches-system/politik-einfach-fuer-alle/236730/jeder-darf-glauben-was-er-moechte/ (abgerufen am 26.11.2024); M2 basierend auf: Anja Gollan: Kinderschutz im Kontext konfliktträchtiger religiöser und weltanschaulicher Erziehungsmethoden, Sekten Info NRW. 04.04.2019. Online: https://sekten-info-nrw.de/information/artikel/recht/kinderschutz-im-kontext-konflikttraechtiger-religioeser-und-weltanschaulicher-erziehungsmethoden (abgerufen am 29.07.2024); M3 Tine Stein: Religionsfreiheit. Bundeszentrale für politische Bildung. 20.06.2020. Online: https://www.bpb.de/themen/politisches-system/abdelkratie/311538/religionsfreiheit/ (abgerufen am 09.12.2024); M4 Wolf-Dieter Just: Beim Kirchenasyl geht es um den Schutz des Einzelnen. Ein Gespräch. Bundeszentrale für politische Bildung, 01.02.2019. Online: https://www.bpb.de/themen/migration-integration/kurzdossiers/285038/beim-kirchenasyl-geht-es-um-den-schutz-des-einzelnen-ein-gespraech/ (abgerufen am 29.07.2024)

Den Tod begreifen

S.174/175: M2 Autorentext von Monika Rhein; M3 Luise Rinser: Die Wozu-Frage, in: Hans Peter Richter (Hrsg.): Schriftsteller antworten jungen Menschen auf die Frage: Wozu leben wir? Herder Verlag, Freiburg im Breisgau 1968, S. 43 ff.; M4 Katrin und Teresa/ZDFtivi: Das ist damals im Ahrtal passiert, ZDF, 15.07.2023. Online: https://www.zdf.de/kinder/logo/unwetter-hochwasser-deutschland-102.html#:~:text (abgerufen am 29.07.2024)

S.176/177: M2 Irina Fernandes: Sterben, Planet Wissen/WDR, 21.06.2019. Online: https://www.planet-wissen.de/gesellschaft/tod_und_trauer/sterben/index.html (abgerufen am 29.07.2024); M3 L. Annaeus Seneca: Brief 102, in: ders.: Philosophische Schriften, 5 Bde., Bd. 4: Ad Lucilium epistulae morales LXX – CXXIV, [CXXV] / An Lucilius Briefe über Ethik 70-124, [125]. Übersetzt von Manfred Rosenbach: Wissenschaftliche Buchgesellschaft, Damrstadt [2]1987, Brief 102,23-26, S. 585-587; Marc Aurel: Komm schneller, lieber Tod, in: Werner Koch (Hrsg.): Vom Tod. Ein Lesebuch für Jedermann, Insel Verlag, Frankfurt am Main 1987, S. 204f.; Epikur: Der Brief an Menoikeus, in: Diogenes Laertius: Leben und Meinungen berühmter Philosophen: Epikuros. Übersetzt von Otto Apelt/Hans Günter Zekl, Felix Meiner Verlag, Hamburg [2]1967, X,124-X,127, S. 281f.

S.178/179: M2 Kris Wagenseil: Kurzinformation Religion: Gothic Subkultur, Religionswissenschaftlicher Medien- und Informationsdienst e.V. 2005. Online: https://remid.de/kurzinformation-religion/info_gothic/ (abgerufen am 29.07.2024); M3 Mitch Albom: Dienstags bei Morrie. Die Lehre eines Lebens. Übersetzt von Angelika Bardeleben. Goldmann Verlag, München 2017, S. 97–103; M4 Autorentext von Monika Rhein

S.180/181: M2 basierend auf: Alex Raack: Das Recht zu sterben, in: Spiegel vom 11.01.2018. Online: https://www.spiegel.de/geschichte/suizid-von-ramon-sampedro-sterbehilfe-das-recht-auf-den-eigenen-tod-a-1186882.html (abgerufen am 03.04.2024); basierend auf: Markus Becker: Eine kurze Geschichte über Stephen Hawking, in: Spiegel vom 14.03.2018. Online: https://www.spiegel.de/wissenschaft/mensch/stephen-hawking-ist-tot-eine-kurze-geschichte-ueber-stephen-hawking-a-1198060.html (abgerufen am 03.04.2024); M3 Irina Fernandes/Andrea Böhnke: Sterbehilfe, Planet Wissen/WDR, 2013/2023. Online: https://www.planet-wissen.de/gesellschaft/tod_und_trauer/sterben/pwiesterbehilfe100.html (abgerufen am 29.07.2024); M4 Autorentext von Monika Rhein

S.182/183: M2 Barbara Garde: Bestattungsrituale bei Hinduisten und Buddhisten, Planet Wissen/WDR, 25.02.2023. Online: https://www.planet-wissen.de/gesellschaft/tod_und_trauer/bestattungskultur/bestattungskultur-rituale-buddhismus-hinduismus-100.html (abgerufen am 29.07.2024); M3 Sandra Ratzow: Indonesien: Totenkult auf Sulawesi, Das ERSTE/ARD-Studio Singapur, 28.08.2019. Online: https://www.daserste.de/information/politik-weltgeschehen/weltspiegel/sendung/indonesien-totenkult-sulawesi100.html (abgerufen am 29.07.2024)

S.184/185: M Redaktion Wetterauer Zeitung: Den Tod ins Leben holen, Wetterauer Zeitung, 26.05.2023, S.29

Die Wahrheit sagen

S.188/189: M1 Text auf dem Street-Art Graffiti basierend auf: „Gimme some truth" von John Lennon: Grimme some Truth; Text (OT); Lennon, John (c); Sony Music Publishing (germany) GmbH, Berlin; M2 Tobias Hürter: Bullshit. Weder Wahrheit noch Lüge. Bundeszentrale für Politische Bildung, in: Politik und Zeitgeschichte vom 24.03.2017. Online: https://www.bpb.de/shop/zeitschriften/apuz/245219/bullshit-weder-wahrheit-noch-luege/ (abgerufen am 23.09.2023); M3 S.189: Jonas Pfister: Kritisches Denken, Reclam Verlag, Stuttgart 2020, S. 91-92

S.190/191: M1 H. A. Junghans (Hrsg.): Brant, Sebastian: Das Narrenschiff. (Erstdruck, Basel 1494), Philipp Reclam jun. Verlag, Leipzig 1877, S. LXV. Online: http://www.zeno.org/Literatur/M/Brant,+Sebastian/Satire/Das+Narrenschiff+(Ausgabe+1877) (abgerufen am 26.11.2024); M2 Susanne Burg: Spiel mit der Wahrheit, Bully-Herbig-Film „Tausend Zeilen", Bully Herbig im Gespräch mit Susanne Burg, Deutschlandfunk Kultur, 24.09.2022. Online: https://www.deutschlandfunkkultur.de/bully-herbig-tausend-zeilen-100.html (abgerufen am 24.09.2023); M3 Philipp Hübl: Folge dem weißen Kaninchen ... in die Welt der Philosophie. Rowohlt Verlag, Hamburg 2012, S. 169-170; M4 Kai Sina (Hrsg.): Friedrich Nietzsche, Menschliches. Aphorismen. Stuttgart 2013, S.20

S.192/193: M2 basierend auf: Jonas Pfister: Kritisches Denken. Reclam Verlag, Stuttgart 2020, Kap. 8; M3 Philipp Hübl: Folge dem weißen Kaninchen ... in die Welt der Philosophie. Rowohlt Verlag, Hamburg 2012, S. 63; M4 Wolfgang Streitbörger: Ambiguitätstoleranz - Lernen, mit Mehrdeutigkeit zu leben. Deutschlandfunk Kultur, 30.12.2019. Online: https://www.deutschlandfunkkultur.de/ambiguitaetstoleranz-lernen-mit-mehrdeutigkeit-zu-leben-100.html (abgerufen am 01.10.2023)

S.194/195: M1 Einleitung basierend auf: Susanne Hoffmann: Astrologie: Der Ursprung von Horoskopen, in: National Geographic vom 27.12.2021. Online: https://www.nationalgeographic.de/geschichte-und-kultur/2021/12/astrologie-der-ursprung-von-horoskopen (abgerufen am 26.11.2024); M2 Stephen Law: Warum die Kreter lügen, wenn sie die Wahrheit sagen. Eine Anleitung zum Philosophieren. Eichborn-Verlag, Frankfurt am Main 2010, S. 56-57; M3 Stephen Law: Warum die Kreter lügen, wenn sie die Wahrheit sagen. Eine Anleitung zum Philosophieren. Eichborn-Verlag, Frankfurt am Main 2010, S. 59-60; M4 Gero von Randow: Das Jahr der Biopolitik, in: DIE ZEIT, 01/2001. Online: https://www.zeit.de/2001/01/Das_Jahr_der_Biopolitik/komplettansicht (abgerufen am 29.07.2024)

S.196/197: M2 basierend auf: Alice Bota/Caterina Lobenstein/Michael Thumann: „Sogar in diesem Käfig liebe ich mein Land", in: DIE ZEIT, 32/2023 vom 30.07.2023. Online: https://www.zeit.de/2023/32/russlandpolitische-gefangene-ukraine-krieg-verurteilung/seite-5 (abgerufen am 29.07.2024); M3 Jan Skudlarek: Wahrheit und Verschwörung: Wie wir erkennen, was echt und wirklich ist. Reclam Verlag, Stuttgart 2019, S. 181-182; M4 Erich Fried: Gründe – Gedichte. Eine Auswahl aus dem Gesamtwerk. Hrsg. von Klaus Wagenbach, Wagenbach SALTO, 1989, S. 29.

S.198/199: M Jan Skudlarek: Wahrheit und Verschwörung: Wie wir erkennen, was echt und wirklich ist. Reclam Verlag, Stuttgart 2019 S. 186; Werkstatt basierend auf: Autor/in ungekannt: Songtexte schreiben: Wie Du bessere Songtexte schreibst, klangkost.NET. Online: http://www.klangkost.net/songtexte-schreiben-wie-man-bessere-songtexte-schreibt/ (abgerufen am 09.01.2024)

Wissenschaftlich denken

S.200/201: Gert Keil: Wenn ich mich nicht irre. Philipp Reclam jun. Verlag, Stuttgart 2019, S. 80 S.202/203: M2 Nigel Warburton: Was können wir wissen, was dürfen wir tun? – Einstieg in die Philosophie. Übersetzt von Martin Suhr. Rowohlt Verlag, Hamburg 1998, S. 130; M3 Nigel Warburton: Was können wir wissen, was dürfen wir tun? – Einstieg in die Philosophie. Übersetzt von Martin Suhr. Rowohlt Verlag, Hamburg 1998, S. 131; M4 Adam Morton: „Wissenschaft", in: David Papineau (Hrsg.): Philosophie – eine illustrierte Reise durch das Denken. Übersetzt von Nikolaus de Palézieux. WBG, Darmstadt 2006, S. 98

S.204/205: M2 Alexandra Stober: Kreationismus – Schöpfung gegen Evolutionstheorie, Planet Wissen/WDR, 2008/2020. Online: https://www.planet-wissen.de/natur/forschung/evolutionsforschung/pwiekreationismusschoepfunggegenevolution100.html (abgerufen am 12.08.2024); M3 Adam Morton: „Wissenschaft", in: David Papineau (Hrsg.): Philosophie – eine illustrierte Reise durch das Denken. Übersetzt von Nikolaus de Palézieux. WBG, Darmstadt, 2006, S. 99; M4 Tobias Hürter/Max Rauner: Ist das Forschung oder kann das weg?, in: DIE ZEIT 41/2014 vom 01.10.2014. Online: https://www.zeit.de/2014/41/wissenschaft-definition/komplettansicht (abgerufen am 08.10.2024)

S.206/207: M1 Martina Frietsch/Sabine Kaufmann: Bekannte Verschwörungstheorien. 2010/2024. Online: https://www.planet-wissen.de/gesellschaft/psychologie/verschwoerungstheorien/bekannte-verschwoerungstheorien-100.html#Reptiloide-unter-uns (abgerufen am 20.07.2024); M2 Nigel Warburton: Was können wir wissen, was dürfen wir tun? – Einstieg in die Philosophie. Übersetzt von Martin Suhr. Rowohlt Verlag, Hamburg 1998, S. 12; M3 Jan Skudlarek: Wahrheit und Verschwörung: Wie wir erkennen, was echt und wirklich ist. Reclam Verlag, Stuttgart 2019, S. 157-164; M4 Martin Hartmann: Der Wert des Vertrauens. Wenn der Zweifel nicht mehr weiterhilft, in: Klaus Giel et. al. (Hrsg.): Der Blaue Reiter. Journal für Philosophie/ Die Kunst des Zweifelns, 45/ 2020, S. 26

S.208/209: M2 Julian Nida-Rümelin/Natalie Weidenfeld: Digitaler Humanismus. Eine Ethik für das Zeitalter der Künstlichen Intelligenz. Piper Verlag, München 2018, S. 123; M3 Cathrine Newmark: Gewolltes Nichtwissen – Die Vorzüge der Ignoranz. Ralph Hertwig/Nadja El Kassar im Gespräch mit Catherine Newmark, Deutschlandfunk Kultur, 28.11.2021. Online: https://www.deutschlandfunkkultur.de/die-vorzuege-der-ignoranz-100.html (abgerufen am 03.08.2024); Simone Miller: Gegen Denkfaulheit und Ignoranz. Petra Gehring/Heidi Kastner im Gespräch mit Simone Miller, Deutschlandfunk Kultur, 18.12.2022. Online: https://www.deutschlandfunkkultur.de/dummheit-denkfaulheit-ignoranz-100.html (abgerufen am 03.08.2024); M4 Ulrike Boscher: News Fatigue – wenn uns Nachrichten überfordern. Landesmedienzentrum Baden Württemberg. Online: https://www.lmz-bw.de/landesmedienzentrum/aktuelles/aktuelle-meldungen/detailseite/news-fatigue (abgerufen am 04.08.2024)

S.210/211: M2 Philipp Hübl: Bullshit-Resistenz. Nicolai-Publishing & Intelligence, Berlin 2018, S. 69/73; M3 Romy Jaster/David Lanius: Die Wahrheit schafft sich ab – Wie Fake News Politik machen. Philipp Reclam jun. Verlag, Stuttgart 2019, S. 61-62/65/67; M4 Romy Jaster/David Lanius: Die Wahrheit schafft sich ab – Wie Fake News Politik machen. Philipp Reclam jun. Verlag, Stuttgart 2019, S. 102-103

S.212/213: M Philipp Hübl: Bullshit-Resistenz. Nicolai-Publishing & Intelligence, Berlin 2018, S. 70; Werkstatt basierend auf: Redaktion Medienbox NRW: Zutaten für deinen erfolgreichen Podcast (Teil1), Landesamt für Medien NRW. Online: https://medienbox-nrw.de/lernangebote/zutaten-fuer-deinen-erfolgreichen-podcast-teil-1/?pk_source=google&pk_medium=paid&pk_campaign=22-07-Traffic-ZweiDigital-2&pk_content=Podcast&gad_source=1&gclid=CjwKCAjw2dG1BhB4EiwA998cqIT00JUM2K7UQDq7RlvAOW6cGZRpxqB1qigjTKrAlVNFb2aJwLOIMhoChWoQAvD_BwE (abgerufen am 09.08.2024)